VERÖFFENTLICHUNGEN DER

HISTORISCHEN KOMMISSION ZU BERLIN

BAND 51

Walter de Gruyter · Berlin · New York

1981

HUMANISMUS UND REFORMATION ALS KULTURELLE KRÄFTE IN DER DEUTSCHEN GESCHICHTE

EIN TAGUNGSBERICHT

Herausgegeben von

LEWIS W. SPITZ

in Verbindung mit

OTTO BÜSCH *und* BODO ROLLKA

Mit Beiträgen von

CHRISTIANE D. ANDERSSON · EBERHARD BOHM · OTTO BÜSCH
VIRGINIA DEMARCE · MARK U. EDWARDS Jr. · MICHAEL ERBE
WOLFRAM FISCHER · PETER GAY · KASPAR VON GREYERZ
ANDREAS GROTE · REIMER HANSEN · GERD HEINRICH
ULRICH MICHAEL KREMER · DIETRICH KURZE · HEIKO A. OBERMAN
DANIEL OLIVIER · HANS ROSENBERG · MARTIN SCHMIDT
OTTO VON SIMSON · LEWIS W. SPITZ · DIETER WUTTKE

Walter de Gruyter · *Berlin* · *New York*

1981

Gedruckt mit Unterstützung der Stiftung Deutsche Klassenlotterie Berlin.
Die Schriftenreihe der Historischen Kommission zu Berlin erscheint
mit Unterstützung des Senators für Wissenschaft und Forschung, Berlin.

Lektorat der Schriftenreihe

Christian Schädlich

CIP-Kurztitelaufnahme der Deutschen Bibliothek

**Humanismus und Reformation als kulturelle Kräfte in
der deutschen Geschichte:** e. Tagungsbericht / hrsg. von
Lewis W. Spitz in Verbindung mit Otto Büsch u. Bodo
Rollka. Mit Beitr. von Christiane D. Andersson ... Ber-
lin, New York: de Gruyter, 1980.
    (Veröffentlichungen der Historischen Komission zu
    Berlin; Bd. 51)
    ISBN 3-11-008497-X
NE: Spitz, Lewis W. [Hrsg.]; Andersson, Christiane D.
[Mitverf.]

Satz. Historische Kommission zu Berlin, Berlin 38
Umbruch: Union-Presse Hass & Co., Berlin 38
Druck: Werner Hildebrand, Berlin 65
Einband: Lüderitz & Bauer, Berlin 61

EINFÜHRUNG

Am 11. und 12. August 1977 trafen sich im Haus der Historischen Kommission zu Berlin, im 'Mittelhof' in Berlin-Nikolassee, rund 25 Wissenschaftler aus den USA, Frankreich und der Bundesrepublik Deutschland einschließlich Berlins, um zum Thema *Humanismus und Reformation als kulturelle Kräfte in der deutschen Geschichte* ein Symposion zu veranstalten. Historiker und Kunsthistoriker, Kirchenhistoriker und Germanisten bemühten sich in fächerübergreifender Analyse um eine umfassende Erklärung des Einflusses, den Luther und der Humanismus auf die deutsche Geschichte ausübten. Geistesgeschichtlich-theologische Betrachtungen über den Einfluß von Luthers Lehre auf den anthropologischen Realismus und über die Bedeutung der ideengeschichtlich-religiösen Strömungen im Übergang vom 15. zum 16. Jahrhundert für Humanismus und Reformation lösten sich ab mit kunstgeschichtlichen Untersuchungen über den Einfluß der religiösen Malerei in ihrer Beziehung zu humanistischen und reformatorischen Kräften und gingen über in eine politisch-historische, kirchengeschichtliche und wissenschaftshistorische Analyse von »proto«- und »ideal«typischen Erscheinungsformen des Reformatioi.sverlaufes.

Den Anlaß zur Abhaltung dieses Treffens gab der Forschungsaufenthalt des amerikanischen Reformationshistorikers Professor *Lewis W. Spitz,* Ph. D., aus Stanford, Calif., der sich in den Sommermonaten des Jahres 1977 mit seiner Frau, Dr. Edna Spitz, und seinen Söhnen als Gast im Rahmen des Internationalen Konsultations-, Stipendien- und Austauschprogramms der Historischen Kommission in Berlin aufhielt. Es ist seiner Kompetenz und der internationalen Anerkennung, die er auf seinem Gebiet genießt, zu danken, daß sich als Referenten für diese Tagung neben *Lewis Spitz* selbst — in der Reihenfolge ihres Auftretens — Professor *Christiane D. Andersson,* Ph. D., aus New York, Prof. Dr. *Heiko A. Oberman* aus Tübingen, Prof. D. Dr. *Martin Schmidt,* D. D., aus Heidelberg und Prof. Dr. *Dieter Wuttke* aus Göttingen (jetzt Bamberg) für die grundlegenden Referate der Tagung dankenswerterweise zur Verfügung stellten. Die umfangreichen Diskussionen zu den Referaten, an denen sich mit teils längeren Beiträgen außer den Vortragenden 16 Kollegen aus der Sicht ihrer jeweiligen Disziplinen beteiligten, wurden von Prof. Dr. *Daniel Olivier*/Paris, Prof. Dr. Dr. h. c. *Hans Rosenberg*/früher Berkeley, Calif., jetzt Freiburg i. Br., Prof. Dr. *Dietrich Kurze*/Berlin und Prof. Dr. *Ulrich Michael Kremer* aus der Bundesrepublik geleitet. In seinen einleitenden Begrüßungsworten ebenso wie im Resümee der Tagung konnte der Unterzeichnete als Zweck und Ergebnisse dieser Arbeitstagung bezeichnen, daß neue methodische und thematische Forschungsansätze beim Studium des Verhältnisses von Humanismus und Reformation in ihren Beziehungen zur deutschen Geschichte zu finden und zu überprüfen sowie neue Forschungsschwerpunkte und eine angemessene Forschungspolitik bei der internationalen und interdisziplinären Weiterverfolgung des Themenkomplexes anzuregen seien. Der Stiftung DKLB, die auch die Herausgabe des vorliegenden gedruckten Tagungsberichtes ermöglicht hat, dankte er namens der Historischen Kommission zu Berlin für die finanzielle Unterstützung bei der Durchführung des Symposions.

Die in diesem Band folgenden Aufzeichnungen sind so angeordnet, daß im ERSTEN TEIL die fünf Hauptreferate in der Abfolge ihres Vortrages auf der Tagung, im ZWEITEN TEIL die in derselben Reihenfolge dargebotenen Diskussionsbeiträge zu jeweils einem Referat aneinandergefügt sind. Vortragstexte ebenso wie die vom Tonband transkribierten Diskussionsmanuskripte haben den Referenten und Tagungsteilnehmern vor der Drucklegung zur Durchsicht, Korrektur und Ergänzung vorgelegen. Dr. *Bodo Rollka* und der Unterzeichnete haben als Mitherausgeber dieser Tagungspapiere im Rahmen der durch die Referatabfolge vorgegebenen Sachthematik für eine Anordnung der Diskussionsbeiträge gesorgt, die Verlauf und Ergebnisse der Debatte in einer — wie wir meinen — den Prozeß des Erkenntnisaustauschs unter den Teilnehmern optimal wiedergebenden Reihung adäquat nachvollziehbar werden läßt. Die Historische Kommission zu Berlin als Veranstalterin dieser Tagung ist Professor *Lewis W. Spitz*/Stanford dafür dankbar, daß er sich als besonderer Gast und Mitveranstalter des Symposions mit seiner anerkannten Sachkompetenz nun auch als Hauptherausgeber dieses Tagungsberichtes zur Verfügung gestellt hat.

Für die unter der Verantwortung und Leitung des Unterzeichneten erfolgende technisch-organisatorische Durchführung und Abwicklung der Tagung wie die Vorbereitung und Mitarbeit bei der Drucklegung des vorliegenden Bandes ist einer Reihe von Helfern im Büro des Konsultationsprogramms, in den Abteilungen für Kulturgeschichte und für Sozialgeschichte sowie im Lektorat und in der Fotosetzanlage der Historischen Kommission zu Berlin zu danken, die hier nicht alle genannt werden können. Bei der Vorbereitung der Drucklegung des Manuskriptes des vorliegenden Bandes hat sich vor allem der Lektor, *Christian Schädlich,* verdient gemacht.

Die Veranstalter des Symposions und Herausgeber dieses Tagungsberichtes meinen, daß die folgenden Aufzeichnungen hinsichtlich der gewonnenen Ergebnisse einen neuen Anlauf zur Aufarbeitung der bis in die späte Neuzeit heraufreichenden Folgen von Humanismus und Reformation dokumentieren. Während sich der Bogen der Darstellungen und Debatten vom geisteswissenschaftlichen Nachweis des kulturellen Einflusses der hier betrachteten philosophisch-religiösen Strömungen auf Philosophie und Kunst über die Analyse der Wechselbeziehungen zur politischen Kultur der frühen Neuzeit bis hin zur Feststellung von Traditionen in der Kunst und Literatur sowie im Bildungswesen darauffolgender Jahrhunderte spannt, werden sowohl in den Beiträgen der genannten Referenten als auch in den zum Teil umfangreichen Diskussionsreden einige überkommene Forschungsergebnisse revidiert, Lücken nachgewiesen und neue Forschungsaufgaben gestellt. Die Historische Kommission zu Berlin darf deshalb hoffen, daß sie — wie schon im Falle des erst kürzlich in dieser Schriftenreihe herausgegebenen Bandes über *Humanismus und Naturrecht in Berlin-Brandenburg-Preußen* — mit diesem Band einmal mehr einen Anstoß zur nationen- und fächerübergreifenden Forschung auf einem von ihr auf diese Weise wahrgenommenen wissenschaftlichen Bereich vermitteln kann.

Im Auftrage der Herausgeber
Prof. Dr. Otto Büsch

Z. Zt. Stanford/Kalifornien
im Juli 1980

Vorsitzender und Leiter
des Konsultationsprogramms der
Historischen Kommission zu Berlin

INHALT

ERSTER TEIL

Referate

ZWEITER TEIL

Diskussionsbeiträge

Zum Referat von Lewis W. Spitz

Zum Referat von Christiane D. Andersson

Zum Referat von Heiko A. Oberman

Zum Referat von Martin Schmidt

Zum Referat von Dieter Wuttke

VERZEICHNIS DER TEILNEHMER

ANDERSSON, Christiane D. (geb. 1947), Ph. D. (Stanford University, 1977), Assist. Prof. of Art History an der Columbia University, New York. *Veröffentlichung* u. a.: Dirnen, Krieger, Narren, ausgewählte Zeichnungen von Urs Graf (1978).

BOHM, Eberhard (geb. 1939), Dr. phil. (FU Berlin, 1976), Bibliotheksleiter am Friedrich-Meinecke-Institut der FU. *Veröffentlichungen u. a.:* Das Land Lebus und seine Vogteien westlich der Oder (1976); Teltow und Barnim. Untersuchungen zur Verfassungsgeschichte und Landesgliederung brandenburgischer Landschaften im Mittelalter (1978).

BÜSCH, Otto (geb. 1928), Dr. phil. (FU Berlin, 1952), Prof. für Neuere Geschichte und Sozial- und Wirtschaftsgeschichte an der FU Berlin. *Veröffentlichungen* u. a.: Militärsystem und Sozialleben im alten Preußen (1962); Industrialisierung und Geschichtswissenschaft (1969); Parteien und Wahlen in Deutschland bis zum Ersten Weltkrieg (1974).

DEMARCE, Virginia Easley (geb. 1940), Ph. D. (Stanford University, 1967), Assist. Prof. für Geschichte an der George Mason University, Fairfax, Virginia.

EDWARDS Jr., Mark U. (geb. 1946), Ph. D. (Stanford University, 1974), Assist. Prof. of History am Wellesley College, Wellesley, Mass. *Veröffentlichungen* u. a.: Luther and the False Brethren (1975).

ERBE, Michael (geb. 1940), Dr. phil. (FU Berlin, 1967), Prof. für Europäische Geschichte der Frühen Neuzeit an der FU Berlin. *Veröffentlichungen* u. a.: Studien zur Entwicklung des Niederkirchenwesens in Ostsachsen vom 8. bis 12. Jahrhundert (1969); François Bauduin (1520—1573). Biographie eines Humanisten (1975).

FISCHER, Wolfram (geb. 1928), Dr. phil. (Tübingen, 1951), Dr. rer. pol. (FU Berlin, 1954), Prof. für Wirtschafts- und Sozialgeschichte an der FU Berlin. *Veröffentlichungen* u. a.: Die Bildungswelt des deutschen Handwerkers um 1800 (1955; zus. mit R. Stadelmann); Der Staat und die Anfänge der Industrialisierung in Baden (1962); Wirtschaft und Gesellschaft im Zeitalter der Industrialisierung (1972).

GAY, Peter (geb. 1923), Ph. D. (Columbia University, 1951), Durfee Professor für Geschichte, Professor für Comparative European Intellectual History an der Yale University. *Veröffentlichungen* u. a.: Das Dilemma des demokratischen Sozialismus (1952); The Enlightenment (1966/69); Freud, Jews, and Other Germans (1977).

GREYERZ, Kaspar von (geb. 1947), Ph. D. (Stanford University, 1979), Stipendiat des Schweizer Nationalfonds zur Förderung der wissenschaftl. Forschung am Institut für Europäische Geschichte, Mainz. *Veröffentlichungen* u. a.: La Préréforme à Colmar, 1535—1555 (1976, in: Bulletin de la Société de l'histoire du Protestantisme); The Late City Reformation in Germany (1979).

GROTE, Andreas (geb. 1929), Dr. phil. (München, 1959/60), Wissenschaftlicher Direktor am Institut für Museumskunde der Stiftung Preußischer Kulturbesitz, Berlin. *Veröffentlichungen* u. a.: Das Dombauamt in Florenz 1285—1370 (1960); Cellini (1963); Florenz, Gestalt und Geschichte eines Gemeinwesens (1965).

HANSEN, Reimer (geb. 1937), Dr. phil. (Kiel, 1965), Prof. an der FU Berlin für Mittlere und Neuere Geschichte. *Veröffentlichungen* u. a.: Heinrich Rantzau als Politiker (1972, in: Zeitschrift der Gesellschaft für Schleswig-Holsteinische Geschichte); Dahlmann, Friedrich Christoph (1976, in: Schleswig-Holsteinisches Biographisches Lexikon [hrsg. von O. Klose u. E. Rudolph]).

HEINRICH, Gerd (geb. 1931), Dr. phil. (FU Berlin, 1959), Prof. für Historische Landeskunde an der FU Berlin. *Veröffentlichungen* u. a.: Die Grafen von Arnstein (1961); Kurfürst Joachim von Hohenzollern, Markgraf von Brandenburg (1971, in: Der Reichstag zu Worms von 1521. Reichspolitik und Luthersache [hrsg. von F. Reuter]); Historische Stätten Deutschlands: Berlin und Brandenburg (1973).

KREMER, Ulrich Michael (geb. 1942), Dr. phil. (FU Berlin, 1977), Assist. Prof. am Luther Theological Seminary, St. Paul, Minn. *Veröffentlichung* u. a.: Die Reformation als Problem der amerikanischen Historiographie (1978).

KOCH, Ursula (geb. 1934), Dr. phil. (Paris, 1973), ständige Forschungsbeauftragte an der Universität Paris X. *Veröffentlichung* u. a.: Berliner Presse und europäisches Geschehen 1871 (1978).

KURZE, Dietrich (geb. 1928), Dr. phil. (Berlin, 1955), Professor für allgemeine Geschichte des Mittelalters an der FU Berlin. *Veröffentlichungen* u. a.: Pfarrerwahlen im Mittelalter (1966); Johannes Lichtenberger (1503). Eine Studie zur Geschichte der Prophetie und Astrologie (1960); Quellen zur Ketzergeschichte Brandenburgs und Pommerns (1975).

OBERMAN, Heiko Augustinus (geb. 1930), Dr. theol. (Universität Utrecht 1956), Prof. für Kirchengeschichte an der Eberhard-Karls-Universität Tübingen. *Veröffentlichungen* u. a.: The Harvest of Medieval Theology. Gabriel Biel and Late Medieval Nominalism (1963); Forerunners of the Reformation. The Shape of Late Medieval Thought (1966); Werden und Wertung der Reformation. Vom Wegestreit zum Glaubenskampf (1977).

OLIVIER, Daniel (geb. 1927), Dr. theol. (U. E. R. de Théologie et de Sciences réligieuses de l'Institut Catholique de Paris), Ordenspriester u. Dozent für Lutherstudien am Inst. Supérieur d'Etudes Oecuméniques, Paris. *Veröffentlichungen* u. a.: M. Luther. De la liberté du Chrétien (1969); Le procès Luther 1517—1521 (1971); Les deux visages du prêtre (1971); La foi de Luther (1978).

ROLLKA, Bodo (geb. 1939), Dr. phil. (FU Berlin, 1967), Forschungsbeauftragter in der Historischen Kommission zu Berlin. *Veröffentlichung* u. a.: Vom Elend der Literaturkritik (1975).

ROSENBERG, Hans (geb. 1904), Dr. phil. (Berlin, 1927), Shepard Prof. of History, em., Univ. of Calif./Berkeley, Honorarprof. an der Univ. Freiburg i. Br. *Veröffentlichungen* u. a.: Rudolf Haym und die Anfänge des klassischen Liberalismus (1933); Bureaucracy, Aristocracy, and Autocracy. The Prussian Experience 1660—1815 (1958); Große Depression und Bismarckzeit (1967); Probleme der deutschen Sozialgeschichte (1969); Politische Denkströmungen im deutschen Vormärz (1972).

SCHMIDT, Martin (geb. 1909), D. theol. h. c. (Erlangen, 1962), D. D. h. c. (Wartburg Theological Seminary, Dubuque/Iowa, 1955), Dr. theol. (Zürich, 1936), Dr. theol. habil. (Leipzig, 1942), Prof. an der Theologischen Fakultät der Universität Heidelberg. *Veröffentlichungen* u. a.: John Wesley, Bd. 1 u. 2 (1953, 1966); Wiedergeburt und neuer Mensch (1969); Pietismus (1972).

SIMSON, Otto von (geb. 1912), Dr. phil. (München, 1937), Prof. und Direktor des Kunsthistorischen Instituts an der FU Berlin. *Veröffentlichungen* u. a.: The Gothic Cathedral (1964; deutsch 1968); Das Mittelalter II. Das hohe Mittelalter (1972).

SPITZ, Lewis W. (geb. 1922), Ph. D. (Harvard University, 1954), William R. Kenan Jr. Prof. of History, Assoc. Dean of Humanities and Sciences, Stanford Univ. *Veröffentlichungen* u. a.: Conrad Celtis. The German Arch-Humanist (1957); The Religious Renaissance of the German Humanists (1963); Life in Two Worlds: A Biography of William Sihler (1968); The Renaissance and Reformation Movements (1972).

TEMPLIN, J. Alton (geb. 1927), Ph. D. (Harvard University, 1966), Prof. Church History and Historical Theology, The Iliff School of Theology, Denver (USA). *Veröffentlichungen* u. a.: Jan de Bakker: An Early Martyr for the principle of Religious Freedom in the Netherlands (1974); Cornelius Grapheus (1482—1558): A Humanist Scholar of the Netherlands who recanted (1979).

WUTTKE, Dieter (geb. 1929), Dr. phil. (Göttingen, 1971), Prof. für Deutsche Philologie des Mittelalters und der Frühen Neuzeit an der Universität Bamberg. *Veröffentlichungen* u. a.: Deutsche Germanistik und Renaissanceforschung (1968); Methodisch-Kritisches zu Forschungen über Peter Vischer den Älteren (1968); Fastnachtsspiele des 15./16. Jahrhunderts (1973).

ERSTER TEIL

Referate

Luthers Bedeutung als Gelehrter und Denker für den anthropologischen Realismus*

LEWIS W. SPITZ
Stanford

I
Luther und der Idealismus

Luthers Einfluß auf das moderne Denken verlief in zwei Richtungen. Einerseits beeinflußte er die Aufklärung und den Idealismus und wurde zu ihrem Symbol. Auf der anderen Seite aber dienten sein religiöses Denken und insbesondere seine Anthropologie als Quelle und Strom des anthropologischen Realismus, für den sie enorme Bedeutung erlangten. Diese Tendenz, unterschiedliche Richtungen zu beeinflussen, resultierte weniger aus gegensätzlichen Elementen von Luthers Denken als vielmehr aus der Tatsache, daß unterschiedliche Aspekte seiner Theologie hervorgehoben wurden. Da sich die moderne intellektuelle Struktur verschoben hatte, wurde die Sicht verändert.

Luther als Gelehrter und Denker

Als Gelehrter und Denker empfand Luther vor der menschlichen Vernunft die höchste Achtung, war doch die *ratio* für ihn das Erhabendste unter allen geschaffenen Dingen. Seine Stellung in der langen und ehrwürdigen Tradition des christlichen Rationalismus ist angezweifelt, bestritten und oft auch mißverstanden worden, nicht nur von seinen Kritikern und Gegnern, sondern auch von seinen Freunden. Gelehrte, wie Hartmann Grisar, S. J. oder A. Lunn, Autor von *The Revolt against Reason,* verdre-

* Ich möchte dem Institute for Advanced Study zu Princeton für die gebotene Möglichkeit, mir die freie Zeit zu nehmen, um dieses Buch herauszugeben, herzlich danken.

hen Luthers Fideismus ebenso wie populäre und einflußreiche Schriftsteller, etwa Will Durant, in eine Form von Antirationalismus, wenn nicht gar Antiintellektualismus. Ein anderer Gelehrter, Hiram Hayden, stellte Luther in seinem umfangreichen Buch *The Counter-Renaissance* in eine Gruppe mit Machiavelli, Montaigne und Agrippa von Nettesheim, die im Pendelschwung gegen die Werte der Renaissance antirationale, antinaturrechtliche und gegen die Ordnung im Kosmos gerichtete Ansichten vertraten. Doch auch Luther-Forscher, die mit seinem Glauben sympathisierten, versagten seiner Stellung die angemessene Achtung. Otto Ritschl sprach von seinem *sacrificium intellectus,* mit dem er Gott alle Ehre gab. Karl Heim konstatierte einen »fundamentalen irrationalen Intellektualismus«. Und der berühmte Luther-Forscher Karl Holl hob hervor, daß Luther — wo immer er von der Vernunft sprach — nur die »christliche Vernunft« im Sinne gehabt hätte, von der natürlichen Vernunft habe er keinen tätigen Begriff gehabt. Luther wird oft unterstellt, er habe nur den Begriff der »dienstbaren« Vernunft gekannt, als *agens* einer Botschaft, die angenommen werden soll, keinesfalls aber den einer »magistralen« Vernunft, die als Richter und Gebieter über das, was angenommen werden soll, auftritt. Eine solche Analyse vereinfacht Luthers Stellung in unzulässiger Weise.

Glauben bedeutet für Luther nicht Leichtgläubigkeit, wie ein epistemologischer Kurzschluß des Rationalismus will, sondern *fiducia,* ein liebevolles Vertrauen auf Gott als den Schöpfer und Erlöser des Menschen. Wie die mittelalterlichen Theologen Bernhard von Clairvaux, Thomas von Aquin und andere standhafte Männer in der Tradition des christlichen Rationalismus, zog auch Luther eine horizontale Linie, die den Raum bezeichnet, in dem die Vernunft und der Glauben wirken, sowie eine vertikale zwischen dem Reich der Natur und dem der Gnade. Im Reich der Natur, in irdischen Dingen und im Bereich der menschlichen Kultur erscheint die Vernunft als höchste Macht. Als Augustiner kannte und billigte Luther die hohe Meinung Augustins von der Vernunft. Er verteidigte ihre überragende Stellung mit dem Argument, sie stehe über allen Dingen, weil sie über alle Dinge richte. Die bündigste Definition von Luthers Ansicht über die Stellung der Vernunft im Kosmos der Dinge findet sich wohl in den Thesen, die er für die *Disputation über den Menschen* (1536) vorbereitet hat:

»1. Die Philosophie oder menschliche Weisheit bezeichnet den Menschen als ein Tier mit Vernunft, Gefühl und Leib.

2. Es ist jetzt nicht nötig, darüber zu debattieren, ob der Mensch eigentlich oder uneigentlich ein Tier genannt wird.

3. Aber es muß erkannt werden, daß diese Bezeichnung den Menschen

nur als einen Sterblichen und im Zusammenhang mit diesem Leben be-
schreibt.

4. Und es ist gewißlich wahr, daß die Vernunft überaus wichtig, und unter allen Dingen das höchste im Rang ist, und im Vergleich mit anderen
Dingen dieses Lebens das allerbeste, ja etwas göttliches ist.

5. Sie ist die Erfinderin und Lehrerin aller Künste, Heilmittel, Gesetze
und was auch immer die Menschen an Weisheit, Macht, Tugend und
Ruhm besitzen.

6. Auf Grund dieser Tatsache sollte sie deshalb als der wesentlichste Unterschied, durch den der Mensch von Tieren und anderen Dingen unterschieden wird, benannt werden.

7. Die Heilige Schrift macht sie auch zur Herrin über die Erde, Vögel, Fi-
sche und Vieh und sagt »Herrschet!«

8. Das bedeutet, daß sie eine Sonne und etwa wie ein Gott dazu bestimmt
ist, diese Dingen im jetzigen Leben zu verwalten.

9. Auch wird Gott die Majestät der Vernunft nach dem Fall Adams nicht
weggenommen sondern vielmehr bestätigt.

10. Trotz der Tatsache, daß sie von solch hoher Majestät ist, erkennt sie
nicht *a priori* sondern nur *a posteriori*.

11. Wenn deshalb die Philosophie oder die Vernunft selber mit der
Theologie verglichen wird, wird es offenbar, das wir fast nichts vom Menschen wissen.«[1]

Luther benutzte den Begriff »Vernunft« also in dreifachem Sinne, und
viele Mißverständnisse entstanden, weil die unterschiedlichen Bedeutungen nicht berücksichtigt wurden. Er unterschied zwischen der natürlichen,
der wiedergeborenen und der anmaßenden Vernunft. Die natürliche Vernunft ist das herrlichste Werk der göttlichen Schöpfung, die größte Herr-
lichkeit in der Natur, die selbst nach dem menschlichen Fall höchsten
Rang besitzt. Als wiedergeboren gilt die Vernunft des Menschen, der zum
Glauben an Gott gelangt ist. Die Lebensanschauung eines Menschen, der
das Leben als einen tätigen Glaubensakt der Liebe betrachtet, unterscheidet sich in der Qualität vom Zustand vor der Bekehrung, denn die wiedergeborene Vernunft befreit zu einer neuen schöpferischen Lebensbetrach-
tung, der Glaube ist eine *vita cordis,* das Leben des Herzens. Die anma-
ßende Vernunft schließlich ist die Hurenvernunft des nicht wiedergeborenen Menschen, der sich weigert, Gottes Offenbarung und seine
Bedingungen der Erlösung anzunehmen. Sie besteht einerseits darauf, ihre
eigene Rechtfertigung als Äquivalent für die Erlösung anzubieten, ande-
rerseit behauptet sie, daß gute Werke nicht mehr notwendig seien, da der
Glaube erlöse. Luther benutzte den Begriff »Vernunft« regelmäßig als eine
Synekdoche für den ganzen Menschen in verschiedenen geistigen Lagen,

für den natürlichen, den wiedergeborenen und den verworfenen Menschen.

Luther gehört zur höchsten Tradition des christlichen Rationalismus, da er die menschliche Vernunft für die wunderbarste und majestätischste Schöpfung Gottes hielt. Selbst nach dem Fall des Menschen bleibt die Vernunft etwas Göttliches, ein strahlendes Licht und eine Sonne, ein göttliches Herrschaftsprinzip. Heute mögen uns, da unserer Zeit die Widerstände gegen rationales Verhalten (Behaviourismus) und die dunklen Kräfte des Unterbewußten nur allzu bekannt sind, einige Ausdrücke Luthers zum Lobe der natürlichen Vernunft übersteigert, unrealistisch und sogar naiv anmuten. In der gegenwärtigen post-freudianischen, empirischen, mitunter antiintellektualistischen Gesellschaft ist die Bereitschaft, auch wenn es nur um vergängliche Dinge geht, sich mit voller Überzeugung auf die Vernunft zu verlassen, gering. Pareto hat in seinem *Tratatto di sociologia generale* nachgewiesen, wieviele Entscheidungen von uns getroffen und wieviele Handlungen begangen werden, die lediglich auf »Derivate und Residuen« im Zusammenspiel mit erlernten oder ererbten Einstellungen zurückzuführen sind, um dann durch Rationalisierungen gestützt zu werden. Das führte uns zu einer größeren Zurückhaltung gegenüber den Kräften der Vernunft, die für Luther, so wie Gott sie geschaffen hatte, als Krone der Schöpfung galt.

Dennoch betrachtete auch Luther die Vernunft nicht als absolut; wo es um Gott und das Verhältnis des Menschen zu Gott geht, ist die Vernunft blind und erweist sich als ein falscher Führer. Den Weg, der von der Sünde und dem Tod zu Gerechtigkeit und Leben führt, kann sie nicht zeigen. Sie verbleibt in der Finsternis. In der Religion betrachtet sich die stolze Eitelkeit der Vernunft selbst als Richter über das, was Gottes Wille sein kann oder nicht sein kann. Dieser »Rationalismus« der anmaßenden Vernunft führt unweigerlich zum Moralismus. Als Hure des Teufels verführt sie den Menschen dazu, sich auf seine eigenen guten Werke zu verlassen, so, als ob er Ansprüche an Gott stellen könne, statt zu erkennen, daß er in jeder Hinsicht eine Schuldner Gottes ist. Gegenüber dem Wort Gottes in der biblischen Offenbarung erscheint die menschliche Vernunft nur wie eine Kerze in der Sonne.

Im Kommentar zum Psalm 119, 105 (»Dein Wort ist meines Fußes Leuchte und ein Licht auf meinem Wege«) schrieb Luther: »Vernunfft ist auch ein Liecht vnd ein schönes Liecht. Aber den weg vnd den fus, der da sol aus den Sünden vnd aus dem Tod gehen zur Gerechtigkeit vnd zum Leben, kan es nicht weisen noch treffen, sondern bleibt im finsternis. Gleich wie vnser vnslet vnd wachsliechter nicht erleuchten den Himel, auch die

Erden nicht, sondern die enge winckel in heusern. Die Sonne aber erleuchtet Himel, Erden vnd alles. Also ist Gottes Wort auch die rechte Sonne, die vns den ewigen Tag gibt zu leben vnd frölich zu sein. Solch Wort ist gar reichlich vnd lieblich im Psalter gegeben. Wol dem, der lust dazu hat vnd solch Liecht gerne sihet, denn es scheinet gerne. Aber Maulwörffer und Fleddermeuse habens nicht gerne, das ist, die Welt.«[1]*

Eine andere Bedeutung hat die wiedergeborene Vernunft. Der Mensch, dessen Vertrauen zu Gott (*fiducia*) vom Heiligen Geist erweckt worden ist, hat eine neue, lebendige und hoffnungsvolle Sicht auf das Leben. Seine Lebenserwartungen werden durch die neue Beziehung zu Gott grundlegend verändert. »Vernunft« erscheint einem solchen Menschen als das beste Mittel, ein Leben der Liebe zum Mitmenschen gemäß dem Wort und Willen Gottes zu führen. In den *Tischreden* erklärte Luther in klaren und einfachen Worten, wie die wiedergeborene Vernunft dem Gläubigen dienen kann: »Vor dem Glauben und der Gotteserkenntnis ist die Vernunft Finsternis in göttlichen Dingen, aber durch den Glauben wird sie ein Licht in den Gläubigen und dient der Frömmigkeit als ein ausgezeichnetes Mittel. Denn gerade wie die natürlichen Gaben den Gottlosen zur Gottlosigkeit dienen, so dienen sie in den Frommen zum Heile. Eine beredsame Zunge bevördert Glauben; die Vernunft macht die Worte klar und alles zusammen hilft dem Glauben. *Ratio* empehet leben vom glauben, wird von ihm getötet und wieder auferwecket.«[2]

Diese erleuchtete Vernunft ist nicht in der Lage, neue Wahrheiten in der natürlichen Religion ohne die Hilfe der Offenbarung zu entdecken. Sie ordnet vielmehr, in den Fußspuren des Meisters, das Leben nach den Forderungen des göttlichen Wortes. Die *ratio theologica* ist die Vernunft des *homo theologicus*. Auch hier paßt die Formel *simul justus et peccator,* denn die wiedergeborene Vernunft ist gleichzeitig gerechtfertigt und in Gottes Augen heilig, während sie noch als unvollkommen erscheint und tatsächlich bei der Heiligung unzulänglich ist.

Da Luthers Gebrauch des Begriffs »Vernunft« komplex war, müssen seine Äußerungen stets im Kontext betrachtet werden. Dazu kommt, daß er nicht immer genau definierte und Unterscheidungen traf, sondern durchaus dazu neigte, in rhetorischen Wendungen unterschiedliche Bedeutungen des Begriffs im gleichen Abschnitt zu vermischen. Die Vernunft kann in einem instrumentalen Sinn als die Fähigkeit erscheinen, logische Schlüsse zu ziehen. Sie kann weiter als ein kultureller Faktor im weltlichen Bereich angesehen werden oder als Prinzip beziehungsweise Kriterium einer totalen Weltsicht im Sinn einer philosophischen oder naturreligiösen Betrachtung dienen.[3] Brian Gerrish, ein bedeutender Reformationsforscher, hat vor kurzem ebenfalls den dreifachen Unterschied angedeutet, den Luther zwischen den beiden Bedeutungen der natürlichen und der wiedergeborenen Vernunft getroffen hat. Zum einen regiert die natürliche Vernunft in dem ihr eigenen Reich der weltlichen Erscheinungen. Zum anderen gibt es die natürliche Vernunft, die unberechtigterweise bestimmte Behauptungen aus dem weltlichen Bereich (zum Beispiel, daß Tugend belohnt wird) in den geistlichen Bereich überführt. Und schließlich herrscht die wiedergeborene Vernunft rechtmäßigerweise im geistlichen Bereich, indem sie ausschließlich dem Wort Gottes folgt. Die natürliche Vernunft, die sich mit weltlichen Dingen beschäftigt, ist — wie Luthers Sprachgebrauch oft anzudeuten scheint — eine »praktische Vernunft«, die sich bisweilen unserer Vorstellung vom »common sense« nähert; und insoweit kann die natürliche Vernunft, selbst innerhalb ihrer eigenen Grenzen, sowohl als ein materialer als auch als ein formaler Begriff erscheinen, da sie die Annahme bestimmter konkreter Bewußtseinshaltungen einschließt. Wenn die natürliche Vernunft aber in den Bereich der geistlichen Dinge eintritt, handelt es sich eindeutig um eine konkrete, materiale Einstellung des nicht wiedergeborenen Menschen; es wird deutlich, daß die *ratio* hier eine bestimmte begrenzte *opinio* darstellt. Die wiedergeborene Vernunft schließlich ist im wesentlichen ein formaler Begriff; die Vernunft erscheint als ein Werkzeug, ein Mittel, ein Organ. Doch da die wiedergeborene Vernunft zur Verbindung mit dem Glauben tendiert, kann die *ratio* in diesem Kontext mitunter auch selbst einen bestimmten materialen Inhalt in sich aufnehmen.[4]

Es ist unübersehbar, daß Luther sich oft der Synekdoche bedient, wenn er den Begriff Vernunft für den ganzen Menschen setzt. Demzufolge ist die natürliche Vernunft eigentlich die Vernunft des natürlichen Menschen und die wiedergeborene Vernunft die des wiedergeborenen Menschen. Darüber hinaus hypostasiert Luther die Vernunft oft in einem substantiellen und materiellen Sinn, während sie an anderen Stellen ihren rein formalen Charakter beibehält.

In Hinsicht auf den Einfluß, den Luthers spezifisch christlicher Rationalismus auf die Aufklärung und den Idealismus ausübte, kann es als zufällig betrachtet werden, daß er bei seiner dramatischen Verteidigungsrede vor dem Reichstag zu Worms die Anrufung der Vernunft mit den Forderungen an das Gewissen verband: »Weil denn Ew. Kaiserliche Majestät und Gnaden eine schlechte Antwort begehren, so will ich eine unstößige und beissige Antwort geben, dieser Maßen: Es sei denn, daß ich durch Gezeugnis der Schrift überwunden werde oder durch schleinlich Ursachen (denn ich glaub weder dem Papst noch den Konzilien allein, weil es am Tag ist,

daß dieselben zu mermalen geirrt und wider sich selbst geredet haben),
sintemal ich von Schritten, von mir angeführt, im Gewissen an Gottes
Wort gefangen bin, so mag und will ich nichts widerrufen, weil wider das
Gewissen zu handeln beschwerlich, unheilsam und fährlich ist, Gott helfe
mir. Amen.«[5]

Die *ratio evidens*, an welche Luther appellierte, erscheint sowohl im
vorliegenden Kontext als auch im Zusammenhang mit anderen Belegstel-
len als die Vernunft des wiedergeborenen Menschen, der — wie auch sein
Gewissen — von Gottes Wort unterrichtet ist.[6] In früheren Jahrhunderten
wurde jedoch die *ratio* in dieser berühmten Antwort für die magistrale
Vernunft gehalten, wie auch das Gewissen für die subjektive Sensibilität
eines autonomen Individuums gehalten wurde, das seine Freiheit gegenüber heteronomen Kontrollen erklärte. Luther als Vorkämpfer für Vernunft, Gewissen und Freiheit beeindruckte die Vertreter der Aufklärung
und die Philosophen des transzendentalen Idealismus.

Zwischen der Beziehung der englischen und französischen Intellektuellen des *Enlightenment* und den deutschen Denkern der Aufklärung zu Luthers Reformation läßt sich ein bemerkenswerter Unterschied feststellen.
Hume und Gibbon verachteten die theologischen Bemühungen der Reformatoren. Merkwürdig ist die Entwicklung, die dazu führte, daß im folgenden Jahrhundert in England viele Victorians als Kritiker von Luthers »Rationalismus und Erastianismus« auftraten.[7] Voltaire tat die Reformation
als »Mönchsgezänk« ab und bemerkte höhnisch, »daß man nur mit einer
Mischung aus Verachtung und Mitleid lesen könne, wie Luther alle seine
Widersacher und vor allem den Papst behandelt habe«. Die Aufklärer
standen Luther zwar kritisch, aber durchaus nicht verachtungsvoll gegenüber. Sie kritisierten die mittelalterlichen Relikte in seinem Denken, bewunderten aber seinen Kampf für die Gewissensfreiheit, die in ihren Augen das Wesentliche der Reformation darstellte. Das Gold der religiösen
und ethischen Autonomie erschien ihnen bei Luther immer noch mit
Schlacke durchsetzt. Damit hielten sie die weitere Reinigung und die
Vollendung des Werkes von Luther für ihre Aufgabe. Das beständige An-
rufen Luthers durch die Aufklärer war demzufolge weder theatralische
Geste noch heuchlerische Bekundung, denn er wurde als Kämpfer in
der vordersten Schlachtreihe betrachtet, während sie die Phalanx der Ho-
pliten bildeten, die den endgültigen Sieg der Vernunft über den Aberglauben und die Mächte der Finsternis erringen würden. »Reformation« wurde
eines ihrer Lieblingsworte: Reformation als Freiheit und Reformation als
kulturelle Reform und Wiedergeburt. Sie versuchten Reformationen der
Dogmatik, der Jurisprudenz, der Orthographie, des Buchhandels, der Ge-

sangbücher und letztlich des Luthertums selbst. Goethe mokierte sich 1772 in den _Frankfurter gelehrten Anzeigen_ über den bilderstürmerischen Eifer der »aufgeklärten Reformer« seiner Zeit, und Hamann kommentierte ironisch sowohl den »epidemischen Reformationsschwindel« als auch die Tatsache, daß »Reformation« in der Aufklärung zu solch einem bevorzugten Wort geworden war.[8]

Der deutsche transzendentale Idealismus übernahm bestimmte fundamentale Anschauungsweisen, um Luthers Bedeutung für die Menschheit und die höhere Kultur zu interpretieren. Die Idealisten würdigten vor allem seinen Beitrag zur Ausbildung der individuellen Persönlichkeit, die »tiefste Innerlichkeit«, die kritische Funktion von Gewissen und Bewußtsein und die Schritte zur Freiheit. Der berühmte Lutherforscher Karl Holl verwies in einem Referat über die kulturelle Bedeutung der Reformation auf den positiven Einfluß Luthers auf Kant und Fichte, die im Lutherschen Sinne Leibniz' Vorstellung von der Persönlichkeit vertieften.[9] Nach seiner Meinung übernahmen sie neben der Vorstellung eines unbedingten Gesetzes auch den Begriff der Sünde.

Auf seinem Weg aus der Enge des Naturalismus zum umfassenden ethischen Verständnis des Menschen glaubte Fichte, das innere Wesen des Menschen erkannt zu haben. Der Kern seiner Anthropologie findet sich in der 1800 veröffentlichten Schrift _Die Bestimmung des Menschen_. Bei seiner Auseinandersetzung mit den Kategorien Zweifel, Wissen und Glauben konzentrierte Fichte sich auf die Rolle des Zweifels, den der Mensch empfindet, wenn seine eigene Realität mit der äußeren Welt konfrontiert wird, ein Zweifel, mit dem der wissenschaftliche oder naturalistische Standpunkt den Menschen zu überwältigen droht. Fichte wollte den Wert der Kenntnis des Ich und des Glaubens als die Handlung darstellen, durch die das Ich sich als die einzige Wirklichkeit behauptet. Wirklich ist das wissende Bewußtsein des Menschen, das der äußeren Welt die Wirklichkeit vermittelt, die sie hat. Durch den Gebrauch der Freiheit bestimmt das Selbst, was es ist. Dabei liegt die Bestimmung des Selbst nicht im Wissen allein, sondern im Handeln, das im Einklang damit steht. Im dritten Buch, das den Titel _Glauben_ trägt, mahnt Fichte: »Nicht blosses Wissen, sondern nach deinem Wissen _Thun_ ist deine Bestimmung: so ertönt es laut im Innersten meiner Seele, sobald ich nur einen Augenblick mich sammle und auf mich selbst merke. Nicht zum müssigen Beschauen und Betrachten deiner selbst, oder zum Brüten über andächtigen Empfindungen, — nein, zum Handeln bist du da; dein Handeln und allein dein Handeln bestimmt deinen Werth.«[10]

Der Mensch wird der ihn umgebenden Welt gewiß, weil sie die Sphäre und das Objekt seiner pflichtgemäßen Handlungen und seines ethischen Verhaltens wird. Er handelt nicht, weil er weiß, sondern er weiß, weil er zum Handeln berufen ist; als ein Glied zweier Lebensordnungen, des geistigen Lebens, in dem der Mensch durch das Wirken des reinen Willens herrscht, und des sinnlichen Lebens, an dem er durch einzelne Handlungen teilnimmt.

Hauptpunkt der Fichteschen Anthropologie ist die Ansicht, daß der Mensch durch einen Willensakt die Begrenzungen seiner natürlichen Determination überschreiten und in den Bereich der wahren Freiheit zu gelangen vermag. Seine Philosophie ist deshalb als eine »Philosophie der Freiheit« verherrlicht worden, weil im Zentrum seines Denkens der Mensch als ein moralisches Wesen und damit im Lichte der menschlichen Freiheit steht. Fichtes absoluter Subjektivismus und sein Plädoyer für die Autarkie des Menschen provozierten sowohl von naturalistischen wie von theologischen Positionen her eine Vielzahl kritischer Stellungnahmen, doch soll es hier nicht um diese kritischen Einwände gehen. Entscheidend war, daß Fichte — als er sagte: »Eine Entscheidung und ich erhebe mich über die Natur« — generell als jemand verstanden wurde, der wie Luther ein gleiches Vertrauen in die persönliche Freiheit und das Recht zur ethischen Entscheidung in der Welt des Handelns äußerte. Der Mensch hat die Möglichkeit, sich von seiner natürlichen Bestimmung zu befreien und sich zur Freiheit des Geistes aufzuschwingen. Die intellektuelle Welt des Idealismus begriff Fichtes Botschaft so wie die literarische Welt den populären Dichter und Dramatiker Schiller aufnahm. Als Schiller den abendländischen Menschen mit seinem Wort: »Du kannst, denn du sollst« ermutigte, meinte man, daß auch er Luthers Ansicht von dem moralischen Wesen des Menschen aufgenommen hatte. Das von den heteronomen Kontrollen einer ekklesiastischen oder absoluten Ordnung befreite Individuum muß und kann freie moralische Entscheidungen treffen. Im Juni 1790 schrieb Fichte an seine Braut: »Verketzert werde ich immer werden . . .; das ist nun einmal gewiß . . . Wie ich denke, weiß ich wohl; ich bin weder Lutheraner noch Reformirter, sondern Christ; und wenn ich zu wählen habe; so ist mir, da doch einmal eine Christen-Gemeinde nirgends existirt, diejenige Gemeinde die liebste, wo man am freisten denkt, und am tolerantesten lebt . . .«[11]

Doch trotz dieser Behauptung seiner Selbständigkeit war Fichte, nicht zuletzt durch den Einfluß seines großen Lehrers Kant, ein Schüler der Reformation. Am 4. Juli 1791 traf der dreißigjährige Theologe Fichte Kant persönlich in Königsberg. Unter seinem Einfluß und von ihm gefördert, schrieb Fichte sein erstes Buch, *Kritik aller Offenbarung,* das Kant später allerdings als ein »schlechtes Buch« bezeichnete.

Kant, der glänzendste Vertreter des deutschen Idealismus, war als »protestantischer Philosoph« bekannt. Auf den ersten Blick schien seine transzendentale Kritik der traditionellen metaphysischen Argumente in bezug auf die Seele, das Weltall und Gott Luthers Theologie direkt zu widersprechen, da die menschliche Erkenntnis als Grundlage für *a priori* synthetische Urteile angesehen wird. Doch das, was von Kant in seiner *Kritik der reinen Vernunft* zurückgestellt wurde, fand in der *Kritik der praktischen Vernunft* Aufnahme. Am höchsten steht das Moralgesetz, und der moralische Imperativ »Ich soll« ist dem Menschen wirklicher als irgendeine andere Erfahrung. Das Streben nach Vergnügungen oder Vorteilen muß den Forderungen des Gewissens weichen, denn nichts darf der Stimme des Gewissens widersprechen, wenn der Mensch auch frei ist, dem universalen und notwendigen Gesetz der Moral zu folgen oder nicht zu folgen. Dieses moralische Gesetz setzte allerdings die Existenz eines Gesetzgebers voraus. Christus war die Verwirklichung der höchsten moralischen Vollkommenheit. Der historische Glauben wird so zum Vehikel für den rationalen Glauben.

Die dogmatischen Quellen von Kants religiösem Denken sind eingehend untersucht worden.[12] Von Luthers Schriften dürfte er nur den Kleinen Katechismus gekannt haben. Dennoch wird eine typische Verwandtschaft zwischen Kants und Luthers Denken erkennbar. Beide wandten sich gegen die spekulative religiöse Metaphysik, denn sie stimmten darin überein, daß die spekulative Vernunft zu keinerlei genauen wissenschaftlichen Aussagen über Gott und die transzendente Realität kommen könnte. Für Kant bildeten die Postulate der praktischen Vernunft, für Luther die Glaubenserfahrung sicherere Grundlagen für die Fundierung einer religiösen Wirklichkeit. Obwohl Kant die Schuld der Sünde und das radikale Böse nicht wie Luther als Urerfahrung begriffen hatte, erkannte er das Gefühl der Schuld an. Beiden war eine Ethik der Intention gemeinsam; doch bei Kant war es das Gesetz, die Pflicht, den Nächsten wie sich selbst zu lieben, die das Bewußtsein weckte und stärkte; bei Luther stand der Gott der Gerechtigkeit hinter dem Gesetz. Der Gott der Gnade und der Vergebung bedeutete Kant nichts, Luther bedeutete er alles.

Angesichts dieser fundamentalen Gegensätze zwischen Luther und Kant erscheint es aufschlußreich zu beobachten, wie die jüngeren Idealisten nach einer Verbindung zwischen Kant und dem Luther der *Freiheit eines Christenmenschen* suchten. Beide wurden als Verbündete im Kampf für die Freiheit, die Bildung, den Liberalismus, die Souveränität des Gewissens und den Idealismus verstanden. Wer Christ sein wollte, mußte ein Idealist sein. Noch in späteren Untersuchungen wurde Kant oft so interpretiert, als habe er Luthers ethisch religiöse Gefühle erfolgreich zur Begründung der Vernunft benutzt.[13] Die Art, in der spätere Forscher, darunter so bedeutende Männer wie Karl Holl und Wilhelm Dilthey, Luthers Denken interpretierten, indem sie auf Begriffe Kants zurückgingen, unterstreicht noch einmal, wie Kant und Luther in der idealistischen Tradition als verwandte Geister zusammengesehen wurden.

Fast vier Jahrzehnte lang konzentrierten die transzendentalen Idealisten sich auf die Beziehungen zwischen Kants phänomenaler und der nominalen Welt. Eine gemeinsame metaphysische Betrachtung der letztendlichen Einheit von Denken und Sein verband sie. Im Geheimnis des Gefühls, in einer Begegnung mit dem Göttlichen oder im spekulativen Denken transzendiert der Mensch sich selbst und gelangt zum Verständnis, zur Erfahrung oder zum Gefühl der höchsten Einheit des Seienden. Diese Betrachtung diente eine Zeit lang als epistemologische Basis für die Erkenntnis Gottes und der Religion als Stütze.[14]

Insbesondere Hegel erwies sich als Verteidiger der Religion. Kants Kritik überwand er nicht nur mit einer strengen erkenntnistheoretischen Analyse, sondern auch durch seine eigene metaphysische Sicht einer Einheit von Denken und Sein, von Idee und Realität. Hegels frühe theologische Schriften wurden von Luther stark beeinflußt. Noch als reifer Mann betrachtete er sich als christlichen Denker und als Lutheraner. In der Mehrzahl seiner bedeutenderen Werke setzte er sich mit christlichen Problemen auseinander. Der Prozeß der Versöhnung erschien Hegel vor allem als ein Prozeß, in dem die implizite Einheit der göttlichen und menschlichen Natur explizit wurde. Dieser Prozeß mußte auf dem vernünftigen Bewußtsein basieren, Denken, Wissen und das versöhnende Werk Christi sollten in diesen Dimensionen begriffen werden. Die Einheit der göttlichen und der menschlichen Natur ist insoweit bekannt, als sie im tatsächlichen Ereignis der Menschwerdung leiblich wurde, sie ist » . . . in keiner anderen Weise, als für diese Einheit sich zu offenbaren in einer gänzlich zeitlichen, ganz gewöhnlichen Erscheinung in der Welt in einem dieser Männer — in diesem Manne, der zu gleicher Zeit bekannt wurde als die göttliche Idee, nicht als Lehrer, nicht nur als ein höheres Wesen im allgemeinen, sondern als das höchste, als Gottes Sohn.«[15]

Hegel hat wiederholt unterstrichen, daß diese historische Inkarnation für den Menschen wesentlich war, um eine sofortige Gewißheit der Wahrheit zu erlangen. Wenn die Wahrheit sich als Gewißheit erweisen sollte, mußte Gott im Fleisch in dieser Welt erscheinen. Hegels Schriften über die Menschwerdung weisen wiederholt darauf hin, daß es die Bestimmung des Menschen ist, die Identität seiner Natur mit der Gottes zu erkennen. Dieses Hegelsche Verständnis des Christentums bereitete die Bühne für eine hochgestochene Tragikomödie, die linkshegelianische Umkehrung seines Denkens, die eine umfassende Krise im religiösen Denken einleitete. Indem sie vom System Hegels und seinen zahlreichen Affinitäten zu Luthers Theologie ausgingen, wandten sich Bruno Bauer, David Friedrich Strauß, Ludwig Feuerbach und Karl Marx dagegen und konfrontierten das Christentum mit einer modernen Herausforderung, die fundamentaler war als die der aufklärerischen Philosophen. Die »Realisten« des 19. Jahrhunderts identifizierten das Christentum weitgehend mit dem Idealismus. Glaube an Gott wurde mit dem Reich des Geistes, dem Übersinnlichen und dem Übernatürlichen assoziiert. Das ist der Sinn von Nietzsches provozierender Herausforderung »Christentum ist Platonismus für das Volk«.

Lutherus redivivus! In diesem Moment der Geistesgeschichte präsentierte Clio eine ihrer kleinen Überraschungen, denn während dieser kritischen Wendung im abendländischen Denken rückte Luthers Theologie in den Mittelpunkt der Auseinandersetzungen. Luther wurde scholastisiert, moralisiert, katechetisch domestiziert, gezähmt und konnte so von den Idealisten für ihre Ziele ausgebeutet werden. Doch noch eine andere Seite Luthers bot sich für die Ausbeutung an. Aldous Huxley nannte die Reformatoren einmal, wobei er sich auf ihr Verständnis des Menschen bezog, »verschwitzte Realisten«. Im 19. Jahrhundert forderte der Realismus, anthropologisch zu denken. Der Mensch ist die zentrale Wirklichkeit, und durch das Erkennen des Menschen kann der Mensch die Realität der Natur und der Religion, die ihn umgeben, begreifen, denn sie gehen nicht über ihn hinaus. Der Mensch beginnt weder mit der Außenwelt noch mit einem objektiv von der Vernunft vorgegebenen System. Allein durch das Verständnis des Menschen, so wie die Erfahrung ihn geprägt hat, durch seine zentrale Stellung kann man zum Verständnis dessen gelangen, was er benötigt, um die Wirklichkeit zu verstehen. Inzwischen wurde der Kampf zwischen dem Idealismus und dem Realismus längst zugunsten des Realismus entschieden, und zwar zugunsten des anthropologischen Realismus, nicht etwa eines reinen Empirismus. Dabei hat Luther entscheidende Hinweise gegeben.[16] Erasmus äußerte einst über Luther: »Gott schenkte uns einen radikalen Arzt«!

II

Luthers anthropologischer Realismus

Luthers Verständnis des Menschen ist im Fall der anthropologischen Realisten gegen die idealistische Spiritualisierung des Christentums ein Zeuge von entscheidender Bedeutung. Luther verband, stärker noch als Calvin und Zwingli, die *cognitio dei et hominis*. Der Mensch erscheint ihm als das Wesentlichste, da er auch für Gott das Wesentliche darstellt. Gott gilt Luthers höchste Aufmerksamkeit. Der Gott, der den Menschen liebt und den der Mensch wiederum lieben kann, wird allein im Gott-Menschen Christus erkannt. Die Menschwerdung ist der Brennpunkt sowohl der Theologie als auch der Anthropologie.

Vor der Analyse der zwei wesentlichsten Punkte im Lutherverständnis der Realisten des 19. Jahrhunderts sollte an einige grundlegende Elemente des Lutherschen Menschenbildes erinnert werden, vor allem an den Vorrang der Erfahrung und des Seins vor dem Denken und dem Handeln und an den Nachdruck, den er auf Gott im Menschen Jesus legte. Befindet sich Luthers Anthropologie auch im Hauptstrom der abendländisch christlichen Tradition, indem sie beispielsweise die Dichotomie zwischen Leib und Seele, deren Unsterblichkeit, die Vernunft des Menschen usw. akzeptiert, so weicht sie doch — was ihren Schwerpunkt und den Inhalt betrifft — in einigen entscheidenden Punkten wesentlich von ihr ab. Der Unterschied zwischen ihm und der platonischen Idealisierung des Menschen in der Renaissance ist nicht zu übersehen. Übereinstimmend stellten die Humanisten, Rationalisten und Idealisten in ihren Epochen fest, daß Luther eine »zu düstere und pessimistische Vorstellung vom Menschen hatte«.

Luther empfand weder die Dichotomie Leib/Seele noch die Trichotomie Leib/Seele/Geist als angenehm. Sein intensives Studium des Alten Testaments hatte ihn zu hebräisch gemacht, um den Heiligen Paulus mit hellenistischen Augen zu lesen. Er stellte sich ausdrücklich gegen Erasmus' Exegese der Paulusbriefe, in denen der Geist als die ätherische Seite des Menschen erklärt wird, die ihn nach oben zu Gott zieht, während das »Fleisch«, als die körperliche Seite des Menschen, ihn auf der Erde festhält. »In meiner Verwegenheit«, erklärte Luther, »unterscheide ich nicht zwischen Leib, Seele und Geist, sondern empfehle Gott den ganzen Menschen.«

So wie er dem Humanisten Erasmus widersprochen hatte, richtete er auch eine Apologetik gegen den Scholastiker Latomus, in der es um die Sünde und die Gerechtigkeit des Menschen ging.[17] Luther erklärte, im Gegensatz zu diesem »Sophisten«, der die Verurteilung Luthers an der Uni-

versität zu Löwen verteidigt hatte, daß der fleischliche Mensch ganz der
Sünde verfallen sei, während der geistige Mensch der des Glaubens ist,
dem Gott vollkommen vergeben hat. In Gottes Auge erscheint der glau-
bende Mensch gleichzeitig gerechtfertigt und gerecht, während er in der
Wirklichkeit von der Sünde befleckt bleibt, wie er und sein Nächster wohl
wissen (*simul justus et peccator*). Im Verlauf seiner Darlegungen wies Luther auf Römer 7, 21 hin (»So finde ich mir nun ein Gesetz, der ich will das
Gute tun, daß mir das Böse anhanget«); und erklärte: »Denn es ist nicht
ein anderer, der das Gute tun will als derjenige, dem das Böse anhanget.
Der geistliche Mensch will das Gute tun als ganzer Mensch (*totus*), aber
der fleischliche Mensch hanget ihm an als nicht gar ein ganzer Mensch
(*minus totus*).«[18]

Diese starke Betonung des *totus homo* stimmt mit Luthers Exegese in
seinen *Vorträgen über den Römerbrief* überein, wo es zu Römer 7, 25 (»So
diene ich nun mit dem Gemüte dem Gesetz Gottes, aber mit dem Fleisch
dem Gesetz der Sünde«) hieß: »Dieses ist von allem am stärksten hervorgehoben. Siehet, wie ein und derselbe Mensch zugleich dem Gesetz Gottes
und dem Gesetz der Sünde dient, zugleich gerecht ist und doch sündigt!
Denn er sagt nicht: Mein Geist [mens] dient dem Gesetz Gottes, noch
mein Fleisch dem Gesetz der Sünde, sondern: Ich, sagt er, der ganze
Mensch, ein und dieselbe Person, diene in beidem [utranque] Dienst. Deshalb dankt er auch, weil er dem Gesetz Gottes dient, und fleht um Gnade,
weil er dem Gesetz der Sünde dient.«[19]

Dieser Begriff vom Menschen als einer Einheit, als *totus homo,* verkörperte einen bedeutenden Entwicklungsschritt gegenüber der platonischen
Vorstellung von der Seele als Gefangener im Körper, die der mittelalterlich asketischen Lehre vom Menschen ebenso vertraut war wie der metaphysischen Lehre in der Renaissance.

Zweitens wird Luthers Realismus in seiner Betonung der Sünde als *Ur-
erlebnis* des Menschen offenbar. Er vertiefte den Begriff der Sünde, indem
er sie als die Grundbeschaffenheit des Menschen, als den Zustand der
Nicht-Geistlichkeit beschrieb, in dem der Mensch Gott entfremdet ist. Die
Sünde stellt nicht eine einfache Übertretung des Gesetzes dar, sondern einen Zustand der Gleichgültigkeit und Feindschaft gegenüber Gott, der
selbst »gute« Werke, welche dem Buchstaben des Gesetzes entsprechen,
als Sünde ausweist.[20] Dabei geht es nicht nur um Unzulänglichkeiten oder
einzelne Fehler gemäß der Beschreibung des Menschen in den *Satiren* des
Horaz (I, iii, 68): »Niemand wird frei von Lastern geboren.« Sie ist ein to-
taler, allumfassender Zustand des gesamten Menschen. Das natürliche
Wesen des Menschen besteht in Selbstliebe, Selbstsucht und Eigendienst,

denn der Mensch ist auf sich selbst bezogen (*incurvatus in se*).[21] In diesem Zustand ist der Mensch nur ein bloßer Automat, einer, der gegen seinen Willen oder ohne allen Willen zu einem Leben im ererbten Zustand des geistigen Todes verurteilt ist. Luther unterscheidet zwischen *necessitas* und *coactio,* denn der Mensch ist als natürlicher Mensch notwendig in diesem Zustand der Nicht-Geistlichkeit befangen, wird aber nicht dazu gezwungen. Es handelt sich um eine religiöse Notwendigkeit, nicht um einen metaphysischen Determinismus. Seine mißliche Lage wird gerade dadurch verschärft, daß er willens ist, sein Leben in einem Abgrund von Selbstsucht zu verbringen, in dem er weder Gott über alles noch seinen Nächsten wie sich selbst lieben will. Der versklavte Wille (*servum arbitrium*) bleibt *arbitrium, voluntas,* Wille. Der Mensch in dieser Lage behält eine Möglichkeit zur geistigen Befreiung, denn er ist, wie Luther Erasmus entgegenhielt, weder eine Gans noch ein Stein. Er ist eine Person, ausgestattet (*aptus*) mit einer Anlage und der passiven Fähigkeit (*passiva aptitudo*) für geistliche Erweckung oder Wiedergeburt. Der Mensch, in dem der Heilige Geist den Glauben an Gott erweckt, erhält gleichzeitig einen befreiten Willen (*arbitrium liberatum*), einen Willen, der Gott gefällige Taten der Liebe erstreben und ausführen kann, denn sie werden in einem Zustand geistigen Lebens vollbracht. Die königliche Freiheit (*libertas regia*) ist dann der glückliche Besitz derjenigen Menschen, die zum Vertrauen in Gott gelangt sind.

Zum dritten wird Luthers Realismus in seiner Einschätzung der Angst des Menschen vor dem Tode faßbar. Der geistig tote Mensch lebt in einem andauernden Zustand der Angst, denn fern von Gott ist das Leben leer und bedeutungslos. In Furcht verbringt derjenige, der in die Welt geworfen ist, sein Leben zum Tode. »Ja«, sagte Luther im Jahre 1519, »der Tod ist auf allen Seiten, was die [die Menschen] auch immer sehen und fühlen mögen. Sie werden zwischen Leben und Tod höchst elendiglich hin und her gezogen. Sie fürchten den Tod; sie haben kein Leben.«[22] Das ist seine Botschaft in *Eyn Sermon von der bereytung zum sterben*[23] und in den düsteren *Invocavit*-Predigten aus der Passionszeit des Jahres 1522.[24] Sein Thema bei der Auslegung des 90. Psalms lautete: »Mitten im Leben sind wir vom Tode umfangen« (*Media vita in morte sumus*). Der Mensch wird von Unglücksfällen, der Kürze des Lebens, Qualen des bösen Gewissens, Verzweiflung sowie von der Erwartung des zeitlichen und ewigen Todes gepeinigt. Der Dichter des Psalms ist »ein strenger Diener des Todes, des Zornes Gottes und der Sünde«.[25] Das Leben als Ganzes erscheint wie eine belagerte Stadt, die auf allen Seiten vom Tode umgeben ist. Der Mensch lebt in einer beständigen Grenzsituation, einem Sein zum Tode, auf des Messers Schneide zwischen Leben und Tod. Am beunruhigendsten wirkt dabei die Vergänglichkeit des Lebens selbst.

Luther sah die Realität des Todes mit klarem Blick. Eine erschütternde Begegnung mit dem Tod hatte seine Entscheidung ausgelöst, ins Kloster zu gehen, und er vergaß niemals, daß der Tod der Nachbar des Menschen ist. Die Welt befindet sich auf einem täglichen und kontinuierlichen Wege zum Tod. Der Tod eines Tieres, der Tod eines Helden und der Tod eines Christen verkörpern drei Arten des Todes. Am schmerzlichsten ist der Tod eines Christen, denn über das Ende des physischen Lebens hinaus stellt sich die Frage nach dem Verhältnis des Menschen zu Gott. »Denn auff erden kann nichts höhers begegnen, weder der tod, da die welt und alles mit einander muß auffhören.«[26]

Luthers anthropologischer Realismus war purer Realismus. Auch die christliche Existenz ist einer beständigen Zerstörung unterworfen. Der Theologe wird durch das Leben, Sterben und die Verdammung gemacht, nicht durch Verstehen, Lektüre oder Spekulation.[27] Den Gläubigen unterstützt eine Theologie der Hoffnung. Jeder, so betonte Luther wiederholt, muß seinen eigenen Glauben verwirklichen wie auch jeder seinen eigenen Tod zu sterben hat.

Viertens steht Luthers anthropologischer Realismus deutlich im inneren theologischen Kontext, in dem er auf der Realität des Glaubens als Erfahrung und der Priorität des Leidens gegenüber dem Sein, der Priorität des Seins gegenüber Denken und Handeln beharrt. Luther verabscheute Spekulationen in der Theologie und unterstrich die unmittelbaren, konkreten und persönlichen Dimensionen der Religion. Die wichtigsten Wörter in der Theologie sind, wie er einmal bemerkte, die persönlichen Pronomen, das »Ich«, »Du« und »Er«, »mein Bruder«. Seine Theologie war durch eine merkwürdig dynamische Konkretheit ausgezeichnet. Der Glaube ist *fiducia* oder Vertrauen in Gotte, nicht *credulitas* oder leichtgläubige Annahme bestimmter Aussagen über Gott. In seinen Schriften finden sich zahlreiche Aussagen, daß Vertrauen eine sofortige Inbesitznahme des Glaubensobjekts bedeutet. Wie du glaubst, so hast du!«,[28] rief er aus. »Du hast soviel als du glaubst (auf Grund von Christi Verheißung)«, wiederholte er immer wieder.[29] Mitunter schien er fast den Glauben selbst zu hypostasieren. Der Glaube ist die *vita cordis,* das wahre Leben des Herzens, und eine *vita experimentalis,* ein Leben der Erfahrung und der Versuche des geistlichen Menschen.

Das Verhältnis von Glaube und Erfahrung stellt eine subtile Frage dar, denn es steht in direkter Beziehung zur Problematik des Vorrangs des Seins gegenüber dem Handeln. Auf der einen Seite trennt Luther den Glauben von den menschlichen subjektiven Gefühlen und Annahmen. Der Glaube ist unsichtbar und versteckt, selbst unfühlbar.[30] Er lebt im Dunkel und kann sogar als »blind« beschrieben werden.[31] Luther unternimmt alle Anstrengungen, den Glauben auf einen objektiven Grund in der Welt außerhalb der Gefühle des Ich zurückzuführen, die so leicht täuschen und plötzlichen Änderungen unterworfen sind. Auf der anderen Seite möchte Luther den Glauben nicht vollständig von der Erfahrung trennen, sondern tendiert eher danach zu unterstreichen, daß die Erfahrung des Glaubens eine andere Erfahrung darstellt. Er ist das Werk des Heiligen Geistes und sollte nicht mit Gefühlen oder irgendwelchen mystischen Erfahrungen verwechselt werden. Dort, wo der Mensch Gottes Güte und Liebe erfahren hat, wo die heilige Freude sein Herz füllte, war der Heilige Geist der Lehrer.[32] Die Glaubenserfahrung in diesem Sinne unterscheidet sich als Erfahrung merklich von der Erfahrung des natürlichen Menschen, der ohne die Erweckung durch den Glauben lebt.[33] Der Glaubensinhalt, das Wort, kann objektiv verstanden werden, muß aber subjektiv ergriffen werden. Die Erlösungsgeschichte bleibt Spekulation und Theorie, ein leeres historisches Wissen, solange der Mensch nicht glaubt, daß es um ihn ging und das alles für ihn getan wurde.

Nicht nur für den Gläubigen ist die Erfahrung des Kampfes und des Sieges des Glaubens wesentlich, sondern auch für den Theologen, wenn er seinen Gegenstand begreifen soll. Nur die Erfahrung, so betonte Luther immer wieder, macht den Theologen.[34] Der wahre Theologe ist nicht jemand, der viele Dinge weiß und lehrt, sondern derjenige, der in einem heiligen und »theologischen« Leben steht.[35] Luthers scholastischer Lehrer Gabriel Biel hatte behauptet, daß das Lesen der Heiligen Schrift, Meditation und Gebete den Theologen ausmachen.[36] Schon im Jahre 1513 fügte Luther die *experientia* als den dritten Teil der richtigen Formel hinzu. In der Vorrede zum ersten Teil seiner deutschen Schriften aus dem Jahre 1539 prägte er den oft zitierten Satz: »Gebet, Meditation und Erfahrung des Kampfes (*tentatio*) machen den Theologen.« Die Art und Weise, wie ein Theologe das Wort versteht, ist von seiner früheren Einstellung abhängig.[37]

Die Macht und die Überzeugungskraft von Luthers Theologie resultierten aus der sinnvollen Vereinigung seiner eigenen religiösen Erfahrungen mit dem Ergebnis seiner wissenschaftlichen Arbeit als Exeget. Aufschlußreich erscheint dabei, daß er mitunter seine persönliche Erfahrung mit dem Gewissen verbindet, während die Schrift sowohl als Quelle als auch als Norm der Wahrheit dient. 1530 schrieb er in einer *Rhapsodia* über die Rechtfertigung: »Die Wunder meiner Lehre sind Erfahrungen, die ich der Auferstehung der Toten vorziehe ... Da diese Erfahrung sicherer ist als das Leben selbst, ist sie mir kein falsches Zeichen, sondern vielmehr [Zei-

chen] vieler tausend Wunder, weil sie durchaus mit der Schrift überein-
stimmt. Ich habe zwei überaus treue und unbesiegbare Zeugen, nämlich die
Schrift und das Gewissen, welches ist die Erfahrung. Denn das Gewissen
ist tausend Zeugen, eine unzählige Nummer von Zeugen.«[38]

Diese Theologie ist real und konkret, sie schließt den ganzen Menschen
ein. Deshalb sollte sie nicht mit metaphysischen Abstraktionen oder scholastischen Unterscheidungen verwechselt werden. Dieser Weg von einer
intellektualistischen scholastischen Theologie zu einer Theologie der Erfahrung manifestierte sich kraftvoll in den entscheidenden *Vorlesungen
über den Römerbrief* in den Jahren 1515/16. In einer überzeugenden Pas-
sage führte Luther einen scharfen Hieb gegen die religiös irrelevanten
Wortspiele der scholastischen Theologen und setzte sich für ein Verständnis der tieferen menschlichen Nöte ein. Seine Überlegungen zu Römer 8,
19 (»Denn das ängstliche Harren der Kreatur wartet auf die Offenbarung
der Kinder Gottes«) führen zu diesem Ziel: »Der Apostel Paulus philo-
sophiert und denkt anders von Dingen als die Philosophen und Metaphy-
siker. Denn die Philosophen richten das Auge so sehr auf die Gegenwart
der Dinge, daß sie allein über deren Quidditaten und Qualitäten spekulie-
ren, der Apostel aber ruft unsere Augen weg von der Anschauung der gegenwärtigen Dinge, von dem Wesen und den zufälligen Eigenschaften
derselben und richtet sie auf diejenigen der Art, die sie in der Zukunft sind.
Denn er sagt nicht 'Wesen' oder 'Handlung' der Kreatur oder 'Wirken' der
Kreatur, sei es 'Tun' und 'Leiden', auch 'Gefühl', sondern mit einem neuen
und wunderbaren theologischen Wort sagt er Erwartung der Kreatur. Und
indem der Geist hört, daß die Kreatur erwartet, merkt er darauf und sucht
nicht mehr die Kreatur selber, sondern was die Kreatur erwartet und begehrt. Doch ach, wie tief und schädlich hengen wir an den Kategorien und
Quidditaten feste, in wieviele törichte Meinungen werden wir verwickelt
in der Metaphysik! Wann werden wir einzusehen lernen, daß wir soviel
teure Zeit mit solchen nutzlosen Studien vergeuden und bessere vernach-
lässigen?«[39]

In Luthers Kommentar zu Römer 8 orientiert sich die Beweisführung
stärker an der *analogia fidei* als an der *analogia entis*: »Wäre es dann nicht
für uns eine wahrhafte Torheit, der Philosophie Lob und Ruhm zu spenden? Siehe da, wir achten das Wissen der Wesenheiten, Handlungen und
Leiden der Dinge hoch, und doch verabscheuen und beseufzen die Dinge
selbst ihre Wesen, Werke und Leiden! ... Der Apostel hat dennoch recht,
da er gegen die Philosophie spricht und Co. 2/8/ sagt: 'Sehet zu, daß euch
niemand beraube durch die Philosphie und lose Verführung nach der Menschen Lehre.' Fürwahr, wenn der Apostel hätte die Philosophie als etwas

nützliches und gutes angesehen haben wollen, hätte er dieselbe doch nicht ganz und gar verurteilt. Wir schließen also, daß wer auch immer die Wesen und Werke der Kreatur lieber zu erforschen sucht als deren Seufzer und Erwartungen ist ohne Zweifel töricht und blind, da er nicht weiß, daß auch die Kreaturen Kreaturen sind. Dies ist klar genug vom Text.«[40]

Die Erfahrung, der Kampf der Seele und die Wirkungen der göttlichen Gnade auf den Menschen durch die Gabe des Glaubens standen im Mittelpunkt von Luthers gesamter Theologie. Ausgangspunkt seiner Einwände gegen die scholastische Theologie war das Versagen der Doktoren, sich angemessen mit der Sünde und der Gnade auseinanderzusetzen. Sie erwägen den Ernst der Sünde nicht so intensiv, wie sie sollten, und handeln so, als könnte die Sünde ebenso wie das Dunkel durch einen Wimpernschlag vertrieben werden. Im Gegensatz zu den Vätern wie Augustinus und Ambrosius folgen die Scholastiker Aristoteles und nicht der Schrift. In seiner *Nikomachischen Ethik* begründet Aristoteles Sünde und Gerechtigkeit ebenso wie den Grad ihrer Verwirklichung auf dem menschlichen Handeln.[41] Luther hingegen behauptete, daß Gottes Gnade einen Menschen gerecht macht, wobei die Gnade als die Güte verstanden wird, mit der Gott einem Menschen seine Sünde zu einer gewissen Zeit an einem bestimmten Ort vergibt. Wer so in den Augen Gottes gerechtfertigt erscheint, übt gute Werke. Luther hat diesen Gedanken in epigrammatischer Schärfe formuliert: »Wahrlich, weder die vorausgehenden noch die folgenden Werke rechtfertigen, wieviel weniger die Werke des Gesetzes. Die vorausgehenden nicht, weil sie auf die Gerechtigkeit vorbereiten, noch die folgenden, weil sie die schon geschehene Rechtfertigung voraussetzen. Denn wir werden nicht gerecht durch das Tun von guten Werken, sondern wir tun gute Werke, weil wir gerecht sind. Also rechtfertigt die Gnade allein.«[42]

Das war die religiöse Grundlage, auf der er sich gegen die Interpretation der Römerbriefe durch Erasmus wandte, der Paulus so auslegte, als habe er mit dem *Gesetz* nur die Zeremonialgebote gemeint. Am 19. Oktober 1516, also zu der Zeit, als Luther sich mit den Römerbriefen beschäftigte, schrieb er in einem Brief an Spalatin, daß Erasmus sich bei seiner Interpretation geirrt habe, denn es ist kein aristotelischer Gedanke, daß wir durch gerechte Werke gerecht würden, sondern daß wir dann gerechte Werke tun, wenn wir gerecht geworden sind und bleiben. »Erst muß die Person verändert werden, dann die Werke.« »Ich tue dies«, schließt Luther, »für die Theologie und das Heil der Brüder.«[43] Tatsächlich betonte Luther gerade diese entscheidende Vorstellung, daß der Zustand des Menschen die geistige Qualität seines Denkens und Handelns bestimmt, in seiner Auslegung von Römer 1, 17, die er mehrfach als »großen Durchbruch« seiner

Paulinischen Theologie beschrieben hat.[44] Mit der Behauptung, daß »ein jeglicher guter Baum gute Früchte bringt«, konnte Luther sich in diesem Abschnitt natürlich auf eine höhere Autorität berufen. In seinem Kommentar zum Prediger Salomo erweiterte Luther seine Argumentation und schloß den Fall des Skeptikers ein. Dessen Verzweiflung, das unterstrich Luther ausdrücklich, war nicht Ergebnis der Eitelkeit aller Dinge oder der Flüchtigkeit des Lebens, sondern stammte aus der vorangehenden Situation des inneren Menschen, die seine negative Wahrnehmung der äußeren Welt bestimmte. Die Folge der Ereignisse wurde von Luther in einer Marginalglosse zu Römer 12, 1 aufgezählt, wobei er überraschenderweise dem aristotelischen *progressio a non esse ad esse,* dem Fortschreiten vom Nichtsein zum Sein, das der scholastischen Theologie ebenfalls vertraut war, folgte. Luther erklärte: »Bisher hat Johannes gelehrt, daß ein neuer Mensch werde und eine neue Geburt beschrieben, die ein neues Sein verleiht, Joh. 3, jetzt aber lehrt er Werke der neuen Geburt, die jemand, der noch nicht ein neuer Mensch ist, sich vergeblich zuschreibt. Denn es ist eher zu sein als zu wirken, eher aber zu dulden als zu sein. Demnach folgen 'Werden', 'Sein', 'Wirken' aufeinander.«[45]

In einem Zusatz gab Luther dieser Folge von fünf Stufen in der aristotelischen Vorstellung vom natürlichen Wachstum (Entbehrung, Materie, Form, Handeln und Leiden) eine theologische Anwendung. Im Falle des Geistes, erklärte er, ist das Nicht-Sein etwas ohne Namen und der Mensch lebt in Sünde; Werden ist Rechtfertigung; Sein ist Gerechtigkeit; Handeln bedeutet gerecht zu agieren und zu leben und zu leiden meint vollkommen und vollständig zu werden. Im Menschen sind diese fünf Stufen immer irgendwie in Bewegung.[46] Ich habe keine Sehkraft, weil ich sehe«, argumentierte Luther, »sondern weil ich Sehkraft habe, deshalb kann ich sehen.«[47] Weder die äußerliche Frömmigkeit eines Priesters noch die Nachahmung des Menschen durch einen Affen machen aus ihnen im Wesen gerechte menschliche Wesen.[48]

Der Antrieb zur Rechtfertigung des Menschen liegt bei Gott. Der Heilige Geist verändert den Willen beziehungsweise den »inneren Geist« des Menschen. Die Frage, warum ich *wieder*geboren wurde, ist ebensowenig zu beantworten wie die Frage, warum ich geboren wurde. Luther zitiert Augustinus *De Spiritu et Litera,* um nachzuweisen, daß Gott selbst es ist, der dem Menschen das gibt, was er von ihm verlangt.[49] »Nun aber ist diese herrliche Tugend nicht aus uns, behauptet der Apostel, sondern von Gott zu suchen«, schreibt Luther. »Daher folgt *ausgegossen* nicht irgendwie *geboren* oder *entstanden* in uns, und durch den Heiligen Geist, nicht durch Tugend und Gewohnheit erlangt, wie moralische Tugenden. In unseren

Herzen, das ist, im tiefsten Inneren des Herzens, nicht auf der Oberfläche des Herzens, wie Schaum auf dem Wasser.«[50]

Eine fünfte und letzte Seite von Luthers anthropologischem Realismus zeigt sich in dem Nachdruck, mit dem er die hypostatische Einheit (*unio hypostatica*) der göttlichen und menschlichen Natur Christi hervorhob.· Die Betonung des Menschseins Christi und die Mitteilungen über die göttlichen Attribute in der Menschennatur Christi trennen ihn nicht nur von den Humanisten und Scholastikern, sondern in gewisser Weise auch von den anderen magistralen Reformatoren. Seine enthusiastische Auffassung von der menschlichen Natur Christi rückte Gottes grenzenlose Liebe zum Menschen in den Mittelpunkt. Luthers Sakramentenlehre von der Ubiquität Christi und seiner wirklichen Gegenwart ist von seiner athanasianischen Christologie bestimmt. Darüber hinaus gilt Christus als Beweis dafür, was der Mensch ohne den Sündenfall hätte sein können. In der Betrachtung Adams als Archetypus des gefallenen Menschen und Christus als Archetypus des vollkommenen Menschen folgte er Paulus. All das ist denen, die Luther kennen und begreifen, wohl bekannt. Doch muß hier eine spezifische Frage gestellt werden, denn sie wurde später zu einer Lebensfrage. Luther war, wie nach ihm Calvin, von der Fähigkeit des Menschen beeindruckt, Religionen zu schaffen. Die Erfindungsgabe des Menschen, Götter aller Arten zu schaffen und in diesen Idolen die am heftigsten ersehnten Eigenschaften zu erkennen, ist grenzenlos. Was den Gott betrifft, so projiziert der Mensch in ihn den Schrecken oder die Liebe, die in Wirklichkeit in seinem eigenen Herzen leben. Luther war kein Sektierer, und eine ältere deutsche Monographie trug den Titel *Luthers Kritik aller Religionen.*[51] Doch wie bestimmt man, ob ein natürlicher Mensch, für den das Evangelium eher Geschichte ist, in Christus Gott sieht, der ihm zuwinkt, oder nur seine eigene überhöhte Sicht, die den Menschen in den göttlichen Christus hineinprojiziert?

Wie ein Mensch glaubt, so hat er Gott! Luther schreitet in seiner Argumentation fort, ohne sich zu sorgen, wie seine Worte benutzt werden könnten. In seiner Auslegung des Ersten Gebots im Großen Katechismus sagt er: »Wie ich oft gesagt habe, daß allein das Trauen und Glauben des Herzens macht beide, Gott und Abgott. Ist der Glaube und das Vertrauen recht, so ist auch dein Gott recht; und wiederum, wo das Vertrauen falsch und unrecht ist, da ist auch der rechte Gott nicht; denn die zwei gehören zu Haupt: Glaube und Gott. Worauf du nun (sage ich) dein Herz hängst und verläßt, das ist eigentlich dein Gott.«[52]

Eine der kühnsten Aussagen Luthers lautet: »So wie ich über Gott denke, so geschieht mir, so wird er für mich Wirklichkeit« (*Sicut de deo co-*

gnito, ita mihi fit).[53] Entsprechende Äußerungen erscheinen sowohl in seinen gelehrten wie auch in seinen populären Schriften. In seinem exegetischen Schlüsselwerk, den Kommentaren zu den Römerbriefen, steht ein Zusatz zu Röm. 3, 5 (»Ist's aber also, daß unsre Ungerechtigkeit Gottes Gerechtigkeit preist, was wollen wir sagen? Ist denn Gott auch ungerecht, daß er darüber zürnt? [Ich rede also auf Menschenweise.]«): »Gott ist im höchsten Grade wandelbar. Das ist offenbar, denn er kann gerechtfertigt und gerichtet werden, wie Psalm 18: 26—27 besagt: 'Bei den Heiligen bist du heilig, und bei den Frommen bist du fromm, und bei den Reinen bist du rein, und bei den Verkehrten bist du verkehrt.' Denn wie jeder in sich selber ist, so erscheint ihm Gott. Wenn er gerecht ist, ist Gott gerecht; wenn er rein ist, ist Gott rein; wenn er ungerecht ist, ist Gott ungerecht etc. Deshalb wird er den ewig Verdammten ungerecht erscheinen, den Gerechten aber gerecht, und so ist Gott in sich selbst. Diese Wandelbarkeit ist jedoch äußerlich. Das wird in dem Wort 'Du wirst gerichtet' hinreichend offenbar. Denn ebenso wie Gott vom Menschen nur von außen gerichtet wird, so wird er auch nur von außen gerechtfertigt. Deshalb kann man nur von außen über Gott sagen, 'daß er gerechtfertigt werde'.«[54] Sind also die Absichten und Ziele Luthers auch vollkommen evident, so wird gleichzeitig auch erkennbar, daß er gegen willkürliche Ausdeutungen schutzlos ist.

III
Der anthropologische Realismus und Luther

Der bedeutende protestantische Philosoph der Aufklärung Immanuel Kant führte in seiner Schrift *Die Religion innerhalb der Grenzen der bloßen Vernunft* (1793) den Gedanken der universalen subjektiven Grundlage der religiösen Illusion ein, der die unabhängige Authentizität der Offenbarung in Frage zu stellen schien und dabei die realistische Kritik an der Religion antizipierte. Er schrieb: »Der Anthropomorphism, der in der theoretischen Vorstellung von Gott und seinem Wesen den Menschen kaum zu vermeiden, übrigens aber doch (wenn er nur nicht auf Pflichtbegriffe einfließt) auch unschuldig genug ist, der ist in Ansehung unsers praktischen Verhältnisses zu seinem Willen und für unsere Moralität selbst höchst gefährlich; denn *da machen wir uns einen Gott,* wie wir ihn am leichtesten zu unserem Vorteil gewinnen zu können und der beschwerlichen ununterbrochenen Bemühung, auf das Innerste unsrer moralischen Gesinnung zu wirken, überhoben zu werden glauben.« Kant argumentierte dann weiter: »Es klingt zwar bedenklich, ist aber keineswegs verwerflich, zu sagen; daß ein jeder Mensch sich einen *Gott mache,* ja nach moralischen Begriffen (begleitet mit den unendlich=großen Eigenschaften, die zu dem Vermögen gehören, an der Welt einen jeden angemessenen Gegenstand darzustellen) sich einen solchen selbst machen müsse, um an ihm den, *der ihn gemacht hat,* zu verehren. Denn auf welcherlei Art auch ein Wesen als *Gott* von einem anderen bekannt gemacht und beschrieben worden, ja ihm ein solches auch (wenn das möglich ist) selbst erscheinen möchte, so muß er diese Vorstellung doch allererst mit seinem Ideal zusammen halten, um zu urtheilen, ob er befugt sei, es für eine Gottheit zu halten und zu verehren. Aus bloßer Offenbarung, ohne jenen Begriff *vorher* in seiner Reinigkeit, als Probirstein, zum Grunde zu legen, kann es also keine Religion geben, und alle Gottesverehrung würde Idolatrie sein.«[55]

Alle »erkünstelte[n] Selbsttäuschungen in Religionssachen«, erklärte Kant, »haben einen gemeinschaftlichen Grund. Der Mensch wendet sich gewöhnlicher Weise unter allen göttlichen moralischen Eigenschaften, der Heiligkeit, der Gnade und der Gerechtigkeit, unmittelbar an die zweite, um so die abschreckende Bedingung, den Forderungen der ersteren gemäß zu sein, zu umgehen.«[56]

Doch selbst wenn Kant in seinem hohen Alter nicht diese gedankliche Richtung eingeschlagen hätte, hätte ein anderer Vertreter der Aufklärung, illegitim und romantisch, das westliche Denken auf einen solchen Weg gebracht: Johann Gottfried Herder. In seinen *Ideen zur Philosophie der Geschichte der Menschheit* (1784) schloß er diesen gewichtigen Gedanken in eine einzige Formel: »Die Religion ist die Humanität des Menschen in ihrer höchsten Form.«[57] Selbst wenn man sie nur als Übung des Verstandes betrachtet, fährt dieser ordinierte lutherische Prediger fort, erscheint sie als die erhabendste Blüte der menschlichen Seele. Über ihren Ursprung gab er den folgenden Bericht: »Sobald der Mensch den Gebrauch seiner Erkenntnisse lernte, wenn auch nur ein wenig erregt, sobald, das ist, als seine Weltanschauung anders wurde als die der Tiere, mußte er unausbleiblich die Existenz von unsichtbaren, starken Wesen annehmen, die ihm halfen oder schadeten. Diese versuchte er zu seinen Freunden zu machen, oder sie als seine Freunde zu behalten, und also wurde Religion, wahr oder falsch, recht oder verkehrt, die Lehrerin der Menschheit, der Trost und Ratgeber eines Lebens so voller Finsternis, Gefahr und Verlegenheit.«[58] Im folgenden beschrieb er dann die Religion als einen »kindähnlichen« Gottesdienst, eine Nachahmung der höchsten und schönsten Eigenschaften im menschlichen Bilde, weshalb sie die äußerste Zufriedenheit und die wirksamste Güte und menschliche Liebe biete.[59]

Weder Kant noch Herder glaubten allerdings, daß ihre psychologische, phänomenologische oder evolutionär historische Erklärung der Religion und ihrer Ursprünge die objektive Existenz einer transzendentalen Gottheit wirklich in Frage stellte. Die Welt der Noumena konnte mit phänomenologischen Erklärungen nicht berührt werden. In dem Moment aber, da ein radikaler Materialist mit dieser Argumentation versehen den Kampfplatz betrat, erfolgte plötzlich eine »fatale Mutation«. Der Zeitpunkt war mit der Veröffentlichung von Ludwig Feuerbachs *Das Wesen des Christentums* im Jahre 1841 gegeben. Es ist faszinierend, daß Feuerbach gerade vom linken Flügel des Hegelianismus kam, denn Hegel hatte in seiner großen Synthese versucht, rationalistische und romantische Elemente, Kant und Herder, innerhalb eines harmonischen Systems zu vereinen. In seiner Schrift über die Inkarnation hatte Hegel verkündet, es sei die Bestimmung des Menschen, die Identität seiner Natur mit Gott zu erkennen. Eine Umkehrung dieser Hypothese erschien nicht schwierig und sie erfolgte recht bald. Gottes Bestimmung wurde es dann, im Jahre des Herrn 1841, die Identität seiner Natur mit der des Menschen zu erlernen. Im Vergleich mit Hegels umfassendem System erscheint Feuerbachs Denken einfach, einsträngig und unbedeutend. Doch Feuerbach benötigte lediglich einen Trumpf, um Hegels stolzen Thron zu untergraben und zusammenfallen zu lassen.

In seinem Buch erschütterte Ludwig Feuerbach die intellektuelle Welt durch die radikale Behauptung, alle Religion sei Anthropologie. Jahre später gab er in seinen *Vorlesungen über das Wesen der Religion* eine Zusammenfassung seiner eigenen Lehre: »Ich komme nun zu denen meiner Schriften, die meine Lehre enthalten: Religion, Philosophie, oder was auch immer Sie diese zu nennen wünschen, und gebe [Ihnen] den Inhalt dieser Vorträge. Diese meine Lehre ist kurz wie folgt. Theologie ist *Anthropologie:* in anderen Worten, das Objekt der Religion, das wir auf Griechisch *theos* und in unserer Sprache Gott nennen, drückt nichts anderes aus als das Wesen des Menschen; des Menschen Gott ist nichts anderes als das Vergöttlichen des menschlichen Wesens, so daß also die Geschichte der Religion oder, was auf dasselbe hinausläuft, die Geschichte Gottes — denn die Götter sind so verschieden wie die Menschheit — nichts anderes ist als die Geschichte des Menschen.«[60]

Das Christentum unterscheidet sich von den nichtzivilisierten Religionen allein dadurch, daß die Phänomene, die im Menschen Angst erregen, nicht in besondere Götter, sondern in die Eigenschaften eines einzigen Gottes transformiert werden. Gott erscheint als die Zusammenfassung aller Realitäten oder Vollkommenheiten zum Wohle des begrenzten Individuums, als eine »Zusammenfassung der angeborenen menschlichen Eigenschaften unter den Menschen, verteilt in der Selbstrealisierung der Art, im Laufe der Weltgeschichte«.[61] Feuerbachs radikalster Satz lautete: »Mensch und Mensch, die Einheit des Ich und Du, ist Gott.« *Homo homini deus est!* Bei seiner Behauptung, daß nicht die Attribute der Göttlichkeit sondern die Göttlichkeit der Attribute das erste wahrhaft göttliche Wesen darstellt, betrachtete Feuerbach sich nicht als einen Atheisten, sondern eher als den Entdecker des echten Reichtums der Religion, denn als einzig wahrer Atheist gilt derjenige, dem diese Attribute nichts bedeuten. Feuerbachs bekannter Ausspruch: »Der Mensch ist, was er ißt«, sollte keine materialistische Theorie der menschlichen Natur ausdrücken, sondern war lediglich die Forderung nach der Einlösung des Menschenrechts auf Gesundheit und Überleben.[62] Wenn Theologie Anthropologie ist, dann bleibt das starke Bemühen um das Sein des Menschen in der Theologie weiter reflektiert. Im Gott als Subjekt kann der Mensch lediglich das erkennen, was eine Eigenschaft oder Qualität seiner selbst ist. Der Humanismus wird auf die Höhe der Religion gehoben. »Anfang, Mitte und Ende der Religion ist der Mensch.«[63] In der Gottheit Christi erblickt der Gläubige die Projektion der besten Eigenschaften des kollektiven Menschen. Demnach ist Christus, erklärte Feuerbach enthusiastisch, als das Bewußtsein der Liebe das Bewußtsein der Art. Wer also den Menschen um des Menschen willen liebt, wer zur Liebe zur Art aufsteigt, zur umfassenden Liebe, die der Natur des Menschen entspricht, ist ein Christ, ist Christus selbst.[64]

Feuerbach bot damit nicht nur eine Analyse der metaphysischen Idee von Gott als dem Absoluten, sondern auch des persönlichen Gottes an, wie er in der Schrift offenbart ist. Die Vorstellung von einem persönlichen Gott ist die höchste religiöse Idee, denn im persönlichen Gott gelangte der Mensch zur vollkommensten möglichen Projektion seiner selbst. Luther als der große Verkünder von »Das Wort war Fleisch« fesselte Feuerbach natürlich, der Luther und Augustinus als die »zwei großen Matadore« des Christentums bezeichnete.[65] Er hielt Luther für den »ersten Menschen« des Christentums und bezeichnete sich selbst öfter humorvoll als Luther II. Feuerbach hat später mehrfach wiederholt, daß sein Werk *Das Wesen des Christentums* eigentlich seine Arbeit über *Das Wesen des Glaubens nach Luther* vorausgesetzt hatte, obwohl der *Luther* erst einige Jahre später veröffentlicht wurde (1844).[66] Obschon er seinem Verleger versicherte, die Arbeit sei »das Tiefste, was je über das Wesen Luthers geschrieben wurde«,[67] war er keineswegs zufrieden mit ihr. Am 13. Mai 1844 charakterisierte er die Arbeit in einem Brief an seinen Freund Christian Knapp als zu oberflächlich, als zu kurzgefaßt, wo die Ideen noch weitere Erklärungen

erfordert hätten, und voller Wiederholungen, wo die Ideen bereits ausgedrückt worden seien.[68] In einem unlängst entdeckten Fragment eines
Briefentwurfs an Arnold Ruge in Paris vom April 1844 bezeichnete Feuerbach Luther als die »Essenz des Christentums auf deutschem Boden« und
seine gut begründete deutsche Entschlossenheit als das »tiefste und stärkste Wesen der Menschheit«. Sein Buch, gab er zu, war mit Zitaten gespickt,
um den Respekt der gelehrten Menge zu gewinnen.[69]

Feuerbach betrachtete sein Buch in gleichem Maße als pro- wie anti-lu-
therisches Werk — ein Widerspruch, der im Wesen der Situation lag.[70] Als
Idealismus war das von Luther vorgetragene Christentum eine Quelle der
Entfremdung, indem die Aufmerksamkeit vom individuellen Menschen
abgelenkt wurde. Doch durch die Betonung des Triumphes von Gottes
gnädiger Vergebung, die aus seinem Herzen kommt, über den Zorn wider
die Sünde, die sich aus *Seinem* moralischen Wesen herleitet, bot Luther das
erhabendste Konzept einer ewigen, unveränderlichen, väterlichen Liebe.
Christus als der tägliche Spiegel und als wahres Abbild oder Bild Gottes reflektiert das Beste in der Menschheit. Feuerbach kennt Luther gut und beu-
tet dessen unbedachte Aussagen, daß man den Gott habe, an den man
glaubt, wirkungsvoll aus. Luther wird zum Beweis für die These, daß der
Glaube an die Güte Gottes die Form ist, in der der Mensch sich seiner selbst
versichert, die Art und Weise, in der ein jeder Mensch Luther zu seinem
Zeitgenossen machen kann. Feuerbach beutete bei Luther aus: 1. die Konzeption des Glaubens, 2. seine Christologie, vor allem die Kommunikation
der Attribute (*communicatio idiomatum*) der göttlichen und der menschlichen Natur Christi, und 3. seinen Begriff von der wirklichen Gegenwart im
Sakrament.

Näherte sich Luther auch in einigen seiner Aussagen gefährlich den
Auffassungen Feuerbachs, so wäre er doch über die Vorstellung entsetzt
gewesen, daß Christus als der wahre Gott letztlich nur das objektivierte
Wesen der menschlichen Gattung darstelle. Er hielt vielmehr den Glauben
selbst für ein Werk Gottes, der sowohl den Menschen als auch sein Bewußtsein von Gott geschaffen hat. Der natürliche Mensch kann Gott weder mit seiner eigenen Vernunft erkennen, noch aus eigener Kraft zum
Vertrauen in Gottes Liebe gelangen. Gott mußte den neuen Menschen des
Glaubens erschaffen. Luther selbst scheint Feuerbachs Ansatz in seinem
Magnificat und anderen Stellen, die seine *theologia crucis* enthalten, anti-
zipiert zu haben, als er gestand, daß die Form der Offenbarung Gottes eben
gerade nicht das darstellt, was der Mensch erwartet oder gewünscht hätte.
In der Einleitung zu einer Predigt über Lukas 24, 13—25, die Luther im
Jahre 1534 in der Stadtkirche zu Wittenberg hielt, betonte er — was er im-

mer wieder tat —, daß die Schrift kein Speicher für menschliche Ansichten über Gott sei, sondern das Werkzeug, mit dessen Hilfe sich Gott an den Menschen wende. Es ist faszinierend zu beobachten, wie der bedeutendste Theologe unserer Zeit, Karl Barth, auf die Analogien im Denken von Luther und Feuerbach in der eigentlichen Theologie reagierte. In seinen frühen Jahren war Barth alarmiert, wenn nicht erschreckt, über Luthers irdische Art der Darstellung von Gottes Blutsverwandtschaft mit dem Menschen in der Inkarnation. Luther hatte sich gegen die Umkehrung seiner Sätze nicht gesichert, so wie sie durch Feuerbach vollzogen wurde. Die lutherische Theologie, so warnte er eindringlich, hat sich vielleicht allzusehr gegen das calvinistische Korrektiv verwahrt.[71] Schließlich hatte auch Hegel nachdrücklich erklärt, daß er ein guter Lutheraner sei, und Feuerbach tat das gleiche auf seine Art und auf seiner Ebene. Barth selbst hielt es für notwendig, hinsichtlich seiner Vorstellungen über Gottes eigenes Wesen bei Anselm in die Schule zu gehen.[72]

Barth meinte, daß die Erfahrungs-Theologie des frühen 19. Jahrhunderts den Feuerbachschen Manipulationen hilflos ausgesetzt war. Nach seiner Erklärung hatte Feuerbach versucht, Hegel und Schleiermacher ernst, vollkommen ernst zu nehmen, und zwar genau an dem Punkt, wo sie in ihrer Behauptung der nichtobjektiven Qualität Gottes übereinstimmten. Er wollte eine Theologie, die sich bereits zur Hälfte diesem Ziel zugewandt hatte, gänzlich und endlich in Anthropologie umwandeln, die Gottesliebhaber in Menschenliebhaber, die Anbeter in Arbeiter, die Kandidaten für das kommende Leben in Studenten des gegenwärtigen Lebens, die Christen in vollkommene Menschen; er wollte vom Himmel zur Erde führen, vom Glauben zur Liebe, von Christo zu uns selber, von jedem, aber auch wirklich jedem Supranaturalismus zurück zum realen Leben.

Barth räumte dabei ein, daß gerade das, was eine Schwäche Feuerbachs sein könnte, nämlich die sinnliche und natürliche Qualität seines Denkens, ebenso als seine besondere Stärke verstanden werden könne.

Über die übliche Feuerbach-Kritik hinaus, vor allem den Einwand, daß er die Natur als etwas außerhalb von uns (*extra nos*) betrachte und sich einer anthropomorphen Kritik hartnäckig widersetze, brachte Barth zwei Einwände gegen sein Denken vor. Zum einen meinte er, daß Feuerbachs Auffassung von »des Menschen wesentlichstem Sein« beziehungsweise sein Gedanke, Religion sei das »Bewußtsein der Gattung«, das er zum Maß aller Dinge erhoben hatte und in dem er die wahre Göttlichkeit des Menschen zu erblicken meinte, ebenso wie Hegels »Vernunft« oder jede andere Abstraktion eine Erfindung sein könnte. Der wirkliche Mensch, erfaßt mit wirklichen existentiellen Begriffen, ist das Individuum. Zum anderen war er der Ansicht, Feuerbach habe weder die menschliche Sündhaftigkeit noch seine Sterblichkeit bedacht. Die Abstraktion der Göttlichkeit des Menschen erscheint wesentlich weniger beeindruckend, wenn der einzelne Mensch in einer konkreten Situation betrachtet wird.[74] Barth erhob dabei den gleichen kritischen Einwand wie Marx, daß nämlich Feuerbach in der Tradition der linkshegelianischen Linie Max Stirners zu abstrakt, zu ideal und zu entfernt von der konkreten Wirklichkeit argumentiert, denn das einmalige Individuum ist wichtig. Vor Gott sind wir Lügner. Nur durch seine Gnade können wir seine Wahrheit, seine Gewißheit und die Erlösung fordern.[75] Barth betrachtete Feuerbach letztlich als den Vertreter eines einzigen Gedankens, der trivial und oberflächlich war, mit dem man sich aber wegen seines Einflusses auf das moderne Denken ernsthaft auseinanderzusetzen habe.[76]

Barth ist ein bedeutender Mann, befähigt, Wendungen mit Anmut und Charme zu vollziehen. Eine der überraschenden Wendungen in seinem Denken liegt in der neuen Hochschätzung von Luthers Christologie, worin er seine eigene Betonung Gottes als des »ganz anderen« teilweise zurücknahm. Sehr einleuchtend erklärt er, daß die Renaissance als Ausgangspunkt, als die Theologie, die den »Menschen als Maß« setzte, Feuerbach keinen anderen Ansatzpunkt bieten konnte, da er — angesichts der Auffassung Luthers — theoretisch folgern mußte, daß Aussagen über den christlichen Glauben in Wirklichkeit Aussagen über die mehr oder weniger grundlegenden Bedürfnisse und Wünsche des Menschen darstellten, die in das Unendliche projiziert würden. Deshalb unterstrich Barth schon früh in seiner Laufbahn die Trennung zwischen dem Göttlichen und dem Menschlichen. *Mutatis mutandis* kündigte Barth im Jahre 1956 einen entscheidenden Wendepunkt, eine »Wendung« in seinem Denken an. Das vorherrschende theologische Interesse an der Existenz des gläubigen Menschen ist, so Barth, nicht notwendig falsch, wenn es sich dabei lediglich um eine bestimmte Betrachtungsweise und einen bestimmten Nachdruck handelt, die durch einleuchtende Gründe gestützt werden. Die Schrift spricht überzeugend genug vom Verkehr gläubiger Israeliten und gläubiger Christen mit Gott. Wie hätten sie anders, fragt Karl Barth, für *Ihn* Zeugnis ablegen können, der wahrer Gott und wahrer Mensch war? Mit großer Kühnheit fährt er fort: »Die Theologen hätten nicht so lange warten sollen, sich auf Luther zu berufen, besonders den frühen Luther, und auf den frühen Melanchthon! Und wieviele Hilfe und Leitung hätten sie erlangen können, hätten sie nur ein wenig auf Kierkegaard geachtet! Es gibt keinen triftigen Grund, weshalb der Versuch des christlichen Anthropocentrismus nicht gemacht werden sollte.«[77]

Feuerbach hatte sein Buch *Das Wesen des Christentums* kaum veröffentlicht, als der brillante »Schöpfer der modernen Geschichte«, Karl Marx, bemerkte, daß Feuerbach Luther sehr gut als Stütze seiner These benutzen konnte. Im Januar 1842 schrieb Marx seinen kurzen Kommentar *Luther als Schiedsrichter zwischen Strauß und Feuerbach,* den er im November zur Veröffentlichung an die *Deutschen Jahrbücher* sandte. David Friedrich Strauß hatte auf der Grundlage eines radikalen historischen Skeptizismus und des religiösen Desillusionismus gegen die Realität und den Nutzen von Wundern argumentiert. Feuerbach hatte ebenfalls über Wunder geschrieben und dabei Luthers Gleichnis von der Welt als betrunkenem Bauern benutzt, der von einer Seite in den Sattel eines Pferdes gehoben auf der anderen wieder herunterfällt. In gleicher Weise sei die intellektuelle Welt, nachdem ein einseitiger Rationalismus ihr geholfen habe, in den Historismus und Empirismus hineingefallen. Wunder sagen uns, wie Luther erkannt hatte, etwas Tiefes über den Menschen. Luther wußte, daß alle Werke der Natur wunderbar sind, gerade so wie die wirkliche Präsenz Gottes unter dem Brot im Sakrament.[78] An diesem kritischen Punkt der Auseinandersetzung griff Marx mit seinem entschiedenen Urteil zugunsten Feuerbachs ein. In den Werken von Karl Marx findet sich ein interessanter Abschnitt. Die Forschung hat jahrelang angenommen, daß dieser Abschnitt über Luther, Strauß und Feuerbach von Marx selber stammt. Doch neuere Forschungen beweisen beziehungsweise deuten darauf hin, daß diese Seiten höchstwahrscheinlich von Feuerbach verfaßt wurden. Wie sie in das Werk von Marx geraten sind, ist bisher noch ungeklärt, auf jeden Fall aber bietet sich hier ein interessanter Zusammenhang für unser Thema. Marx (oder angeblich Feuerbach) zitiert einen längeren Abschnitt aus Luthers Kommentar zu Lukas 7, in dem das Wunder der Auferstehung der Toten abgehandelt wird, und schließt:

»In diesen wenigen Worten habt ihr eine *Apologie* der ganzen Feuerbachschen Schrift — eine Apologie von den Definitionen der *Vorsehung, Allmacht, Kreation,* des *Wunders,* des *Glaubens,* wie sie in dieser Schrift gegeben sind. O schämt euch, ihr Christen, ihr vornehmen und gemeinen, gelehrten und ungelehrten Christen, *schämt* euch, daß ein *Antichrist* euch das Wesen des Christentums in seiner wahren unverhülltern Gestalt zeigen mußte! Und euch, ihr spekulativen Theologen und Philosophen, rate ich: macht euch frei von den Begriffen und Vorurteilen der bisherigen spekulativen Philosophie, wenn ihr anders zu den Dingen, wie sie sind, d. h. zur *Wahrheit* kommen wollt. Und es gibt keinen andern Weg für euch zur *Wahrheit* und *Freiheit*, als *durch* den *Feuer-bach*. Der Feuerbach ist das *Purgatorium* der Gegenwart.«[79]

Marx und Engels gingen jedoch bald über Feuerbach hinaus. In der *Heiligen Familie* (1845), einem heftigen Angriff auf Bruno Bauer und seine Anhänger, kritisierte Marx Feuerbachs Kult des abstrakten Menschen und forderte, ihn durch die Wissenschaft vom realen Menschen und seiner historischen Entwicklung zu ersetzen. In der *Deutschen Ideologie,* die 1846 abgeschlossen wurde, widmeten Marx und Engels zwar den ersten Teil Feuerbach, doch ihr Bezug auf ihn war indirekt, und sie benutzten ihn mehr als Anlaß zur Präsentation ihrer materialistischen Philosophie, statt sein Denken intensiv zu kritisieren. Engels hat Feuerbach später in *Ludwig Feuerbach und das Ergebnis der klassischen deutschen Philosophie* deshalb scharf kritisiert, weil er die neuen Erkenntnisse über den Menschen und die Natur, die von der modernen Wissenschaft angeboten würden, nicht in sein Denken einbezogen habe und den Folgerungen des Materialismus nicht konsequent gefolgt sei. Die immensen neueren Fortschritte der Wissenschaft ließen, wie Engels glaubte, eine zusammenfassende Sicht auf die Verbindung zwischen den unterschiedlichen Sphären in der Natur innerhalb einer annähernd systematischen Form als möglich erscheinen, die Feuerbach nicht gesehen zu haben schien.[80] Engels spricht sogar von der »erstaunlichen Armut« Feuerbachs, wenn er ihn mit Hegels Morallehre und Rechtsphilosophie vergleicht.[81]

Der stärkste Einwand, den Marx und Engels gegen Feuerbach erhoben, bestand darin, er gliche eher den idealistischen Philosophen, die mehr spekulativ als aktiv eingestellt waren, wenn ein Wandel in Gang gebracht werden sollte. Marx war zwar als Jude geboren, doch als Karl sechs Jahre alt war, nahm sein Vater Heinrich das Christentum an und wurde zusammen mit Frau und Kindern getauft. Er wurde ein Mitglied der Unierten Evangelischen Staatskirche. Marx rebellierte zwar gegen diese Kirche, war andererseits aber froh darüber, daß diese Bekehrung seines Vater ihn von der Last der jüdischen Gesetze befreit hatte. Seine Ungeduld über die auf halbem Wege verharrende Ideologie formulierte Marx in seinen berühmten *Thesen über Feuerbach.* Die elfte These lautete: »Die Philosophen haben die Welt nur verschieden *interpretiert,* es kommt darauf an, sie zu *verändern.*«[82]

Die weitere Enwicklung des anthropologischen Realismus im 19. Jahrhundert bezog sich auf einen der wesentlichen Aspekte in Luthers Denken, den man mit dem Stichwort »Voluntarismus« kennzeichnen kann. Der große Pessimist Arthur Schopenhauer und der unbändige Friedrich Nietzsche hielten in ihrer Betonung der Priorität des Willens sowie des Willens als Triebfeder der menschlichen Handlungen Luther — zu Recht oder zu Unrecht — für einen Vorgänger auf dem Wege zu dieser bedeutenden Erkenntnis. Man konzentrierte sich aber in erster Linie auf die Aspekte von Luthers Anthropologie, die die Priorität des Leidens oder Werdens vor dem Sein beziehungsweise des Seins vor dem Denken und Handeln betrafen. Diese Übernahme wird in Feuerbachs Denken deutlich, tatsächlich benötigte er sie für seine Schlüsse. Der Mensch denkt und handelt notwendigerweise so, wie er ist. Auf der höchsten Ebene bedeutet das, daß er, wenn er über Gott nachdenkt, notwendig unbewußt über ihn gemäß den eigenen Eigenschaften denkt. Er formt Gott nach dem Bild des Menschen. Schopenhauer berief sich auf Luther, um seine Psychologie zu stützen, auf der sein Voluntarismus gründete.

In seinem Hauptwerk *Die Welt als Wille und Vorstellung* führte Schopenhauer Luther wiederholt als Autorität für den Vorrang des Determinismus gegenüber der Freiheit und des Willens gegenüber der Vernunft an, denn das Sein geht dem Denken und Handeln voraus. Daß der Wille nicht frei ist, so seine Argumentation, entspricht einer ursprünglichen Lehre des Evangeliums, die Augustin gegenüber den Plattheiten des Pelagianismus nachdrücklich vertrat. Luther erhob diese Auffassung zum zentralen Punkt in seinem Buch *De servo arbitrio.* Die Gnade erzeugt den Glauben; der Glauben erfährt die Gerechtigkeit als eine Gabe; sie kommt von außen zu uns und ist kein Produkt unseres freien Willens.[83] Gute Werke, erklärte Luther in seinem Buch *De libertate Christiana,* kommen aus dem Glauben und werden nicht belohnt.[84] Daß Paulus, Augustin und Luther lehrten, Taten könnten einen Menschen nicht rechtfertigen, so argumentiert Schopenhauer, stammt aus der abschließenden Analyse der Tatsache, daß *operari sequitur esse,* daß das Handeln dem Sein folgt. Deshalb können die Menschen, die in ihrem Wesen alle Sünder sind, keine guten Werke tun.[85] Im Tun erfahren wir eigentlich nur, was wir sind. Schopenhauer erschien dieser Gedanke niederschmetternd. Diese Verbindung seines eigenen Hauptdogmas mit dem Denken Luthers war nicht etwa nur ein Spiel oder ein Plan dieses melancholischen Deutschen. Denn schon in seiner *Preisschrift über die Freiheit des Willens,* die 1839 von der Königlich Norwegischen Akademie der Wissenschaften gekrönt worden war, hatte Schopenhauer erklärt: »Besonders aber berufe ich mich auf Luther, welcher in einem eigens dazu geschriebenen Buche, *De servo arbitrio,* mit seiner ganzen Heftigkeit die Willensfreiheit bestritt.«[86]

Indem Nietzsche sich für einen »Realisten« hielt, verspottete er das Christentum als »Platonismus der Massen«. In seiner Frühzeit kannte und bewunderte Nietzsche Luther als einen großen Deutschen, als einen religiösen und kulturellen Riesen, der wie Schiller und Goethe zu verehren sei. In seinen späteren Jahren wurde Nietzsche ein erbitterter Gegner Luthers, der das Christentum mit seiner Sklavenmoral wiederbelebt und den Menschen bei seinem Versuch gehemmt hatte, über sich selbst hinauszugelangen.[87] Trotz dieser Abwendung von Luther konnte Nietzsche sich nicht von bestimmten Einstellungen und Hypothesen befreien, die mit ihm verbunden waren und die er in seiner Jugend aufgenommen hatte. »Wir Deutschen sind noch sehr jung«, schrieb er, »und unsere letzte Leistung ist immer noch Luther, und unser innigstes Buch ist noch die Bibel. Die Deutschen haben niemals moralisiert.«[88] Er schätzte ferner Luthers deutsche Bescheidenheit, eine Tugend, die Wagner fehle.[89] Luther sei ein Künstler, rein und selbstlos.[90] Schopenhauer sei einfach und ehrwürdig, aber roh wie Luther.[91] Er betonte Luthers Identifikation mit den niederen Schichten und meinte, Luther könne die besitzenden Schichten in der modernen Welt aufrütteln.[92]

Darüber hinaus erinnern zahlreiche Aspekte im Denken Nietzsches an Luther, etwa seine Auffassung von der Geschichte als einer Arena, in der die Mächte dieser Welt um die Herrschaft kämpfen. Hinsichtlich der Frage nach dem anthropologischen Realismus erscheint aber wesentlicher, daß Nietzsche mehrfach bei der Behandlung der Ethik bewußt auf Luthers Analyse vom Sein und Handeln zurückgriff. Bei der Beantwortung solcher grundlegenden Fragen wie: Wie tief ist das Ethische? Gehört es eher zum Erlernten? Ist es ein Mittel, sich auszudrücken?, stimmen alle tieferen Menschen in ihrer Meinung überein. Man denkt an Luther, Augustin, Paulus, denn sie vertreten gemeinsam die Ansicht, daß unsere Moralität und ihre Taten nicht in Begriffen unseres bewußten Willens erklärbar sind, kurz, daß die Erklärung als Grundlage für utilitaristische Zwecke nicht angemessen ist.[93] Luther hier zustimmend zu zitieren, war von Nietzsche nicht gerade ein schmeichelhaftes Kompliment. Luther, Augustin und Paulus lehrten die vollkommene Verderbtheit des Menschen, das Fehlen der Freiheit zur Ausführung guter Werke, und schließlich die Gnade, denn kranke Menschen suchten eine Genesung.[94] Luther gehöre hierher, denn die Welt sei ein Irrenhaus.

Nietzsche betrachtet Denken und Handeln ebenso wie Luther als sekundäre Manifestationen des inneren Seins des Menschen. Nietzsche war überzeugt, der Mensch werde vom Willen zur Macht getrieben. Dieser ist nicht mit dem empirischen Willen des Individuums zu verwechseln, sondern bringt lediglich indirekt und teilweise den grundlegenden treibenden Willen zum Ausdruck oder setzt ihn frei, der jeder Handlung inhärent ist, den Willen zur Macht. Der Mensch kann das, was er ist, nicht übersteigen. Wie Feuerbach und in einer besonderen Weise auch Marx und Schopenhauer akzeptierte Nietzsche die Voraussetzung, daß *operari sequitur esse*.

Was für ein großartiges Schauspiel! Luthers Einfluß wird nicht nur im transzendentalen Idealismus, sondern auch im anthropologischen Realismus sichtbar! In seiner Erläuterung zu den Versen 4 bis 6 des 14. Psalms hatte Luther erklärt, er sei kein Prophet, aber er sei seiner Botschaft gewiß. Er warnte aber auch davor, daß er — je mehr die Menschen ihn verachteten und sich selbst ehrten — als Prophet von ihnen gefürchtet werden müsse.[95] Er war insofern ein Prophet, als er »verhieß«, in einer endgültigen Analyse könne der Mensch nur dann begreifen, was er in einem primären oder letzten Kontext wirklich ist, wenn das Wort von außen zu ihm kommt. Die Anthropologie ist damit im fundamentalsten Sinne auf die Theologie angewiesen. Er war ein Prophet, indem er unbewußt Entwicklungen in der Geistesgeschichte »voraussagte«, die sich in der Neuzeit graduell herausgebildet haben.

Daß Luthers Gedankenwelt die der deutschen Idealisten und Realisten formte, war in gewissem Sinne unvermeidbar, denn sie wurden von einer Kultur geprägt, die auf der Erfahrung der Reformation und der christlichen Tradition gründete. Luthers Theologie mit ihren Paradoxen konnte, wenn man Teile statt des Ganzen betrachtete, was für die Philosophie unmöglich ist, einen intellektuellen Anstoß in die Richtung von Idealismus oder Realismus vermitteln. An vielen Stellen scheinen unsere Modernen in glücklicher Unwissenheit darüber befangen zu sein, wie neue Erkenntnisse durch die religiöse Basis und durch religiöse Komponenten ihres Denkens suggeriert oder geformt wurden. Wie Cyrus werden die Menschen seit alten Zeiten in einer Art benutzt, die ihnen unbekannt bleibt. In seiner Autobiographie *To Have Lived These Days* stellt Harry Emerson Fosdick einen Abschnitt seines Buches unter die Überschrift: »Ideen, die mich benutzt haben.«

In einigen Fällen wird deutlich, daß ein glückliches Mißverstehen des lutherschen Denkens zur Ausbildung einer modernen Ideologie beitragen konnte. Indem er seinen Standpunkt verteidigte und damit den religiösen Pluralismus begründete, leistete Luther sicherlich einen entscheidenden historischen Beitrag zu liberalen Einstellungen in der späteren menschlichen Geschichte. Doch die Weise, in der die Aufklärung seine Vorstellung vom Gewissen und der christlichen Freiheit als Mandat des autonomen Individuums zum Widerstand gegen Tradition, Autorität und Gemeinschaft verstand, stellte ein deutliches Mißverständnis und einen Mißbrauch seiner Ideen dar. In ähnlicher Weise mißverstanden ihn die Realisten, wenn sie seine theologische Prämisse vom unfreien Willen so auffaßten, als wäre er ein metaphysischer Determinist. Die Übernahme des Vorrangs des Seins vor dem Denken und Handeln, den Luther in erster Linie aus der *sola gratia*-Polemik gegen die Erlösung durch gute Werke ableitete, aus dem theologischen Bereich in einen umfassenden ontologischen Zusammenhang erscheint eher zu rechtfertigen, denn Luther ließ die Möglichkeit zu einer solchen Übertragung offen und hat sie sogar selbst vorgeschlagen.

Feuerbach und Schopenhauer scheinen die Autorität Luthers in bestimmten Abschnitten bewußt einzusetzen, um unorthodoxe Standpunkte zu unterstützen. Luther hat zu Idealismus und Realismus seinen Beitrag geleistet, doch er wurde auch von beiden ausgenutzt. Beide Richtungen übersahen seine eigentlichen Anliegen, die Urangst und das Urgrauen, die den sterblichen Menschen bedrücken, das Verlangen, einen gnädigen Gott zu finden, der der endliche Grund des Seins ist, die Überzeugung, daß die göttliche Initiative das Sein des Menschen verändert, ihn zu einem neuen Wesen macht, die Theologie der Hoffnung und der Freude. Andere Moderne, die Existentialisten und die postliberalen Theologen, konnten sich mit Luthers Denken ernsthafter auseinandersetzen.

Seit Kopernikus, stellte Nietzsche fest, ist der Mensch vom Zentrum des Universums auf ein *n* zurückgefallen. Da eine genau definierte Kosmologie fehlte, waren religiöse Denker, Idealisten wie Kant und Realisten wie Feuerbach, dazu gezwungen, sich in den Bereich des Inneren des Menschen zurückzuziehen.[96] Die biblische Bildersprache wurde verinnerlicht, das Prinzip der Analogie zwischen Himmel und Erde führte zur Dialektik von Identität und Entfremdung zwischen dem Schöpfer und der Schöpfung und zu einer Sprache, die durch das freie assoziative Wechselspiel der Bilderwelt charakterisiert erscheint.[97] Ein Beweis für Luthers Modernität und ein Schlüssel zu seinem Einfluß auf das nachreformatorische Denken liegt in der Tatsache, daß er — während die ptolemäische Kosmologie noch intakt war — die synthetische durch eine antithetische Dialektik ersetzte, die *theologia crucis*. In der Anthropologie ist Luthers biblischer Realismus bis in die Gegenwart hinein beunruhigend relevant geblieben.

Anmerkungen

[1] *Weimarer Ausgabe* (*W. A.*), 39, I, 175—180.

[1*] *W.A.*, 48, 76 f., Nr. 100, 11. 1—12, cf. *W. A.* 6, 291, 8—14: Der Versuch, mit menschlicher Vernunft göttliche Ordnung zu schaffen oder zu verteidigen ist, wenn er nicht schon selber durch den Glauben gegründet und erleuchtet wird, so gehaltlos, als würde man mit einer dunklen Laterne Licht auf die helle Sonne werfen oder einen Stein auf einen Grashalm hängen. Denn Jesaias macht im 7. Kapitel die Vernunft dem Glauben untertan und sagt: »Wenn ihr nicht glaubt, werdet ihr nicht verstehen und vernünftig sein. Er sagt nicht: Wenn ihr nicht vernünftig seid, werdet ihr nicht glauben.« Jes. 7, 9 »Glaubt ihr nicht, so bleibt ihr nicht.«

² *W. A.* Ti. 3, 104, 2938a, 24—29: »optimum instrumentum«. *W.A.* 40 I, 412, 20: »Alia ratio generatur quae est fidei.«

³ Vor einem halben Jahrhundert hat Hans Preuß diese drei Anwendungsformen der *ratio* bei Luther unterschieden (*Was bedeutet die Formel 'convictus testimoniis scripturarum aut ratione evidente' in Luthers ungehörnter Antwort zu Worms?*, in: *Theologische Studien und Kritiken* 81 [1908], S. 62 ff.).

⁴ Brian Gerrish, *Grace and Reason*, Oxford 1962, S. 168. Gerrishs Analyse stimmt im wesentlichen mit einer selbständigen Arbeit von Bernhard Lohse überein (*Ratio und Fides: Eine Untersuchung über die Ratio in der Theologie Luthers*, Göttingen 1958).

⁵ *Career of the Reformer*, Bd. 2, S. 113, in: *Luther's Works*, George Forell, ed., Bd. 33, Philadelphia 1958, Adolf Hausrath, *Luthers Leben*, Bd. 1, 3. Aufl., Berlin 1913, S. 439, vgl. *Deutsche Reichstagsakten*, Bd. 2: *Deutsche Reichstagsakten unter Kaiser Karl V.*, Gotha 1876, S. 587.

⁶ Vgl. Bernhard Lohse, *Luthers Antwort in Worms*, in: *Luther. Mitteilungen der Luthergesellschaft*, Nr. 3, (1958), S. 124—134, A. Hausrath, *Luthers Leben . . .*, S. 439.

⁷ Diese Beobachtung verdanke ich Professor William Baker, einem eifrigen Erforscher der englischen Historiographie im viktorianischen Zeitalter.

⁸ Fritz Blanke, *Hamann und Luther*, in: *Lutherjahrbuch* 10 (1928), S. 28—29. Vgl. Horst Stephan, *Luther in den Wandlungen seiner Kirche*, 2. Aufl., Berlin 1951, S. 35—67.

⁹ Karl Holl, *Die Kulturbedeutung der Reformation* (1911), in: *Gesammelte Aufsätze zur Kirchengeschichte*, Bd. 1: *Luther*, 6. Aufl., Tübingen 1932, S. 468—543, 531 (übersetzt: *The Cultural Significance of the Reformation*, New York 1959, S. 134).

¹⁰ Johann Gottlieb Fichte, *Die Bestimmung des Menschen*, Buch 3: *Glaube*, in: *Sämmtliche Werke*, Bd. 3, Berlin 1845, S. 249.

¹¹ *Johann Gottlieb Fichte-Gesamtausgabe*, Bd. 3, 1, *Briefwechsel 1775—1793*, hrsg. von Reinhard Lauth und Hans Jacob, Bayerische Akademie der Wissenschaften, Stuttgart-Bad Cannstadt, S. 130 f., zit. in: August Messer, *Fichtes religiöse Weltanschauung*, Stuttgart 1923, S. 21. Interessant erscheint, daß eine nicht gerade ökumenische katholische Untersuchung der Theologie Luthers kürzlich Luthers Sorge um sich selbst und seine individuelle Erlösung kritisierte, fast als wäre Luther ein Fichteaner oder wenigstens ein Methodist gewesen in der Fehldeutung der Geistigkeit, vgl. Paul Hacker, *Das Ich im Glauben bei Martin Luther*, Graz 1966.

¹² Vgl. z. B. Joseph Bohatec, *Die Religionsphilosophie Kants in der 'Religion innerhalb der Grenzen der bloßen Vernunft'*, Hildesheim 1966, und Robert Winkler, *Der Transzendentalismus bei Luther*, in: *Luther, Kant, Schleiermacher in ihrer Bedeutung für den Protestantismus*, Berlin 1934.

¹³ Vgl. Bruno Bauch, *Luther und Kant*, Berlin 1904, S. 169; Ernst Katzer, *Luther und Kant. Ein Beitrag zur inneren Entwicklungsgeschichte des deutschen Protestantismus*, Gießen 1910, und Th. Siegfried, *Luther und Kant. Ein geistesgeschichtlicher Vergleich im Anschluß an den Gewissensbegriff*, Gießen 1930.

¹⁴ Joseph C. Weber, *Feuerbach, Barth and Theological Methodology*, in: *Journal of Religion* 46, Nr. 1 (Januar 1966), S. 24.

¹⁵ Hegel, *Philosophie der Geschichte*, T. 3, 1, S. 131, Redaktion Johannes Hoffmeister, *Vorlesungen über die Philosophie der Weltgeschichte*, Hamburg 1955, zit. in: Stephen Crites, *The Gospel According to Hegel*, in: *Journal of Religion* 46, Nr. 2 (April 1966), S. 254. Der Artikel (*a.a.O.*, S. 246—263) ist ausgezeichnet und bietet eine gute Korrektur zu Walter Kaufmanns Buch, *Hegel*, New York 1965, S. 65 ff.

¹⁶ Vgl. Georg Wünsch, *Luther und die Gegenwart*, Stuttgart 1961, S. 99.

¹⁷ *Rationis Latomianae pro incendiariis Lovaniensis scholae sophistis redditae, Lutheriana confutatio, 1521* (*W. A.* 8, 43—128).

[18] *W. A.* 8, 122, 22—25. *Dr. Martin Luthers Sämmtliche Schriften,* Joh. Georg Walch., ed., St. Louis, Mo. 1888, 18, Spalte 1190 [V. 21].

[19] *W. A.* 56, 347, 1—7. Eine Monographie, die mit einem gelehrten Zusatz zu verbessern wäre, stammt von Erdmann Schott, *Fleisch und Geist nach Luthers Lehre unter besonderer Berücksichtigung des Begriffes »totus homo«,* Leipzig 1928.

[20] *W. A.* 10¹, Erste Hälfte, 508, 20.

[21] *W. A.* 56, 356, 4—7: »Et hoc consonat Scripturae, Quae hominem describit incurvatum in se adeo, ut non tantum corporalia, sed et spiritualia bona sibi inflectat et se in omnibus querat. Quae Curuitas est nunc naturalis, naturale vitium et naturale malum.«

[22] *Operationes in Psalmos* (*W. A.* 5, 207, 32—34).

[23] *W. A.* 2, 685—697: *Eyn Sermon von der bereytung zum sterben.*

[24] *W. A.* 10⁵, 1—64: *Acht Sermone D. M. Luthers von ihm gepredigt zu Wittenberg in der Fasten.*

[25] *W. A.* 40³, 484—594: *Enarratio psalmi XC per D. M. Lutherum in schola Wittenbergensi anno 1534 publice absoluta.*

[26] Vgl. Carl Stange, *Luthers Gedanken über die Todesfurcht,* Berlin 1932, S. 8; *Erlanger Ausgabe* 14², 133; *W. A.* 37, 535, 23—24.

[27] *W. A.* 5, 163, 28—29: »Vivendo, immo moriendo et damnando fit theologus, non intelligendo, legendo aut speculando.«

[28] *W. A.* 40¹, 444, 14: »Quia sicut credit, sic habet.« *W. A.* 18, 769, 17—18; »Atque ut credunt, ita habent«, *W. A.* 18, 778, 13—14.

[29] *W. A.* 1, 543, 8—9: »tantum habes, quantum credis«; 595, 5: »tantum habes quantum credis.«

[30] Vgl. *W. A.* 18, 633, 7: »Altera est, quod fides est rerum non apparentium Ut ergo fidei locus sit, opus est, ut omnia quae creduntur abscondantur«; *W. A.* 5, 86, 33—35: »Atque ita oculus fidei in tenebras interiores et caliginem mentis suspicit nihilque videt, nisi quod attenuatur suspiciens in excelso expectansque, unde veniat auxilium ei.« *W. A.* 5, 623, 40—624, 2: »Agat ergo secundum fidem, id est insensibilitatem, et fiat truncus immobilis ad has blasphemias, quas in corde suo suscitat satanas.«

[31] *W. A.* 7, 551, 19—21: »Sein geist ist *sanctum sanctorum,* gottis wonung yin finsternn glauben on liecht, denn er glawbt, das er nit sihet, noch fulet, noch begreifet.« Vgl. Walther v. Loewenich, *Luther als Ausleger der Synoptiker,* München 1954, S. 83—88, zu diesem Problem des Glaubens und der existenzialen Erfahrung.

[32] *W. A.* 7, 548, 10—11: »Unnd da ist denn der heilig geyst, der hat solch uberschwenklich kunst und lust ynn einem augenblick ynn der erfarung geleret.« So auch *W. A.* 9, 98, 21, wo Luther Taulers Theologie lobt als eine »sapientia experimentalis et non doctrinalis, Quia nemo novit nisi quo accipit hoc negotium absconditum.«

[33] *W. A.* 18, 605, 32—34: die berühmten Worte von dem *servo arbitrio:* »Spiritus sanctus non est Scepticus, nec dubia aut opiniones in cordibus nostris scripsit, sed assertiones ipsa vita et omni experientia certiores et firmiores.«

[34] *W. A.* Ti. I, 16, no. 46, I 12.

[35] *W. A.* 5, 26, 18—20.

[36] Heiko A. Oberman, *»Iustitia Christi« and »iustitia dei«. Luther and the Scholastic Doctrines of Justification,* in: *Harvard Theological Review* 59 (Januar 1966), S. S. 1—26.

[37] *W. A.* 4, 511, 13: »... Qualis tu es in dispositione, tale est [verbum].

[38] *W. A.* 30², 672, 37—673, 13—17.

[39] *W. A.* 56, 371, 2—14.

[40] *W. A.* 56, 372, 5—25.

[41] *W. A.* 56, 273, 8—9.

[42] *W. A.* 56, 255, 15—19.

[43] Wilhelm de Wette (Hrsg.), *Briefwechsel,* Bd. 1, Berlin 1825, ep. 22, p. 40: »prius necesse est personam esse mutatam, deinde opera.«

[44] *W. A.* 56, 172, 9—11: »Sicut Aristoteles 3. Ethicorum manifeste determinat, secundum quem Iustitia sequitur et fit ex actibus. Sed secundum Deum precedit opera et opera fiunt ex ipsa.« Dies ist ein Hauptthema in Luthers Werken, wiederholt in seinen Schriften *Sermon über gute Werke* und *Die Freiheit eines Christenmenschen* und anderswo.

[45] *W. A.* 56, 117, 25—29.

[46] *W. A.* 56, 441, 23—442. *W. A.* 56, 441, n. 23. Diese Anschauungen des Aristoteles sind durch mittelalterliche Handbücher über Physik wie das von Ockham, *summule in lib. physicorum,* c. IX, c. XXV f., an Luther gelangt. Vgl. *W. A.* 4, 113, 14—15: »Ratio omnium est haec regula, quod nos justi non sumus ex operibus, sed opera justa ex nobis primo justis.«

[47] *W. A.* 4, 19, 21—24, falsch zitiert in Erich Seeberg, *Luthers Theologie: Motive und Ideen,* Bd. 1, Göttingen 1929, S. 107, Fußnote 3, als *W. A.* 7, 19.

[48] *W. A.* 56, 248, 27—33; *W. A.* 56, 249, 1—11.

[49] *W. A.* 56, 264, 5—8.

[50] *W. A.* 56, 307, 16—21.

[51] Herbert Vossberg, *Luthers Kritik aller Religionen,* Leipzig 1922.

[52] *W. A.* 37, 589, 35—37. *Concordia Triglotta,* S. 580, »Das erste Gebot«, St. Louis, Mo. 1921.

[53] Zitiert in G. Wünsch, *Luther und die Gegenwart . . .,* S. 117.

[54] *W. A.* 56, 234, 1—9; vgl. G. Wünsch, *ebda.*

[55] Immanuel Kant, *Die Religion innerhalb der Grenzen der bloßen Vernunft,* in: *Kant's Werke* (Akademie-Ausgabe), Bd. 6, Berlin 1907, S. 168 f.

[56] *Ebda.*

[57] Johann Gottfried Herder, *Ideen zu einer Philosophie der Geschichte der Menschheit,* 2. Aufl., Leipzig 1921, S. 153, siehe auch Sara Ann Malsch, *The Image of Martin Luther in the Writings of Novalis and Friedrich Schlegel. The Speculative Vision of History and Religion,* Bern 1974.

[58] J. G. Herder, *Ideen . . .,* S. 154.

[59] *A.a.O.,* S. 155. Die drei Herder-Zitate stammen von Karl Barth, *Protestant Thought: From Rousseau to Ritschl,* New York 1959, S. 213—214 (Barth zit. nach einer anderen Ausgabe der *Ideen*).

[60] Ludwig Feuerbach, *Lectures on the Essence of Religion,* New York 1967, S. 17.

[61] Ludwig Feuerbach, *The Essence of Christianity,* New York 1957, S. XVI.

[62] Melvin Cherno, *Ludwig Feuerbach and the Intellectual Basis of Nineteenth Century Radicalism,* Diss., Stanford 1955, S. 52; Uwe Schott, *Die Jugendentwicklung Ludwig Feuerbachs bis zum Fakultätswechsel 1825,* Göttingen 1973.

[63] L. Feuerbach, *The Essence of Christianity . . .,* S. 184.

[64] *A.a.O.,* S. 269.

[65] Ludwig Feuerbach, *Sämmtliche Werke,* Bd. 12, 2. Aufl., Stuttgart-Bad Cannstadt 1960 ff., S. 83.

[66] *Das Wesen des Glaubens im Sinne Luthers* (1844), engl.: Melvin Cherno, *The Essence of Faith According to Luther,* New York 1967. Siehe Oswald Bayer, *Gegen Gott für den Menschen. Zu Feuerbachs Lutherrezeption,* in: *Zeitschrift für Theologie und Kirche* 69 (1972), S. 34—71; Carter Lindberg, *Luther and Feuerbach,* in: Carl S. Meyer (ed.), *Sixteenth Century Essays and Studies,* Bd. 1, St. Louis, Mo. 1970, S. 107—125.

[67] L. Feuerbach, *Sämmtliche Werke . . .,* Bd. 12, S. 108.

[68] *A.a.O.,* Bd. 13, S. 126. Er wiederholte die Klage in einem Brief vom 15. Oktober 1844, der ebenfalls an Kapp gerichtet war.

[69] Werner Schuffenhauer, *Feuerbach und der junge Marx,* Berlin 1965, S. 83.

[70] L. Feuerbach, *Sämmtliche Werke*, Bd. 2, S. 405, zit. in: S. Rawidowicz, *Ludwig Feuerbachs Philosophie. Ursprung und Schicksal*, 2. Aufl., Berlin 1964, S. 16, Anm. 4.

[71] K. Barth, *Protestant Thought . . .*, S. 359.

[72] Vgl. Barths brillantes Buch *Anselm. Fides Quaerens Intellectum*, Richmond, Va. 1960, in dem er nachwies, daß Anselm dadurch, daß er die göttliche Vorsehung auf verborgenem Glauben im »theologischen Kreis« basierte, nicht der Kritik Aquins und Kants anheimfalle, wie diese meinten.

[73] K. Barth, *Protestant Thought . . .*, S. 355.

[74] *Ebda.* Vgl. den ausgezeichneten Artikel von J. C. Weber, *Feuerbach, Barth and Theological Methodology . . .*, S. 24—36; siehe auch Manfred H. Vogel, *The Barth-Feuerbach Confrontation*, in: *Harvard Theological Review* 59 (1966), S. 27—52; E. Schneider, *Die Theologie und Feuerbachs Religionskritik. Die Reaktion der Theologie des 19. Jahrhunderts auf Ludwig Feuerbachs Religionskritik, mit Ausblicken auf das 20. Jahrhundert und einem Anhang über Feuerbach*, Göttingen 1972, S. 255—256.

[75] Vgl. die informative einführende Abhandlung zur englischen Ausgabe *The Essence of Christianity . . .*, S. X—XXXII, Kritik, S. XXVII—XXVIII. Karl Löwith (Hrsg.), *Die Hegelsche Linke*, Stuttgart-Bad Cannstadt 1962, S. 11, bemerkt, daß Feuerbach und die jungen Hegelianer auf eine oberflächliche Argumentationsebene hingearbeitet hätten und damit einen weiteren Beweis für Jakob Burckhards pessimistische Äußerung lieferten, die Welt sei nach 1830 immer »gewöhnlicher« geworden.

[76] Barths Kritik, Feuerbach habe den Tod nicht ernst genommen, ist ungerecht, kann aber dennoch gerechtfertigt werden. In seiner Erlanger Schrift *De Ratione una universali infinita* (1828), S. 11—68, schließt Feuerbach Gedanken über den Tod und die Unsterblichkeit mit ein; auf dieses Thema kommt er oft zurück. Die Natur bringt den Tod, Unsterblichkeit ist eine Projektion. Eine Ethik, die auf Unsterblichkeit gegründet ist, erscheint als ein erbärmliches Gebäude. Vgl. L. Feuerbach, *Sämmtliche Werke*, Bd. 1: *Gedanken über Tod und Unsterblichkeit; Todesgedanken* (1830); *Die Unsterblichkeit vom Standpunkt der Anthropologie* (1846—1866) in: *Sämmtliche Werke*, Bd. 11, S. 69—324. Zugleich ist Barths Kritik jedoch von seinem (und Luthers) Standpunkt her gerechtfertigt, da Feuerbach die Sünde als Stachel des Todes nicht ernst genommen hat, indem er den Tod nur in einem naturalistischen, nicht aber in einem theologischen Zusammenhang sah. Hinsichtlich Barths eigener Anthropologie kann der Leser mit Genuß seine *Church Dogmatics*, Bd. 3, T. 2, Edinburgh 1960, Kapitel 10, studieren (»Jesus Christ, the Lord as Servant«). John Glasse, *Barth on Feuerbach*, in: *Harvard Theological Review* 57 (1964), S. 69—96, setzt sich mit drei Problemkreisen auseinander: 1. Who is the Feuerbach with whom Barth has been concerned?, 2. How has Barth responded to him?, 3. Has he answered him?.

[77] Karl Barth, *The Humanity of God*, Richmond, Va. 1960, S. 24 u. 26. Den Kern trifft seine kleine Studie *Christ and Adam. Man and Humanity in Rom*, New York 1957. Walther v. Loewenich, *Luther und der Neuprotestantismus*, Witten 1963, S. 261, kritisiert, Barth habe ein falsches Bild von der Erfahrungstheologie des neunzehnten Jahrhunderts gegeben, da er die religiöse Erfahrung nicht als die einzige Quelle des Glaubens angesehen habe, sondern nur als einen Weg, die Gewißheit sicherer zu machen. Da aber der Heilige Geist durch die Erfahrung wirken muß, warum sollte dann die Erfahrung als Subjektivismus verspottet werden? Ein aufschlußreiches Buch über Luther und einen herausragenden Theologen des 19. Jahrhunderts stammt von David W. Lotz, *Ritschl and Luther. A Fresh Perspective on Albrecht Ritschl's Theology in the Light of His Luther Study*, Nashville 1974.

[78] L. Feuerbach, *Über das Wunder* (1839), in: *Sämmtliche Werke*, Bd. 7, S. 1—41; *Vorlesungen über das Wesen der Religion*, S. 146.

⁷⁹ Marx-Engels, *Werke*, Bd. 1, 2. Aufl., Berlin 1957, S. 26 f. Hans Geißer, *Geschichte des Dr. Friedrich Strauß*, in: Martin Brecht (Hrsg.), *Theologen und Theologie an der Universität Tübingen*, Tübingen 1977, S. 368 f.: Luther als Schiedsrichter zwischen Strauß und Feuerbach. H. M. Sass, *Feuerbach statt Marx*, in: *International Review of Social History* 12 (1967), S. 108—119; F. Wallmann, *Ludwig Feuerbach und die theologische Tradition*, in: *Zeitschrift für Theologie und Kirche* 67 (1970), S. 56—86. Vgl. Werner Schuffenhauer, *Feuerbach und der junge Marx . . .*, S. 24 f. Der »belagerte« Strauß veröffentlichte seine *Streitschriften zur Vertheidigung meiner Schrift über das Leben Jesu und zur Charakteristik der gegenwärtigen Theologie* 1837 in drei Bänden.

⁸⁰ Frederick Engels, *Ludwig Feuerbach and the Outcome of Classical German Philosophy*, New York 1941, S. 18 ff., 28 u. 46.

⁸¹ *A.a.O.*, S. 36.

⁸² Text in engl. Übersetzung bei F. Engels, *Ludwig Feuerbach . . .*, Anhang A, S. 73—75. Sollte diese Betrachtung Luthers, Feuerbachs und Marx' unbeweisbar erscheinen, so beachte man den recht brillanten Vergleich zwischen Pascal und Marx bei Lucien Goldmann, *The Hidden God. A Study of Tragic Vision in the Pensées of Pascal and the Tragedies of Racine*, New York 1964, S. 278—282. Es gibt natürlich eine ausführliche Literatur über das allgemeine Verhältnis von Christentum und Marxismus, aus der zumindest ein anspruchvolles Werk erwähnt werden sollte, und zwar von Nicholas Lobkowicz (Hrsg.), *Marx and the Western World*, Notre Dame 1967, in dem der Herausgeber die Stellung von Marx zur Religion zustimmend diskutiert, während James L. Adams eine spezifisch protestantische Sicht vorstellt.

⁸³ Arthur Schopenhauer, *Die Welt als Wille und Vorstellung*, Bd. 1, Wiesbaden 1956, S. 480.

⁸⁴ *A.a.O.*, S. 482. S. 621 weist Schopenhauer auf Luthers Ethik der selbstlosen Liebe hin.

⁸⁵ Arthur Schopenhauer, *Die Welt als Wille und Vorstellung*, Bd. 2, Wiesbaden 1961, S. 693, aus Kapitel 48: »Zur Lehre von der Verneinung des Willens zum Leben«.

⁸⁶ Arthur Schopenhauer, *Parerga*, in: *Sämmtliche Werke*, Bd. 3, Frankfurt/Main 1962, S. 583—584. Im vierten Kapitel *Über die Freiheit des Willens* setzt er sich mit Luther als seinem Vorgänger auseinander.

⁸⁷ Vgl. die ausführlich dokumentierten Artikel von Heinz Bluhm über Nietzsche und Luther, *Das Lutherbild des jungen Nietzsche*, in: *PMLA* 58 (1943), S. 246—288; *Nietzsche's Idea of Luther in 'Menschliches, Allzumenschliches'*, in: *PMLA* 65 (1950), S. 1053—1068; *Nietzsche's View of Luther and the Reformation in Morgenröthe and Die fröhliche Wissenschaft*, in: *PMLA* 68 (1953), S. 111—127. Vgl. auch Emanuel Hirsch, *Nietzsche und Luther*, in: *Lutherjahrbuch*, 2—3 (1920/21), S. 61—106; Rudolf Homann, *Luther und Nietzsche*, in: *Luther. Zeitschrift der Luther-Gesellschaft* (1973), H. 2, S. 86—95; Jean-Edouard Spenlé, *La Pensée allemande de Luther à Nietzsche*, Paris 1967, S. 20: »C'est déjà le miracle de la Foi luthérienne; c'est le secret aussi de cette 'transmutation des valeurs' dont parlera plus tard Nietzsche. Et si on y regarde de près, cette Foi est par-delà la morale. 'Peccate fortiter' ecrivait Luther au sage et timoré Melanchthon . . .«.

⁸⁸ Friedrich Nietzsche, *Werke*, Bd. 13, Leipzig 1903, S. 333.

⁸⁹ *A.a.O.*, Bd. 10, S. 441.

⁹⁰ *A.a.O.*, S. 433.

⁹¹ *A.a.O.*, S. 301.

⁹² *A.a.O.*, S. 290, 307.

⁹³ *A.a.O.*, Bd. 13, S. 215, Nr. 506.

⁹⁴ *A.a.O.*, S. 301—303.

[95] *W. A.* 7, 373, 17—29. Luther vergleicht sich mit Bileams Eselin, die Gott erwählt hat, wiewohl noch genug andere Esel herumstanden.

[96] Jacob Taubes, *Dialectic and Analogy,* in: *Journal of Religion* 34 (1954), S. 111—119, 115. Vgl. auch Paul Wernle, *Allegorie und Erlebnis bei Luther,* Bern 1960.

[97] Vgl. die fesselnde Studie von Friedrich Karl Schumann, *Gedanken Luthers zur Frage der Entmythologisierung,* in: *Wort und Gestalt,* Witten 1956, S. 165—178.

ZWEITES REFERAT

Religiöse Bilder Cranachs im Dienste der Reformation*

CHRISTIANE D. ANDERSSON
New York

Unter den Reformatoren war Luther bekanntlich der einzige, der religiöse Bilder nicht nur tolerierte, sondern ihnen auch eine wichtige Rolle bei der Erziehung des Volkes zuwies.[1] Dem wahren Glauben abträglich waren für ihn nur solche Darstellungen, die zur Heiligen- und Reliquienverehrung gehörten, und Altarbilder, die mit dem Wunsch, sich durch gute Werke den Himmel zu verdienen, gestiftet worden waren.[2] Bereits 1518 wandte sich Luther gegen die abergläubische Verehrung von Bildern und Reliquien: »das innerlich Heilthum, das sollten wir suchen, und nicht das auswendig ist.«[3] Seine Ansicht über den rechten Gebrauch und den Nutzen religiöser Bilder trieb ihn dazu, 1521 die sichere Zuflucht der Wartburg zu verlassen und sich beim Wittenberger Bildersturm dem Radikalismus eines Karlstadt und seiner Anhänger entgegenzustellen. Entschieden bekämpfte er dessen kunstfeindliche Ansichten. In den acht Predigten von 1522 gegen Karlstadt gruppierte Luther »bilder abzuthun« unter die Adiaphora, »die ding, welche unnötig sind, und frey gelassen von Gott, die man halten mag oder nicht halten«.[4] In der *Predigt über das erste Gebot* von 1525 erklärte er weiter, der Fehler liege nicht bei den unschuldigen Bildern, sondern im Herzen der Menschen, die sie anbeteten.[5] Man müsse durch das Wort Gottes das Volk vom Glauben abbringen, daß Bilder ihm helfen könnten.[6] In der Schrift *Wider die Himmlischen Propheten, von*

---

* Die vorliegende Untersuchung wurde 1974 von Kurt W. Forster bei einem gemeinsamen Besuch der Basler Cranach-Ausstellung angeregt. Zu ihrer Entstehung hat er seither viel beigetragen. Ich möchte ihm wie auch Dieter Koepplin und Carl C. Christensen, die mir Zugang zu ihrem Cranach-Material gewährt haben, an dieser Stelle danken. Meine Studentin Adrienne von Mattyasovszky-Lates half beim Sammeln der erhaltenen Repliken und der relevanten theologischen Literatur.

den Bildern und Sakrament, ebenfalls aus dem Jahre 1525, führte Luther das gleiche Argument weiter: »Denn wo sie [die Bilder] aus dem hertzen sind, thun sie für den [sic] augen keynen schaden.«[7] Luther kannte den Leistungs- und Verdienstgedanken, der den Bildersturm der Schwärmer motiviert hatte, und mißtraute ihm weit mehr als den in seinen Augen an sich unschädlichen Kirchenbildern. Im Jahre 1529 unterschied er deutlich zwischen Bildern, die zu abergläubischem Götzendienst gebraucht wurden, und solchen, die er als »Merkbilder« bezeichnete: »Aber die [. . .] Bilder, da man allein sich drinnen ersihet vergangener Geschichten und Sachen halben als in einen Spiegel, das sind Spiegel Bilder, die verwerffen wir nicht, denn es sind nicht Bilder des Aberglaubens [. . .] sondern es sind Merkbilder.«[8]

Spätestens im Jahr des Wittenberger Bildersturms hatte Luther auch die Bedeutung der Kunst für die Verbreitung seiner Lehre erkannt. 1521 ließ er die erste reformatorische Kampfschrift von Cranach illustrieren. Luthers Polemik im *Passional Christi und Antichristi*[9] tritt bezeichnenderweise in den antithetischen Bildpaaren und nicht im Text hervor, der unter den Bildern angebracht war. Auch überließ Luther die Auswahl der Bibeltexte anderen,[10] beteiligte sich aber hier und bei anderen Kampfschriften persönlich an der Auswahl und Gestaltung der Illustrationen, wenn wir der Aussage eines Verlagsangestellten des Druckers Lufft in Wittenberg Glauben schenken dürfen: »der Ehrwirdige Herr Doktor hat die Figuren zum Teil selber angegeben, wie man sie hat sollen reissen oder malen, dass man auffs einfeltigst den inhalt soll abmalen [. . .] und wolt nicht leiden, dass man überley und unnütze ding, das zum text nicht dienet, solt dazu schmieren.«[11]

Nicht nur in Kampfschriften wünschte Luther religiöse Bilder zu sehen, gerne hätte er auch ganze Wände mit ihnen bedecken lassen: »Wollt Gott, ich kund die herrn und die reychen da hyn bereden, das sie die gantze Bibel ynnwendig und auswendig an den heusern für ydermans augen malen liessen, das were eyn Christlich werck.«[12] Auch schlug er vor, daß »alle Geschichten der ganzen Biblia in ein Büchlein gemalt werden, das dann eine wahre Laienbibel wäre«,[13] und bezeichnete gelegentlich populäre Einblattholzschnitte als hilfreiches Mittel zur Verbreitung seiner Lehre.[14]

Cranachs Verhältnis zu Luther war weit mehr als die übliche Beziehung zwischen Künstler und theologischem Berater. Im selben Jahr, in dem Cranach sein erstes Luther-Bildnis in zwei Varianten[15] malte, wurde Luther Taufpate von Cranachs Tochter Anna.[16] Umgekehrt stand Cranach im Jahre 1526 Pate bei der Taufe von Luthers erstgeborenem Sohn. Der Maler gehörte 1525 auch zu den drei Trauzeugen Luthers.[17] Über den Kontakt hinaus, den Luther mit dem Ratsherrn, Vertrauten der Fürsten und Künstler Cranach pflegte, scheint eine langjährige und tiefe Freundschaft zwischen den beiden bestanden zu haben.

Luther nutzte seit 1520 die Kunst des kursächsischen Hofmalers in Wittenberg für die Sache der Reformation, wobei ihm das Medium mit der damals größten Breitenwirkung — der Holzschnitt — besonders dienlich war. Den Entwürfen für polemische Flugblätter und Bücher folgten bald die Bildnisse Luthers und seiner Freunde, zunächst in der Graphik, später in Gemälden. Drei Themenkreise aus dem graphischen und malerischen Schaffen Cranachs sollen Gegenstand dieses Beitrages sein. Bilder der Heiligen Sippe, von Christus und der Ehebrecherin und von Christus bei der Kindersegnung stehen miteinander in Zusammenhang, da sie alle Szenen aus Familie, Ehe und Erziehung zum Inhalt haben. Bei näherer Betrachtung scheinen diese Werke weit mehr darstellen zu wollen als Episoden aus der biblischen Geschichte oder aus Heiligenlegenden. Sie dienten offensichtlich auch der Verbreitung der protestantischen Lehre über die Taufe, die Erziehung der Kinder und die Bewertung des Ehebruchs.

Der Einfluß auf Cranachs Schaffen zeigt sich zu Beginn nicht im Werk selbst, sondern in der nachträglichen polemischen Verwendung schon bestehender Bilder. Als Beispiel sei hier der frühe Holzschnitt die *Heilige Sippe* (Abb. 1) angeführt — eine damals sehr beliebte Darstellung der Verwandtschaft Christi. Der Künstler hat das Blatt auf einem im Vordergrund dargestellten Brettchen mit Schlangensignet und Monogramm signiert, jedoch nicht datiert. Die Bestimmung des Holzschnittes als Frühwerk stützt sich auf stilistische Vergleiche mit datierten Werken und auf die Verbindung mit dem Kult der Heiligen Anna in Wittenberg, wo Cranach seit 1505 lebte. Vergleicht man ihn mit dem Holzschnitt der *Heiligen Familie* von 1509,[18] so erkennt man auch hier typische Merkmale des frühen Stils: die gedrungenen Figuren, ihre ungleichmäßigen Größenverhältnisse und den hohen Horizont. In beiden Bildern erscheint die am Boden sitzende Frau, die zwischen ihren hochgestellten Knien ein Kind hält.[19] Auch äußere Umstände legen es nahe, die *Heilige Sippe* um das Jahr 1510 zu datieren. In ihrem Mittelpunkt ist nämlich die Heilige Anna dargestellt, die eine wichtige Rolle im Zusammenhang mit einem besonderen Ablaß spielte, den Papst Julius II. am 8. April 1510 der Stiftskirche Allerheiligen in Wittenberg gewährte. Die päpstliche Bulle führte einen neuen Ablaß für die Teilnahme an Messen und Prozessionen ein, von denen die Dienstagsmesse der Heiligen Anna geweiht war. Auch bei der Feier der acht Marienfeste sollte wöchentlich zweimal das »silbern übergüldte Bild S. Annen«[20] mitsamt ihren Reliqien von der Prozession der Gläubigen zum Hauptaltar und wieder zurück geleitet werden. Mit einem besonderen Ablaß ausgezeichnet wurde die Teilnahme an der feierlichen Vorführung der

Annenreliquien am Montag nach Misericordias Domini.[21] Man kann annehmen, daß Cranachs Holzschnitt als Begleiterscheinung des neu eingeführten Ablasses entstanden ist und als Anregung zur Andacht und als Pilgerandenken den Gläubigen verkauft wurde, die Wittenberg seit 1510 in wachsender Zahl besuchten, um den Ablaß zu erwerben.

Das Motiv der Heiligen Sippe stammt aus der *Legenda Aurea* des Jacobus de Voragine, der die apokryphe Legende über die dreifache Eheschließung der Heiligen Anna erzählt.[22] Gemäß der Legende starb ihr Gatte Joachim kurz nach der Geburt der Jungfrau Maria, worauf sich Anna entschloß, den Rest ihres Lebens im Kloster zu verbringen. Es erschien ihr jedoch ein Engel und prophezeite ihr weitere zwei Ehen, denen nochmals zwei Töchter entspringen würden, die beide auch Maria heißen sollten. Die Vorhersage erfüllte sich alsbald. Anna heiratete Joachims Bruder Cleophas und gebar Maria Cleophae. Diese wiederum gebar ihrem Mann, Alphaeus, vier Söhne: die künftigen Apostel Jakobus der Jüngere, Simon, Judas Thaddäus und Joseph. Nach Cleophas Tod heiratete Anna Salomas und gebar Maria Salome. Aus deren Verbindung mit Zebedäus entstammten Jakobus der Ältere und der Evangelist Johannes.

Traditionsgemäß wird Anna mit der Gottesmutter und Jesus im Zentrum des Bildes dargestellt (Abb. 1). Rechts neben dieser Mittelgruppe stehen die drei Gatten Annens, seltsamerweise alle gleichzeitig am Leben und in ein Gespräch vertieft. Von links her tritt Joseph auf die Hauptgruppe zu. An der Anzahl der Kinder erkennt man die einzelnen Gruppen. Im Vordergrund, links neben der stillenden Maria Cleophae, gibt Alphaeus zwei seiner vier Söhne Unterricht im Lesen, während das Paar rechts im Bild durch seine zwei Kinder als Maria Salome und Zebedäus gekennzeichnet ist.

Das Ende des 15. und noch im 16. Jahrhundert beim Volk so beliebte Thema der Heiligen Sippe[23] läßt sich in der deutschen Kunst bis ins 13. Jahrhundert zurückverfolgen. Nach 1486 nahm aber der Annenkult einen besonderen Aufschwung, da in jenem Jahr Papst Sixtus IV. die unbefleckte Empfängnis der Gottesmutter im Leibe der Heiligen Anna zum Dogma erhob. Für die Frauen bekam die Heilige als Beschützerin der Schwangeren, Kleinkinder und Bräute eine wichtige Bedeutung, was auch in volkstümlichen Votivbräuchen, Sprüchen und Balladen seinen Niederschlag fand. Der Annenkult war in Norddeutschland stark verbreitet und wurde von den sächsischen Kurfürsten besonders gefördert. Nicht weniger als zwanzig Altarbilder aus jener Zeit, auf denen die Heilige Sippe dargestellt ist, sind in Kursachsen erhalten.[24] Ein Finger der Heiligen Anna zählte zu den Kostbarkeiten der Wittenberger Reliquiensammlung Friedrichs des

Weisen. Diese Reliquie hatte er 1493 als das wertvollste Beutestück von einer Reise ins Heilige Land mitgebracht.[25] Sie spielte bei der alljährlichen Vorführung des Heiligtums der Stiftskirche und dem damit verbundenen Ablaßverkauf eine bedeutende Rolle.[26]

Das persönliche Interesse der Kurfürsten am Annenkult spiegelt sich auch in Cranachs Altar der Heiligen Sippe aus Torgau (Abb. 4), wo Alphaeus die Züge Friedrichs des Weisen und Zebedäus die seines Mitregenten und Bruders Johannes des Beständigen trägt.[27] Die beiden Brüder hatten den Altar 1505 für die Kapelle des Torgauer Schlosses in Auftrag gegeben. Er sollte dem Andenken an Sophie, Johannes' 1503 verstorbener Gattin, dienen.[28] Ein Jahr vor dem Erlaß der päpstlichen Ablaßbulle, 1509, hatte Cranach das Werk vollendet. Einen zweiten Annenaltar (Abb. 5) stiftete Cranach selber. In ihm trägt die stehende Gestalt des Alphaeus am linken Bildrand die Züge des Künstlers. Das Jahr der Vollendung des zweiten Altars, 1512, läßt sich aus dem Wappen mit den ineinander gelegten Händen erraten; sie sind eine Anspielung auf Cranachs Eheschließung, die damals stattgefunden hat.[29] Das Annenmotiv war bei Verlobung und Heirat beliebt, weil man von der Fürbitte der Heiligen reichen Kindersegen erwartete.

In allen drei Varianten — dem Holzschnitt und den beiden Altarbildern — stellt Cranach das Motiv der Heiligen Sippe auf traditionelle, um 1510 schon etwas altertümlich wirkende Art dar. Im Gegensatz zur historisch erzählenden Behandlung des Themas tragen sie noch den unrealistischen ahistorischen Charakter des deutschen Andachtsbildes, in dem alle drei Gatten Annens gleichzeitig auftreten. Die Anwesenheit sämtlicher beteiligter Personen war wichtiger als die historische Genauigkeit, da die Bilder der Heiligenverehrung und nicht der chronologischen Geschichtsdarstellung dienten.

Unter dem Einfluß der Reformation wandelten sich die Bedeutung und die Verwendung von Cranachs Holzschnitt. In den beiden späteren Auflagen — sie unterscheiden sich von der ersten durch Fehlstellen in der Randlinie rechts und links oben[30] — kommt dies in den neu hinzugefügten lateinischen beziehungsweise deutschen Versen zum Ausdruck (Abb. 2). Die Texte, in deren lateinischer Fassung Melanchthon als Autor genannt wird,[31] beziehen sich nicht direkt auf die im Bild dargestellte Heilige Sippe, sondern auf das Fest des Heiligen Gregorius, das am 1. Mai stattfand und mit dem Beginn des Schuljahres zusammenfiel. Melanchthon erklärt hier das Erlernen von Lesen und Schreiben zur Vorbedingung eines christlichen Lebens[32] und nennt die Schule Wegweiser zu Gott. Die deutsche Fassung des Liedtextes lautet:

Das Lied/vos ad Se Pueri Etc. Mit welchem zu Wittemberg die Kinder zur Schulen werden gefueret/
Am tag S. Gregorii/etc. Verdeutscht.

Der Herre Christi
jr Kindlein klein
Ruefft euch zu sich lieblich vnd fein.
Zeigt grosse gabn
die er euch schenkt
Wenn jr euch nur selbst zu jm lenckt,
So sehr liebt Gott
sorgt für euch hart
Von jungent auff jr Kindlein zart.

Darumb solt jr mit freud vnd wohn
Christo dem Herrn entgegan gan.
Vnd sol ewr erste sorge sein
Wie jr Christum erkennet fein.
Doch das du Christum recht erkenst
Soltu lernen die freien kuenst.

Das wird denn Gott gefallen sehr
Vnd wird sich frewen solcher ehr.
Weil er durch der Seuglingen stim
Ein lob will zubereiten jm.
Derhalben kompt studiert zu gleich
Helfft uns vermehren Gottes Reich.
Denn vnser Schul
glaub mir fuerwar
Dem weg zu Christo weiset klar.

Cranachs Holzschnitt kann wohl erst nach 1518 mit den Versen versehen worden sein. In jenem Jahr traf er vermutlich zum ersten Mal mit Melanchthon zusammen, als dieser nach Wittenberg kam. Die Verwendung
des Blattes zur Werbung für die Schule begann wahrscheinlich in den frühen zwanziger Jahren, nachdem Luther sich 1520 in der Schrift *An den
christlichen Adel deutscher Nation* erstmals mit Schulfragen auseinander-

gesetzt und 1524 seine Vorstellung über ein deutsches Schulsystem im Brief *An die Ratsherren* [...] *dass sie* [...] *Schulen aufrichten sollen* veröffentlicht hatte. Auch Melanchthon hatte 1522 in der Rede zur Eröffnung des Gymnasiums in Nürnberg, das heute seinen Namen trägt, die Überzeugung ausgesprochen, daß es »ohne Wissen keine richtige Erkenntnis des Glaubens und des Gotteswollens geben kann«.[33] Er bezeichnete es als »die Aufgabe der Obrigkeiten, gute Schulen zu unterhalten«.

Warum wurde gerade das Bild der Heiligen Sippe im reformatorischen Sinne verwendet? Mit klugem Einfühlungsvermögen in die Seele des Volkes haben die Reformatoren versucht, altbekannte, beliebte Vorstellungen nicht etwa zu bekämpfen, sondern sie umzudeuten und für ihre Zwecke nutzbar zu machen. Die große Beliebtheit der Heiligen Anna beim einfachen Volk bewog denn auch Luther, sich nicht gegen den Annenkult zu stellen, obwohl der Zwickauer Prediger Sylvanus Egranus (Johannes Wildenauer von Eger) diesen ablehnte, weil er sich auf keine biblische Quelle stütze.[34] Hinzu kommt, daß die im Bild enthaltenen lesenden Kinder — eine schon im 15. Jahrhundert übliche Darstellung[35] — sich dem didaktischen Zweck besonders gut zuordnen ließen. Wir finden beispielsweise auch in Cranachs Wiener Altarbild (Abb. 5) zwei lesende Buben. Der rechts von ihnen stehenden Zebedäus hält eine Rute und ist durch dieses Zuchtinstrument als Lehrer gekennzeichnet.[36] Mit seiner Linken weist er streng auf das Buch, das der kleine künftige Apostel lesen soll. In Cranachs Holzschnitt (Abb. 2) erteilt der links sitzende Alphaeus Leseunterricht; auch er hält eine Rute in der Hand. Wenn nun schon im Holzschnitt die Unterweisung der Kinder als elterliche Pflicht dargestellt wird, lag es nahe, das Bild im Sinne Melanchthons auszulegen. Auf diese Weise wurde das Blatt seiner ursprünglichen Funktion im Dienste des Annenkultes und des Ablaßhandels entfremdet und von etwa 1520 an als Werbung für reformatorische Ziele verwendet. Innerhalb nur eines Jahrzehnts wechselten Künstler und Werk die Partei.

Ein anderes Beispiel für die in jener Zeit oft geübte Praxis, spätere Auflagen eines Holzschnittes abzuändern, ist Cranachs *Mariae Verkündigung* (Abb. 3). Allerdings ging man hier umgekehrt vor wie bei der *Heiligen Sippe;* statt einen Text hinzuzufügen, ließ man den schon vorhandenen weg. Vermutlich wurde der Holzstock 1511 oder kurz danach angefertigt.[37] Die Abzüge der ersten Auflagen waren für den Ablaßhandel bestimmt. Sie trugen unter dem Bild gedruckte Mariengebete und die Verheißung von 80 000 Jahren Ablaß, den Papst Julius II. im Jahre 1511 erteilt hatte. Nach Einführung der Reformation wurde der Ablaßtext weggelassen und statt dessen ein dekorativer Rahmen hinzugefügt.[38]

Ein weiteres Beispiel für die Umdeutung eines bekannten Motivs im protestantischen Sinne sind Cranachs Darstellungen von *Christus und der Ehebrecherin*. Der Künstler und seine Werkstatt haben sich dieses Themas nicht etwa neu angenommen, denn es war schon in der spätgotischen deutschen Graphik und in der zeitgenössischen venezianischen Malerei im Gebrauch.[39] Am Vergleich von Cranachs frühester erhaltener Darstellung — einer lavierten Federzeichnung aus dem Jahre 1509 (Abb. 6) — und der späteren, nach der Reformation entstandenen Bilder in Großformat wird jedoch der Unterschied zwischen den älteren, rein erzählerischen und den jüngeren, eher didaktischen Darstellungen deutlich.

Vor der Reformation wurde das Thema meist nur als einzelne Episode im Bilderzyklus von Christi Leben behandelt. So ist die Braunschweiger Zeichnung von 1509 ganz der spätgotischen Tradition verhaftet, wenn die Annahme zutrifft, daß der Entwurf ursprünglich als Gegenstück zum Gemälde in Dresden, *Christus die Wechsler aus dem Tempel treibend*, gedacht war.[40] Unwesentliche Details, wie Kinder und Hunde, sowie die Gruppe der Pharisäer lenken die Aufmerksamkeit von Christus, der eigentlichen Hauptperson, ab. Hingegen zeigen die späteren Gemälde Cranachs fast lebensgroße Figuren, die sich von einem dunklen Hintergrund abheben und den Betrachter unmittelbar in ihren Bann schlagen.[41] Bei diesen besteht kein Zweifel darüber, wer die Hauptperson ist. Die belehrende Absicht wird durch Christi Haltung und Gebärden unterstrichen. Er blickt nicht auf die Pharisäer, sondern wendet sich direkt dem Beschauer zu und deutet in der Fuldaer Kopie[42] (Abb. 7) mit der Rechten mahnend auf die Sünderin. Im Nürnberger Gemälde (Abb. 8) hebt er die Hand in rhetorischer Gestik. In fast allen der rund 20 bekannten, von Cranach und seiner Werkstatt hergestellten Repliken[43] steht Christus in der Mitte und hält die Ehebrecherin zu seiner Linken bei der Hand.[44] Am oberen Rand tragen die meisten Gemälde das Bibelzitat aus dem achten Kapitel des Johannesevangeliums: »Wer unter Euch ohne Sünde ist, der werfe den ersten Stein auf sie.« Die Inschrift wie auch die Jahreszahl 1532 auf dem frühesten authentisch datierten Gemälde dieser Art (Abb. 9) — heute in Budapest — stellen einen bedeutsamen Zusammenhang mit Luthers Deutung dieses Bibelwortes her. 1531, ein Jahr vor der Fertigstellung des Bildes, hatte Luther in Wittenberg nämlich über Jesus und die Ehebrecherin gepredigt. Den Sinn der Episode deutete er dabei folgendermaßen: »Diese Historia ist nu darumb beschrieben, auff das man sehe einen klaren Unterscheid zwischen dem Gesetz und Evangelis oder unter dem Reich Christi und der Welt reich. Die Phariseer hatten gehoert, das der Herr viel hatte geprediget vom Reich Gottes, das es were ein Reich der gnaden, darinnen gienge ver-

gebung der suende. Dawider die Juden Moses Gesetz hatten, das da dre-
wete [drohte] den Ubertretern der Gebot Gottes eitel zorn, das sie sunde
straffen und nicht vergeben soll.«[45]

Die Bibelworte dienten Luther somit als Beispiel und Beleg für die Idee
des Gegensatzes zwischen Gesetz und Gnade — einen der Hauptpunkte
seiner Theologie. Dieser Gegensatz wurde von Cranach bekanntlich schon
1529 im Gothaer Gemälde (Abb. 10) dargestellt. Mit nur geringfügigen
Veränderungen behandelte er das Thema um 1530 auch im Weimarer Gemälde (Abb. 11). Gleichzeitig entwarf er für das breite Publikum noch einen Holzschnitt mit Text (Abb. 12). Den Bildern fügte er Bibelzitate bei,
die den Gegensatz Gesetz — Gnade belegen sollten. In seiner Werkstatt
wurden so viele Repliken des Weimarer Gemäldes hergestellt, daß man
die Zitate nicht mehr aufmalte, sondern sie zum Zweck der Arbeitserspar-
nis drucken ließ und aufklebte. Die erläuternden Texte stammten haupt-
sächlich aus den Römerbriefen,[46] auf die Luther bekanntlich seine Rechtfertigungslehre stützte.

In der an symbolhaften Bildern reichen Darstellung teilt der Lebens-
baum[47] die Bildfläche. Er trennt den vom Gesetz Verdammten von dem
durch Gottes Gnade Gerechtfertigten. Sinnbildlich sind seine Blätter auf
der linken Seite verdorrt, während auf der rechten die Äste frisches Laub
tragen. In der linken Bildhälfte hebt Moses die Gesetzestafeln empor. Sie
verdammen den Sünder, von Tod und Teufel gejagt, zur ewigen Pein in
den Höllenflammen. Der Tod hält — gemäß dem Zitat: »die sunde ist des
todes spies« — einen Spieß auf den Verdammten gerichtet. In der rechten
Bildhälfte zeigt Johannes der Täufer[48] auf den Gekreuzigten, dessen Blut-
strahl die göttliche Gnade versinnbildlicht.[49] Das unten stehende Zitat, »In
der heiligung des geistes: zum gehorsam vnd besprengung des blutes Jhesu
Christi«, erläutert den Sinn dieses Versuchs, den abstrakten Begriff der
Gnade abzubilden. Die Wurzel der Verdammnis wie auch den Beginn der
Erlösung hat Cranach im Mittelgrund dargestellt: links den Sündenfall,
rechts die Empfängnis Mariae. Der Eindruck, den der strenge Weltenrichter hinterläßt, wird im Bereich der Gnade rechts durch die Aufrichtung der
Ehernen Schlange — dem alttestamentlichen Symbol der Gnade[50] — ge-
mildert. Ganz rechts im Bild besiegt der auferstandene Christus Tod und
Teufel. Das darunter stehende Zitat aus dem 1. Korintherbrief, Kap. 15,
faßt den Sieg in Worte: »Der tod ist verschlungen ym sieg: tod: wo ist dein
spies: helle: wo ist dein sieg: Gott aber sey danck: der uns den sieg gibt:
durch Jhesu Christu unserm Herrn.«

Die eben besprochenen Darstellungen von Gesetz und Gnade aus den
Jahren 1529 und 1530 und das Bild *Christus und die Ehebrecherin* besaßen

für Luther ein und dieselbe Bedeutung. In der erwähnten Predigt von 1531 legte er diese Stelle des Johannesevangeliums als evangelisches Lehrstück aus. Die Auslegung Luthers zeigt, wie das Bild *Christus und die Ehebrecherin* auf einfache, künstlerisch überzeugende Weise eine lutherische Idee illustriert. Die ältere Allegorie hingegen versucht noch, den gleichen Gedanken darzustellen, indem sie die verschiedensten biblischen Motive in einen neuen, aber theologisch anfechtbaren Zusammenhang stellt. Luthers Deutung hat vermutlich zur weiten Verbreitung des auch nach Cranachs Tod oft kopierten Bildes beigetragen.

Ein anderer Aspekt von Luthers Theologie zeigt sich im beschämten Abwenden der Pharisäer, nachdem sie Christi Antwort vernommen haben. Luther verurteilte Selbstgerechtigkeit und Werkheiligkeit. Seine Betonung der Gnade Christi und seine Ablehnung der Priester (Pharisäer) und deren Kirchenpraktiken dürfte für die evangelische Auslegung des Bildes von Bedeutung gewesen sein.[51]

Wie wichtig das Thema »Christus und die Ehebrecherin« für Luther gewesen sein muß, belegt auch das Relief an der Kanzel der Torgauer Schloßkapelle[52] (Abb. 13). Dieser erste evangelische Kirchenbau wurde nach Luthers Anweisungen errichtet und 1544 von ihm persönlich eingeweiht. Die Kanzel gewann im Protestantismus gegenüber dem Altar an Bedeutung und wurde zum bevorzugten Objekt künstlerischer Gestaltung.[53]

Nicht nur von der Kanzel verkündete Luther das Evangelium, auch im täglichen Leben handelte er nach dem Johannesevangelium. Gewiß hatte er die Antwort Christi an die Pharisäer im Sinn, als er 1538 an einen Bruder des Nikolaus Hausmann schrieb und zum Ehebruch von dessen Frau Stellung nahm: »Nach dem päpstlichen Recht wisset Ihr, daß Ihr sie nicht lassen müget; und ob Ihr's tätet, so würdet ihr doch keine Freiheit haben, eine andere zu nehmen. Wenn Ihr sie aber nach unser Lehre (wie man sagt) solltet fahren lassen, so möcht's nicht alles geraten, was Ihr gedenket, weil sich's ansiehet, daß Gott Euch hiermit versucht und Euer Geduld prüfen will. Darumb wäre das mein Rat, wo sie sich hinfurt rechtschaffen wollt halten, daß Ihr sie nicht verstießet. Denn [...] Ihr daran keine Sünde tut, auch mit keiner Beschwerung des Gewissens behaltet, als der sich der Barmherzigkeit mehr denn des Rechts gehalten habe. Sonst, wo Ihr strenges Rechts wolltet fahren, möcht viel Unglücks daraus komen, daß Ihr zuletzt als schuldig ein Herzleid [...] fühlen würdet. Denn Gnade gehet ja uber Recht, und zu scharf Recht verleuret Gnade, beide bei Gott und bei den Menschen.«[54]

Schließlich sah Luther im hinterhältigen Vorgehen der Hohenpriester Christus gegenüber auch seine eigene Situation widergespiegelt. In der

Auslegung des Evangeliums setzte er seine päpstlichen Widersacher den Pharisäern gleich und schilderte in der Predigt aus dem Jahre 1531 den Konflikt folgendermaßen: »Die Schelcke wollten dem Herrn Christo das seil und stricke uber die Horner werffen, [...] thun es zur Schalckheit [...], versuchen, was er sagen wolle, meinen, sie haben ihm den weg zu beiden seitten verranth. Er sage jha oder nein, so sey er gefangen. Solt er nein sagen, so war das geboth Moisi da, das saget, Man solt sie steinigen. Da wusten sie, das er nicht durffte wider Moisen reden [...]. Das were sonst widder die Maiestet unnd auffrhurisch [...]. Zum andern, wurde er sagen wie Moises, man soltte sie todten und steinigen nach dem gesetze Moisi, [...] So were er abermahl gefangen und ihme das maul gestopfft und sie kondten den sagen: wo ist nun seine lehre? [...] spricht er jha, so ists widder seine predigt, sagt er den nein, so ists widder Moisen. Also sagen sie von uns auch, schelten uns, das wir nur eine Buben Schule haben, das wir lehren vergebung der sunden. Den es scheint, als sei es widdereinander Sunde straffen und sunde vergeben.«[55]

Vielleicht liegt in diesem Widerstreit der Grund dafür, daß sich Christus im Budapester Gemälde (Abb. 9), wie in manchen anderen Varianten, nicht an den Zuschauer wendet, sondern sich mit den Pharisäern auseinandersetzt.

Als letztes und spätestes Beispiel für evangelische Motive in Cranachs Werk sei das Bild *Christus bei der Kindersegnung* angeführt. Vor Luthers Zeit ist das Thema in der Tafelmalerei nicht zu finden.[56] Seine künstlerische Darstellung darf als Neuschöpfung der Reformation angesehen werden und verdient in diesem Zusammenhang deshalb unsere Aufmerksamkeit. Auch von der »Kindersegnung« wurden zahlreiche Repliken hergestellt. Von Cranach respektive seiner Werkstatt allein sind mindestens dreiundzwanzig Exemplare erhalten.[57] Die Bilder tragen das passende Bibelzitat am oberen Rand. Obwohl aus drei Evangelien überliefert — Matthäus, Kap. 19, Markus, Kap. 10, und Lukas, Kap. 18 —, sind Cranachs Darstellungen immer mit einem Markus-Vers versehen. In den meisten Varianten, so zum Beispiel im Hamburger Gemälde (Abb. 14), berührt Christus die Kinder entsprechend Vers 13: »Und sie brachten Kindlein zu ihm, dass er sie anrührete.« Weniger häufig verwendet, aber aufschlußreicher für den Sinn der gezeigten Szene ist das Zitat aus Vers 14: »Lasst die Kindlein zu mir kommen, und wehret ihnen nicht; denn solcher ist das Himmelreich« (Abb. 15).

In den Bildern selber wird angedeutet, was in den Inschriften nicht mehr voll zum Ausdruck kommt: die Haltung Jesu gegenüber der Kindertaufe. Im Markus-Evangelium sagt Christus nämlich: »Wahrlich ich sage euch:

Wer das Reich Gottes nicht empfängt als ein Kindlein, der wird nicht hineinkommen.« Markus fährt fort: »Und er herzte sie und legte die Hände auf sie und segnete sie.« Wie Christine Kibish gezeigt hat,[58] dürften das betonte Anrühren und Segnen der Kinder bei Cranach im Zusammenhang mit der damaligen Auseinandersetzung zwischen den Reformatoren und den Wiedertäufern stehen. Während die Wiedertäufer sich in der Ablehnung der Kindertaufe auf Texte aus Markus und Matthäus stützten,[59] berief sich Luther 1523 mit seiner Forderung der Kindertaufe auf die Kindersegnung des Matthäus-Evangeliums: »Deß haben wir starke und feste Sprüche: Matth. 19, Marc. 10, Lucä 18, da etliche dem Herrn Jhesu Kindlin zubrachten, daß er sie anrührete. Und will [er] uns in keinem Weg anders gebühren zu thun und zu gläuben, so lange das Wort stehet: Laßt die Kindlin zu mir kommen und wehret ihnen nicht [. . .]. Nu ist [Christus] in der Taufe ja so gegenwärtig, als er dazumal war, das wissen wir Christen gewiß: darumb wir nicht thüren wehren den Kindern die Taufe.«[60] Fünf Jahre später nimmt Luther in seinem Brief *Von der Wiedertaufe an zwei Pfarrherrn*[61] gegen eine Schrift Balthasar Hubmaiers aus dem Jahre 1526, *Das man die jungen Kindlein nit tauffen solle biß sy jm glauben vnderricht sind,* Stellung.

Solange die Wiedertäufer in Luthers Augen nur im Glauben irrten und sich nicht gegen die Obrigkeit auflehnten, nahm er eine tolerante Haltung ein. Er verurteilte 1528 die Hinrichtungen von Wiedertäufern, die 1526 in Zürich und 1527 in Straßburg stattgefunden hatten. Nach der gewaltsamen Übernahme des Stadtregiments von Münster durch die Wiedertäufer im Jahre 1535 verhärtete sich Luthers Haltung jedoch zusehends.[62] 1536 verlangte er, gemeinsam mit Cruciger, Bugenhagen und Melanchthon, von Philipp von Hessen die Todesstrafe für die aufrührerischen Sektierer.[63] In den Predigten aus den Jahren 1537 und 1538 über die ersten zwei Kapitel des Johannesevangeliums faßt Luther seine Argumente gegen die Wiedertäufer nochmals zusammen.[64] Er besteht darauf, daß Glaube und Ratio Gegensätze seien und der Verstand dem Glauben sogar im Wege stehe. Es ist deshalb kein Zufall, daß die datierten Gemälde Cranachs, welche die Kindersegnung darstellen (Abb. 14 und 16), aus dem Jahre 1538 stammen. Sie sollten Luther in seinem Kampf gegen die Wiedertäufer unterstützen. Kurfürst Johann Friedrich, ein strenger Verfolger der Anabaptisten, erwarb in den Jahren 1539, 1543 und 1550 nachweisbar Gemälde der Kindersegnung.[65] Anscheinend wollte er sogar eine ganze Wand mit dem Thema schmücken lassen. Bei einer in Leipzig erhaltenen Zeichnung Cranachs (Abb. 17) handelt es sich wahrscheinlich um die Vorlage eines vom Kurfürsten in Auftrag gegebenen Wandbehangs; denn das zum Zweck der

späteren Vergrößerung in Quadrate eingeteilte Bild zeigt das Torgauer
Schloß Hartenfels seitenverkehrt im Hintergrund. Dies ist ein Hinweis
auf die Funktion der Zeichnung, da bei der Ausführung des Teppichs der
Entwurf umgekehrt wiedergegeben wurde.

In Cranachs Bildern der Kindersegnung kommen noch weitere Aspekte
der lutherischen Lehre zum Vorschein: die Auffassung des Glaubens als
göttliche Gnade und die Ablehnung des Zölibats. Wenn die Werkheiligkeit
abgelehnt und der Glaube als göttlicher Gnadenakt angesehen wird, dann
läßt sich dies am Beispiel der Kinder, die für ihre Erlösung noch allein auf
die Gnade angewiesen sind, am besten darstellen. Die gezeigte große Kin-
derschar könnte möglicherweise mit der Absicht gemalt worden sein, Luthers Haltung zur Ehe zu unterstützen.[66]

Beim Vergleich der späten Drucke des Sippenholzschnitts (Abb. 2) mit
den Gemälden der Kindersegnung (Abb. 14 und 16) fällt ein gewisser Widerspruch der Auffassungen über den richtigen Weg zum Glauben auf. Das
von Melanchthon verfaßte Lied drückt die Meinung aus, daß der Schulun-
terricht für das Seelenheil des Menschen von großer Bedeutung sei. Andererseits betonen die eindeutig von Luther beeinflußten Bilder der Kindersegnung die gegenteilige Ansicht; denn für ihn waren weder Verstand
noch Unterricht für den Glauben von Bedeutung.[67] Dieser Gegensatz
zeigt, daß sich die Vertreter der protestantischen Lehre keineswegs in allen Punkten einig waren und daß je nach der politischen Situation sich verschiedene Gesichtspunkte in den Vordergrund schoben. Um 1520 mußte
das protestantische Lager das Analphabetentum[68] bekämpfen, wenn die
unzähligen Schriften Luthers[69] ihre Wirkung nicht verfehlen sollten. 1538
hingegen mußte man dem Zulauf der Wiedertäufer einen Riegel vorschie-
ben.

Die zu polemischen Zwecken verwendeten Bilder Cranachs, die hier untersucht worden sind, haben nicht nur einen theologischen Gehalt. In ihnen spiegeln sich auch Aspekte von Luthers Soziallehre. Die Gemälde der
Kindersegnung sind zwar aus unmittelbarem religionspolitischem Anlaß
nach der Inbesitznahme Münsters durch die Wiedertäufer entstanden,
doch beweisen sie auf rein erzählerischer Ebene auch einen Sinn für die Familie und die Kindererziehung,[70] der dem Geiste Luthers entsprach. Wie
bereits angedeutet, wird dies auch durch die große Zahl der Kinder betont,
wenn die Annahme zutrifft, daß Luther mit der Abbildung Christi als Kin-
derfreund auch das Zölibat verurteilen wollte. Eine Darstellung innigen
Familienlebens zeigt ferner der Holzschnitt der Heiligen Sippe (Abb. 2),
mit dem die Reformatoren ihre Forderung nach einem Ausbau des Schul-
unterrichts propagierten. Schließlich kann auch das Bild der Ehebrecherin

mit Christus und den Pharisäern (Abb. 6—9) sowohl theologisch als auch gesellschaftspolitisch ausgelegt werden. Im einen Fall stellt es das Gegensatzpaar »Gesetz — Gnade« dar, im anderen ein Problem aus dem Ehe- und Familienleben, zu dem sich Luther oft in Predigten und Traktaten geäußert hat. Diese mehrschichtige Aussage von Cranachs Bildern trägt zu ihrem künstlerischen Reichtum bei und mag ihre erstaunlich weite Verbreitung in Deutschland erklären, die bis ins 17. Jahrhundert anhielt.

Anmerkungen

[1] Vgl. Paul Lehfeld, *Luthers Verhältnis zu Kunst und Künstlern*, Berlin 1892; Christian Rogge, *Luther und die Kirchenbilder seiner Zeit* (= Schriften des Vereins für Reformationsgeschichte), Leipzig 1912; Hans Preuß, *Martin Luther der Künstler*, Gütersloh 1931; ders., *Die deutsche Frömmigkeit im Spiegel der Kunst*, Berlin 1926; Oskar Thulin, *Bilderfrage*, in: *Reallexikon zur deutschen Kunstgeschichte*, Bd. 2, Stuttgart 1948, Sp. 572; Hans Frhr. v. Campenhausen, *Zwingli und Luther zur Bilderfrage*, in: *Das Gottesbild im Abendland*, Witten-Berlin 1959, 139—172; Ulrich Gertz, *Die Bedeutung der Malerei für die Evangeliumsverkündigung in der evangelischen Kirche des XVI. Jahrhunderts*, Berlin 1936; Friedrich Buchholz, *Protestantismus und Kunst im 16. Jahrhundert*, Leipzig 1928; M. Scharfe, *Evangelische Andachtsbilder*, Stuttgart 1968.

[2] Zu den religiösen Themen, die Luther ablehnte, siehe Dieter Koepplin/Tilman Falk, *Lucas Cranach: Gemälde, Zeichnungen, Druckgraphik*, Ausstellungskatalog Kunstmuseum Basel, 15. Juni — 8. September 1974 (im folgenden *Basler Ausstellungskatalog* zitiert), Bd. 2, S. 507—509, und Werner Tappolet, *Das Marienlob der Reformatoren*, Tübingen 1962, S. 150.

[3] *D. Martin Luthers Werke. Kritische Gesamtausgabe* (im folgenden *W. A.* zitiert), Bd. 1, Weimar 1883, S. 271.

[4] *W. A.* (wie Anm. 3), Bd. 10, 3 T., S. 21.

[5] Luthers Auffassung von den »unschuldigen« Kunstwerken wurde in verschiedenen Flugschriften verbreitet. Vgl. *Klagrede der armen verfolgten Götzen vnd Tempelbilder über so ungleich vrtayl vnd straffe* in: *Albrecht Dürer*, Ausstellungskatalog Germanisches Nationalmuseum Nürnberg, 21. Mai — 1. August 1971, Kat. Nr. 402 und Abb. S. 208, und *Klagred der armen Götzen wie es jnen gadt, vnd bekantnusz wie sy nüts vnd keiner eeren werdt syend*, in: Jakob Bächthold (Hrsg.), *Niklaus Manuel* (= Bibliothek älterer Schriftwerke der deutschen Schweiz), Frauenfeld 1878, S. 237—254.

[6] *W. A.* (wie Anm. 3), Bd. 16, S. 440.

[7] *A.a.O.*, Bd. 18, S. 67.

[8] *A.a.O.*, Bd. 28, S. 677.

[9] Vgl. die Faksimileausgabe, hrsg. von Hildegard Schnabel, *Lukas Cranach d. Ä., Passional Christi et Antichristi*, Berlin [DDR] 1972, und *Basler Ausstellungskatalog* (wie Anm. 2), Bd. 1, Kat. Nr. 218—219.

[10] »Melanchthon und der Jurist Schwerdtfeger versahen die Bilder mit Unterschriften, an denen auch Luther insofern beteiligt war, als die Unterschriften der Papstbilder mit den gleichen Bibelstellen ausgestattet waren, durch die Luther in seiner Schrift gegen Catharinus das Antichristentum des Papstes hatte beweisen wollen«, *Lucas Cranach d. Ae.. Das gesamte graphische Werk*, Einleitung von Johannes Jahn, München o. J., S. 555—556; vgl. auch *Basler Ausstellungskatalog* (wie Anm. 2), Bd. 1, S. 322.

[11] *Von underscheid der deudschen Biblien* [...] *so zu Wittenberg gedruckt und andere enden nachgedruckt werden. Durch Christoff Walter* [...], Wittenberg 1563, S. Bij.

[12] *W. A.* (wie Anm. 3), Bd. 18, S. 83 (1525).

[13] *Ebda.*

[14] Das »kleine Marienbild auf ein Papier gemalt«, von Luther 1529 erwähnt, bezeichnete wohl eher einen Einblattholzschnitt als eine Zeichnung oder ein Gemälde, angeführt bei W. Tappolet, *Das Marienlob* ... (wie Anm. 2), S. 147.

[15] Werner Schade, *Die Malerfamilie Cranach*, Dresden 1974, S. 72.

[16] M. B. Lindau, *Lucas Cranach. Ein Bild aus dem Zeitalter der Reformation*, Leipzig 1883, S. 158 f. Zu Luther und Cranach allgemein vgl. Kurt Ihlenfeld, *Martin Luther und Lucas Cranach*, in: *Luther. Zeitschrift der Luthergesellschaft*, H. 1 (1973), S. 42—44.

[17] M. B. Lindau, *Lucas Cranach...* (wie Anm. 16), S. 216.

[18] Abgebildet bei F. W. H. Hollstein, *German Engravings, Etchings and Woodcuts ca. 1400—1700*, Bd. 6, Amsterdam o. J., Nr. 7, S. 17, und J. Jahn (Hrsg.), *Lucas Cranach d. Ae....* (wie Anm. 10), S. 346.

[19] Ihre Haltung erinnert an die am Boden sitzende Madonna mit dem Kind im Arm in dem bekannten Stich des Andrea Mantegna (vgl. Arthur M. Hind, *Early Italian Engraving*, London 1948, Bd. 6, Nr. 1, Taf. 486), ein Motiv, das auch Dürer beschäftigte (Willi Kurth [Hrsg.], *The Complete Woodcuts of Albrecht Dürer*, New York 1963, Abb. 271).

[20] Cranachs Holzschnitt dieser Reliquie aus dem *Wittenberger Heiltumsbuch* von 1509 ist bei J. Jahn (Hrsg.), *Lucas Cranach d. Ae....* (wie Anm. 10), abgebildet, S. 525.

[21] Paul Kalkoff, *Ablaß und Reliquienverehrung an der Schloßkirche zu Wittenberg unter Friedrich dem Weisen*, Gotha 1907, S. 11 f.

[22] *The Golden Legend of Jacobus de Voragine*, in der Übersetzung aus dem Lateinischen von Granger Ryan und Helmut Ripperger, Bd. 2, London-New York-Toronto 1941, S. 520. Vgl. *Lexikon der christlichen Ikonographie*, hrsg. von Engelbert Kirschbaum, Bd. 4, Rom-Freiburg-Basel-Wien 1972, Sp. 163—168, und Hans Aurenhammer, *Lexikon der christlichen Ikonographie*, Bd. 1, Wien 1967, S. 139—149.

[23] Zum folgenden vgl. die umfassende Monographie von Beda Kleinschmidt, *Die Heilige Anna, ihre Verehrung in Geschichte, Kunst und Volkstum*, Düsseldorf 1930, besonders das sechzehnte Kapitel, »Die Heilige Sippe«, S. 263—282. Zum Annenkult siehe Louis Réau, *Iconographie de l'Art Chrétien*, Bd. 3, Paris 1958, S. 90—96, Ernst Schaumkell, *Der Kultus der Heiligen Anna am Ausgange des Mittelalters: Ein Beitrag zur Geschichte des Religiösen Lebens am Vorabend der Reformation*, Leipzig 1893, und Willy Andreas, *Deutschland vor der Reformation: Eine Zeitenwende*, Stuttgart-Berlin 1932, S. 161—164. Zum Annenkult in Zürich siehe Charles Garside, *Zwingli and the Arts*, New Haven 1966, S. 85—86.

[24] B. Kleinschmidt, *Die Heilige Anna...* (wie Anm. 23), S. 281.

[25] *A.a.O.*, S. 378.

[26] *Basler Ausstellungskatalog* (wie Anm. 2), Bd. 1, S. 190.

[27] Dieter Koepplin, *Zwei Fürstenbildnisse Cranachs von 1509*, in: *Pantheon* 32 (1974), S. 29 und Anm. 28—29.

[28] Max J. Friedländer/Jacob Rosenberg, *Die Gemälde von Lucas Cranach*, Berlin 1932, S. 31, Kat. Nr. 18—20. Siehe dazu *Basler Ausstellungskatalog* (wie Anm. 2), Bd. 1, S. 74 und Anm. 55.

[29] Dieter Koepplin, *Lucas Cranachs Heirat und das Geburtsjahr des Sohnes Hans*, in: *Zeitschrift des deutschen Vereins für Kunstwissenschaft* 20 (1966), S. 79—84.

[30] Die Fehlstellen, die auf die Abnutzung des Holzstockrandes zurückzuführen sind, sind im Exemplar mit lateinischem Text im Kupferstichkabinett Berlin leicht erkennbar. Sie wurden jedoch in dem hier abgebildeten Berliner Exemplar mit deutschem Text (Abb. 2) später mit Tinte nachgezogen, wie auch die ganze Umrandung des Textteiles auf diesem Blatt.

[31] Campbell Dodgson, *Catalogue of Early German and Flemish Woodcuts in the British Museum,* Bd. 2, London 1911, S. 301 f., Nr. 79, und F. W. H. Hollstein, *German Engravings...* (wie Anm. 18), S. 46, Nr. 71.

[32] Vgl. Paul Tschackert, *Melanchthons Bildungsideale,* Göttingen 1897.

[33] Übersetzt nach James W. Richard, *Philipp Melanchthon,* New York 1898, S. 132—133.

[34] Sylvanus Egranus, *Apologia contra calumniatores, in qua divam Annam nupisse Cleophae et Salome (id quo vulgo Sentiunt) evangelicus et probatissimus testimonius refellitur,* Leipzig 1517. Luthers Meinung zum Annenkult drückte er in einem Brief vom 20. Dezember 1517 aus, siehe W. M. L. de Wette (Hrsg.), *Dr. Martin Luthers Briefe, Sendschreiben und Bedenken,* Berlin 1826, Bd. 1, S. 82.

[35] B. Kleinschmidt, *Die Heilige Anna...* (wie Anm. 23), Abb. 188, 189, 191 und 194.

[36] W. L. Schreiber, *Die deutschen Accipies- und Magister cum discipulis-Holzschnitte,* Straßburg 1908.

[37] Die Verfasserin folgt der Ansicht Flechsigs, der den 1511 erteilten Ablaß als Anlaß zur Herstellung dieses Holzschnittes ansieht, Eduard Flechsig, *Cranachstudien,* Leipzig 1900, S. 44 f. und S. 65 f. Der Text unter dem Holzschnitt enthält das Datum 1511.

[38] Exemplare der späteren Auflage befinden sich in Berlin, Wien und auf der Veste Coburg. Luther verurteilte Mariendarstellungen nicht, nur ihren unbiblischen Mißbrauch als Kultbilder. Siehe W. Tappolet, *Das Marienlob...* (wie Anm. 2), S. 145 f.

[39] *Basler Ausstellungskatalog* (wie Anm. 2), Bd. 2, S. 516; vgl. auch P. Bloch, *Ehebrecherin,* in: *Lexikon der christlichen Ikonographie...,* hrsg. von E. Kirschbaum (wie Anm. 22), Bd. 1, S. 582, und Franziska Schmid, *Ehebrecherin,* in: *Reallexikon zur deutschen Kunstgeschichte...,* (wie Anm. 1), Bd. 4, S. 797.

[40] Abgebildet bei W. Schade, *Die Malerfamilie Cranach...* (wie Anm. 15), Taf. 60. Vgl. auch *a.a.O.,* S. 72, und Walter Hentschel, *Ein unbekannter Cranach-Altar,* in: *Zeitschrift des deutschen Vereins für Kunstwissenschaft* 2 (1948), S. 35—42.

[41] Schon bei Tizian (vgl. V. Oberhammer, *Christus und die Ehebrecherin. Ein Frühwerk Tizians,* in: *Jahrbuch der Kunsthistorischen Sammlungen in Wien* 60 [1964], S. 101—136) wurde dieses Thema mit Halbfiguren in Querformat dargestellt. Cranachs Kompositionstypus ist somit nicht nur inhaltlich auf die reformatorische Absicht, sondern formal auch auf die venezianische Tradition zurückzuführen.

[42] Da die Verfasserin das Original nicht gesehen hat, folgt sie in dieser Bewertung der Ansicht Dieter Koepplins.

[43] Die der Verfasserin bekannt gewordenen Gemälde befinden sich in Budapest, Nationalmuseum (1532); Belgien, Privatbesitz; ehemals Nürnberg, Germanisches Nationalmuseum (verbrannt); Aschaffenburg, Schloßgalerie; München, Bayerische Staatsgemäldesammlungen; Fulda, Diözesanmuseum (ehemals Kassel); Ottawa, National Gallery of Canada; Annaberg in Sachsen, St. Anna, Rückseite des Hauptaltars; Gotha, Schloßmuseum; Weimar, Schloßmuseum (Leihgabe aus Dresden); Versteigerung Helbing von 1908 (1554); Buenos Aires, Sammlung Hirsch; Stockholm (2 Exemplare); München, Sammlung Georg Stratigo; Portland, Oregon, Sammlung August Berg (1537); ehemals Bonn, Rheinisches Landesmuseum (verkauft 1935); Köln, Versteigerung Wedewer (1540); Kronach, Rathaus (von München 1922 überwiesen). Dem Cranach-Schüler Hans Abel werden zwei Gemälde mit diesem Thema in den Bayerischen Gemäldesammlungen zugewiesen (Inv. Nr. 692 und 6246).

[44] Eine Ausnahme ist das Gemälde im Schloßmuseum zu Weimar, abgebildet bei Herbert v. Hintzenstern, *Lucas Cranach d. Ae. Altarbilder aus der Reformationszeit,* Berlin o. J., S. 86.

[45] *W. A.* (wie Anm. 3), Bd. 23, S. 495.

⁴⁶ Alle Zitate sind wiedergegeben bei C. Dodgson, *Catalogue*... (wie Anm. 31), Bd. 2, S. 335 f., Nr. 14.

⁴⁷ Manfred Lurker, *Der Baum in Glauben und Kunst unter besonderer Berücksichtigung der Werke des Hieronymus Bosch*, Baden-Baden/Straßburg 1960, S. 33.

⁴⁸ Die Anwesenheit Johannes des Täufers in diesem Zusammenhang erklärt sich aus seiner wichtigen Vermittlerrolle. Luther erkannte diese beim Verfassen der ersten Predigten für seine Kirchenpostille: »Die schrifft tzeygt johannes alßo, das er stehe ym mittel des alltten und newen testaments, das er sey eyn mitler tzwischen Mosi und Christo.« *Kirchenpostille*, Predigt am Tage Johannes des Täufers, 1522 in Wittenberg: *W. A.* (wie Anm. 3), Bd. 10³, S. 205; vgl. auch die Erläuterungen Oskar Thulins zur Bedeutung des Täufers für Luther, *Cranach-Altäre der Reformation*, Berlin [DDR] 1955, S. 127 f.

⁴⁹ Vgl. Paul Goldberg, *Die Darstellung der Erlösung durch Christus und sein Blut und der heiligen Eucharistie in der protestantischen Kunst der Reformationszeit*. Phil. Diss., Marburg 1925 (ungedruckt).

⁵⁰ Der oft zitierte Aufsatz von Donald L. Ehresmann, *The Brazen Serpent. A Reformation Motif in the Works of Lucas Cranach the Elder and his Workshop*, in: *Marsyas* 13 (1967), S. 33—47, ist weniger aufschlußreich als der Kommentar zu diesem Motiv von Craig Harbison, *The Last Judgment in Sixteenth Century Northern Europe: A Study of the Relation Between Art and the Reformation*, New York 1976, S. 98 f. In Luthers Predigt zur Bilderfrage von 1522 interpretierte er die Eherne Schlange als biblisches Vorbild der protestantischen Bilderlehre: Sie spendete Gnade an alle, die sie ansahen, wurde aber von König Ezechias zerbrochen, sobald das Volk sie abergläubisch anbetete. Weiteres zur Ehernen Schlange bei: Christiane Andersson, Rezension von Harbisons Werk, in: *Art Bulletin* 60 (1978), S. 554.

⁵¹ Diesen Hinweis verdanke ich Dieter Koepplin.

⁵² An der Torgauer Kanzel erscheint die Ehebrecherin im Relief auf der linken Kanzelseite, Christus unter den Schriftgelehrten im mittleren Relief, und die Tempelreinigung rechts. Siehe die Abbildung bei Oskar Thulin, *Reformation in Europa*, Leipzig 1967, S. 60; vgl. auch Walter Ohle, *Die protestantischen Schloßkapellen der Renaissance in Deutschland im Anschluß an die Kapelle des Schlosses Hartenfels in Torgau*, Stettin 1936.

⁵³ Vgl. Hartmut Mai, *Der evangelische Kanzelaltar. Geschichte und Bedeutung*, Halle (Saale) 1969.

⁵⁴ *W. A.* (wie Anm. 3), *Briefwechsel*, Bd. 8, S. 193.

⁵⁵ *A.a.O.*, Bd. 31, S. 495—497.

⁵⁶ *Basler Ausstellungskatalog* (wie Anm. 2), Bd. 2, S. 517.

⁵⁷ Die der Verfasserin bekannt gewordenen Gemälde befinden sich in Hamburg, Kunsthalle (1538); Frankfurt, Städelsches Kunstinstitut; Naumburg, St. Wenzelskirche; München, Privatbesitz (1540); Winterthur, Kunstmuseum; Warschau, Muzeum Narodowe; Kiel, Volker Westphal; Gotha, Schloßmuseum; New York, Henry Schniewind; Kopenhagen, Statens Museum for Kunst; Prag, Gallerie Nostitz; Houston (USA), University of St. Thomas; Dresden, Staatliche Gemäldesammlungen (1538); Erfurt, Angermuseum; Berlin, Dr. Wendland; Karlshamn (Schweden), Sammlung O. Smith (1541); Ystad (Schweden), Sammlung Stjernblad (1538); Versteigerung Christie's 7. Juli 1972, lot 77, aus schwedischem Privatbesitz, vermutlich eins der genannten Gemälde in Schweden; Leipzig, Museum der bildenden Künste (1545); Köln, Versteigerung de Mauer; Paris, Versteigerung Seligmann; Obbach bei Schweinfurt, Privatbesitz; Berlin, Kunsthandel (Friedländer-Rosenberg 291 b); London, P. & D. Colnaghi (Friedländer-Rosenberg 291 c).

⁵⁸ Christine Ozarowska Kibish, *Lucas Cranachs »Christ Blessing the Children«: A Problem of Lutheran Iconography*, in: *Art Bulletin* 37 (1955), S. 196—203.

[59] Markusevangelium, Kap. 16, Vers 16 und Matthäusevangelium, Kap. 28, Vers 19, nach Chr. O. Kibish, *Lucas Cranachs »Christ Blessing...* (wie Anm. 58), S. 199.

[60] Zitiert nach der *Kirchenpostille* auf das Evangelium zum 3. Sonntag nach Epiphaniä Matth. 8, in: *Dr. Martin Luther's sämmtliche Werke*, Bd. 11, Frankfurt 1868, S. 66—67. Die *Kirchenpostille* übernimmt diese Teile aus Luthers lateinischer Predigt von 1523 (*W. A.* [wie Anm. 3], Bd. 11, S. 9—11).

[61] *A.a.O.*, Bd. 26, S. 144—174. Vgl. Luthers weitere Schriften über die Kindertaufe: *Ein Sermon von dem heiligen hochwürdigen Sakrament der Taufe* (1519); *Taufbüchlein verdeutscht* (1523); *Von Anbeten des Sacraments des heiligen Leichnam Christi* (1523); *Sermon am II. Sonntag nach Trinitas* (1524); *Von der kinder Tauff, und frembden glauben* (1529), *Von der heiligen Taufe;* vgl. auch Kurt Aland, *Die Säuglingstaufe im Neuen Testament und in der alten Kirche*, in: *Theologische Existenz Heute*, N. F. 86 (1961).

[62] Vgl. *Die lutherischen Pamphlete gegen Thomas Müntzer*, hrsg. von Ludwig Fischer, München 1976.

[63] *Das weltliche Oberkeit den Wiedertäufern mit leiblicher Strafe zu wehren schuldig sei* (1536), in: *W. A.* (wie Anm. 3), Bd. 50[6], S. 8—15. Vgl. Paul Wappler, *Die Stellung Kursachsens und des Landgrafen Philipp von Hessen zur Täuferbewegung*, Münster i. W. 1910, S. 58—63, und K. W. H. Hochhuth, *Landgraf Philipp und die Wiedertäufer*, in: *Zeitschrift für die historische Theologie*, N. F., 22 (1858), H. 4, S. 560—590.

[64] *W. A.* (wie Anm. 3), Bd. 46, S. 538—792. Luther glaubte weder, daß man mit Sicherheit feststellen könne, daß Säuglinge gläubig seien, noch daß sie — wie die Wiedertäufer behaupteten — es nicht seien. Diese Unsicherheit äußerte Luther schon 1522 in einem Brief an Melanchthon, vgl. B. J. Kidd, *Documents Illustrative of the Continental Reformation*, Oxford 1911, S. 101—102.

[65] Christian Schuchardt, *Lucas Cranach des Aelteren Leben und Werke*, Leipzig 1851, Bd. 1, S. 122, 161 und 208. Nach 1550 wurde die »Kindersegnung Christi« im Werke Lucas Cranachs des Jüngeren zugunsten der »Taufe Christi« wieder fallengelassen, vgl. W. Schade, *Die Malerfamilie...* (wie Anm. 15), Taf. 220—221.

[66] Diesen Hinweis verdanke ich Werner Schade, Berlin (DDR). Vgl. William Lazereth, *Testimony of Faith: The Genesis of Luther's Marriage Ethic Seen Against the Background of his Early Theological Development (1517—1525)*, Phil. Diss., Columbia University 1958 (ungedruckt).

[67] Vgl. Ivar Asheim, *Glaube und Erziehung bei Luther. Ein Beitrag zur Geschichte des Verhältnisses von Theologie und Pädagogik* (= Pädagogische Forschungen 17), Heidelberg 1961, Georg Mertz, *Das Schulwesen der deutschen Reformation im 16. Jahrhundert*, Heidelberg 1902, und Klaus Petzold, *Die Grundlagen der Erziehungslehre im Spätmittelalter und bei Luther* (= Pädagogische Forschungen 42), Heidelberg 1969.

[68] Vgl. Rudolf Engelsing, *Analphabetentum und Lektüre. Zur Sozialgeschichte des Lesens in Deutschland zwischen feudaler und industrieller Gesellschaft*, Stuttgart 1973.

[69] Zwischen 1516 und 1546 verfaßte Luther mehr als 400 Schriften, das heißt mehr als eine pro Monat, Lewis W. Spitz, *The Renaissance and Reformation Movements*, Bd. 2, Chicago 1972, S. 338.

[70] Eduard von der Goltz, *Luthers Bedeutung für das deutsche Familienleben*, in: *Luthervorträge zum vierhundertsten Jahrestage der Reformation gehalten in Greifswald*, Berlin 1918, und Waldemar Kawerau, *Die Reformation und die Ehe. Ein Beitrag zur Kulturgeschichte des 16. Jahrhunderts* (= Studien des Vereins für Reformationsgeschichte 39), Halle (Saale) 1892, S. 41—63. Luthers Schriften über den Ehestand sind verzeichnet bei Kurt Aland, *Hilfsbuch zum Lutherstudium*, 3. Ausgabe, Witten 1970, S. 68—69, Nr. 176—182.

Verzeichnis der Abbildungen*

1. Cranach, Hl. Sippe, Holzschnitt um 1510, Berlin, Staatliche Museen.

2. Cranach, Hl. Sippe, Holzschnitt mit deutschem Text, spätere Auflage nach 1518, Berlin, Staatliche Museen.

3. Cranach, Verkündigung an Maria, Holzschnitt mit Text, 1511, Berlin, Staatliche Museen.

4. Cranach, Torgauer Altar mit der Hl. Sippe, 1507, Frankfurt, Städelsches Kunstinstitut.

5. Cranach, Hl. Sippe, Gemälde, Wien, Akademie der bildenden Künste.

6. Cranach, Christus und die Ehebrecherin, lavierte Federzeichnung, 1509, Braunschweig, Herzog-Anton-Ulrich Museum.

7. Cranach Werkstatt, Christus mit der Ehebrecherin, Gemälde, Fulda, Diözesanmuseum.

8. Cranach, Christus und die Ehebrecherin, Gemälde, ehemals Nürnberg (verbrannt).

9. Cranach, Christus und die Ehebrecherin, Gemälde, 1532, Budapest, Nationalmuseum.

10. Cranach, Allegorie von Sündenfall und Erlösung, Gemälde, 1529, Gotha, Schloßmuseum.

11. Cranach, Allegorie von Sündenfall und Erlösung, Gemälde, Weimar, Schloßmuseum.

12. Cranach, Allegorie von Sündenfall und Erlösung, Holzschnitt mit Text, London, British Museum.

13. Christus und die Ehebrecherin, Relief an der Kanzel der Schloßkapelle in Torgau.

14. Cranach, Christus segnet die Kinder, Gemälde, 1538, Hamburg, Kunsthalle.

15. Cranach, Christus segnet die Kinder, Gemälde, Kiel, Volker Westphal.

16. Cranach, Christus segnet die Kinder, Gemälde, Dresden, Zwinger.

17. Cranach, Christus segnet die Kinder, lavierte Federzeichnung um 1540, Leipzig, Museum der bildenden Künste.

---

* Alle Werke stammen von Lucas Cranach dem Älteren, außer Abb. 7 (Werkstatt) und Abb. 13 (unbekannter sächsischer Bildhauer).

Abbildung 1
Cranach, Hl. Sippe, Holzschnitt um 1510, Berlin, Staatliche Museen Preußischer
Kulturbesitz.

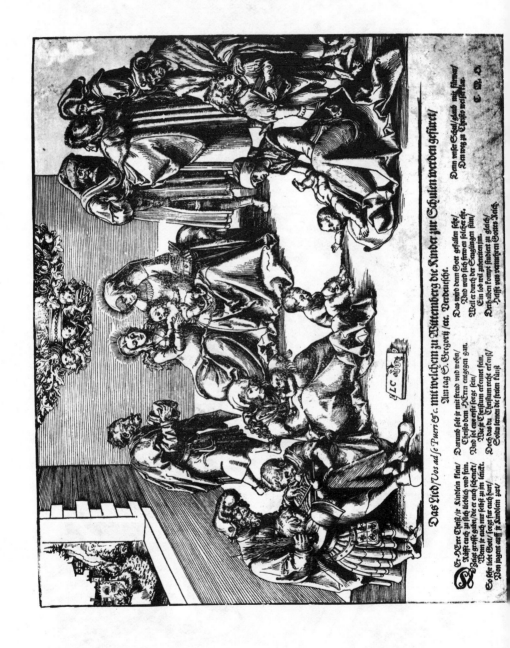

Abbildung 2
Cranach, Hl. Sippe, Holzschnitt mit deutschem Text, spätere Auflage nach 1518,
Berlin, Staatliche Museen Preußischer Kulturbesitz.

Abbildung 3
Cranach, Verkündigung an Maria, Holzschnitt mit Text, 1511, Berlin, Staatliche
Museen Preußischer Kulturbesitz.

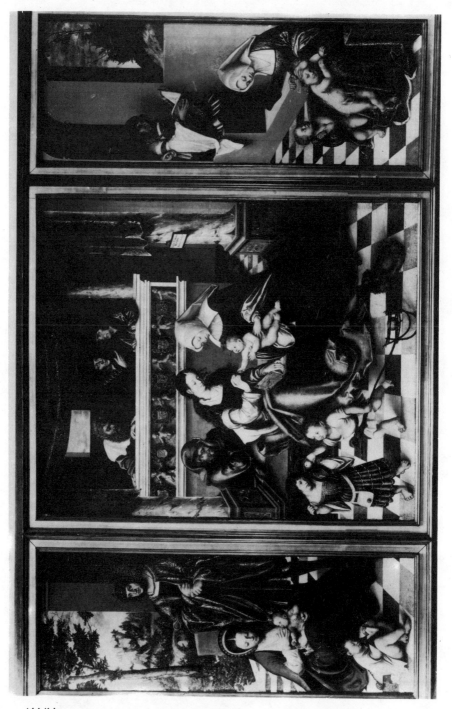

Abbildung 4
Cranach, Torgauer Altar mit der Hl. Sippe, 1507, Frankfurt, Städelsches Kunstinstitut.

Abbildung 5
Cranach, Hl. Sippe, Gemälde, Wien, Akademie der bildenden Künste.

Abbildung 6
Cranach, Christus und die Ehebrecherin, lavierte Federzeichnung, 1509, Braunschweig, Herzog-Anton-Ulrich Museum.

Abbildung 7
Cranach Werkstatt, Christus mit der Ehebrecherin, Gemälde, Fulda, Diözesanmuseum.

Abbildung 8
Cranach, Christus und die Ehebrecherin, Gemälde, ehemals Nürnberg (verbrannt).

Abbildung 9
Cranach, Christus und die Ehebrecherin, Gemälde, 1532, Budapest, Nationalmuseum.

Abbildung 10
Cranach, Allegorie von Sündenfall und Erlösung, Gemälde, 1529, Gotha, Schloßmuseum.

Abbildung 11
Cranach, Allegorie von Sündenfall und Erlösung, Gemälde, Weimar, Schloßmuseum.

Abbildung 12
Cranach, Allegorie von Sündenfall und Erlösung, Holzschnitt mit Text, London, British Museum.

Abbildung 13
Christus und die Ehebrecherin, Relief an der Kanzel der Schloßkapelle in Torgau.

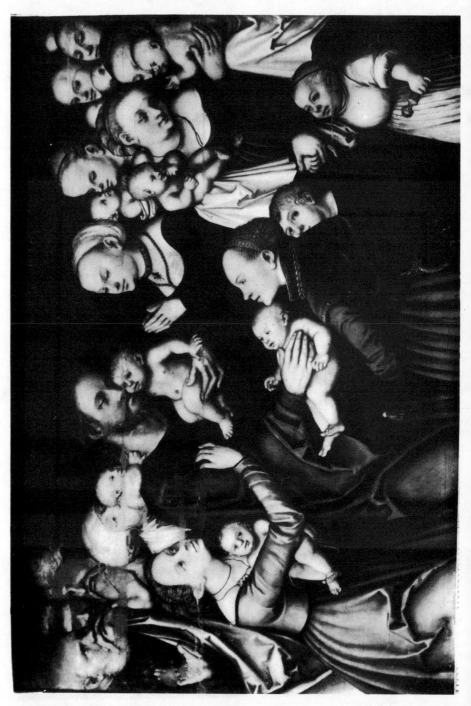

Abbildung 14
Cranach, Christus segnet die Kinder, Gemälde, 1538, Hamburg, Kunsthalle.

Abbildung 15
Cranach, Christus segnet die Kinder, Gemälde, Kiel, Volker Westphal.

Abbildung 16
Cranach, Christus segnet die Kinder, Gemälde, Dresden, Zwinger.

Abbildung 17
Cranach, Christus segnet die Kinder, lavierte Federzeichnung um 1540, Leipzig,
Museum der bildenden Künste.

Stadtreformation und Fürstenreformation

HEIKO A. OBERMAN
Tübingen

I

Das Thema Stadtreformation und Fürstenreformation droht in der Forschung[1] auf die Frage nach der Stadtreformation[2] reduziert zu werden, ist doch der politische Egoismus der Fürsten, die zugleich Reichseinheit und christlichen Glauben ihrer eigenen Machtgier geopfert haben, längst durchschaut. Die Fürstenreformation mit ihren landesherrlichen, bald zum Absolutismus anwachsenden diabolischen Machenschaften in Kirche und Gesellschaft scheint zugleich die Legitimität der national-deutschen Geschichte und die Legitimität des europäischen Protestantismus in Frage zu stellen. Diese beiden, manchmal nur unterschwelligen Prämissen müssen zunächst ins Bewußtsein gehoben und sodann formuliert, bewertet und vor allem entdämonisiert werden, um nicht in einer — scheinbar — frommen Selbstanklage zu erstarren. Eine solche Entdämonisierung ist nicht ohne das als bitter empfundene Ergebnis der historischen Analyse möglich, durch die verdrängte Fragen und unverstandene Antworten der Vergangenheit ans Licht gezogen werden. Der Versuch zu entdämonisieren wird somit 'böse Weisheiten' nicht vermeiden können, zu denen eben auch die Erkenntnis Nietzsches in seinem messerscharfen Aphorismus gehört: »Manches Dasein hat keinen Sinn, es sei denn, ein anderes Dasein vergessen zu machen.«[3] Kollektiv verstanden, kann dies nur bedeuten, daß jede Epoche zwar erwerben muß, was sie ererbt hat, um es zu besitzen, in Wirklichkeit jedoch fieberhaft bemüht ist, das Ererbte vergessen zu machen. Der Historiker, der sich Nietzsches Lebensgesetz nicht unterwirft, wird in seiner Funktion des kollektiven Psychiaters zum Zwecke der Entdämonisierung die neurotisch verdrängten Vorphasen unserer Geschichte gerade bewußt machen: das unverarbeitete Mittelalter, die Schattenseiten der Reformation und die bis heute umstrittene Aufklärung.

Der Begriff 'Böse Weisheit' für Sprichwörter und Wahrheiten, die wie Pfeile abgeschossen werden, entstammt nicht dem 16. Jahrhundert und konnte damals in einem nur halbwegs gescheiten Kopf auch gar nicht aufkommen, teilten doch alle in der europäischen Republik der Gebildeten — über die Mauer der nationalen Eigenarten hinweg — ein nahezu grenzenloses Vertrauen in die dauerhafte Aussagekraft und Gültigkeit der in den klassischen Sprichwörtern aufgehobenen Erfahrung. Als Goldkörner aus ihrer zeitbedingten Vergangenheit über die Kluft von Jahrhunderten der Barbarei ins Heute hinübergerettet, wurden die Weisheiten der alten Griechen und Römer in den Dienst der Wiedergeburt des Menschen und der Erneuerung der Gesellschaft gestellt. Von Erasmus in seinen *Adagia* zu einem handlichen Enchiridion zusammengestellt, konnte schon auf der Schwelle des 17. Jahrhunderts jeder would-be Gentlemen sich dadurch ausweisen, daß er nicht mehr nur wie jeder Halbgebildete durch Zitate aus der Heiligen Schrift, sondern mittels der schönen, guten, wohltuenden und salonfähigen Weisheit der klassischen Autoren seine Überlegungen mit Tiefendimensionen versehen konnte.

Anfangs ging es um anderes und um weit mehr.

Das 16. Jahrhundert zeigt eine besondere Vorliebe für Weisheit, die in aphoristischen Sprüchen formuliert ist. Nicht nur Erasmus von Rotterdam, sondern auch sein theologisches, psychologisches und kulturelles Gegenüber, der Wittenberger Martin Luther, liebte Sprichwörter,[4] obwohl bezeichnenderweise mit Vorliebe solche, die einer sozial erheblich niedrigeren Stufe, nämlich dem Volksmund, entliehen waren: bezeichnenderweise deshalb, weil es sich für ihn dabei um die nie abgerissene Erfahrungstradition einer Volksklugheit und Weltkenntnis handelt, die die hohen Herren an den Universitäten zuerst scholastisch dem Leben entfremdeten und sodann aus dem Gaukelsack fremder Quellen stolz und gestelzt durch eigenen Wahnwitz ersetzten. Scheinbildung also, *eruditio vana et curiosa*[5]: Der herbe Volksmund bringt böse Weisheit.

Es war Luthers mittelalterlich-scholastische Schulung, die ihm die Freiheit verschaffte, die eigene Weltweisheit des profanen Volkes neben der Heiligen Schrift anzuerkennen. Im Gegensatz dazu die erasmianischen Humanisten, die nur das als Weisheit anerkennen wollten, was sich durch Antiquität ausgewiesen und seine Würde unter Beweis gestellt hatte, wenn es als Juwel der alten Zeit über die Zeit der Barbarei hinweg nun erudit geläutert der Frömmigkeit als seinem eigentlichen Ziel zugeführt werden konnte. Nicht erst 1524 in dem Kampf um den freien Willen, sondern schon hier in der Verhältnisbestimmung von christlichem Glauben und profaner Welt fällt die Entscheidung über die eigene Legitimität der Weltweisheit, unbedroht und ungeschmälert durch die Anerkennung der nur im Evangelium zugänglichen eigenen Weisheit Gottes.

II

Wenn wir uns nicht in den schützenden eruditen Elfenbeinturm zurückziehen, sondern, wie Luther damals, dem Volk heute aufs Maul zu schauen wagen und es über die Reformation befragen, ergibt sich als erste böse Weisheit, daß mit Reformation nichts anderes als Entzweiung assoziiert wird. Nach dem damals gelungenen Sprung von der Klosterzelle zur Wein- und Bierstube ist die Sache der Reformation heute zurückgedrängt auf klosterähnliche Bildungsinseln und Gelehrtenstuben. Bestürzender aber, weil statt unbekannt, salonfähig modelliert, ist das Bild der Reformation als Ingredienz einer Bildungsmixtur, wo sie in den Beilagen der Zeitungen[6] zu friedlicher Koexistenz gezwungen ist mit ein wenig Staufertum samt Walther von der Vogelweide, mit Goethe, Shakespeare und ein bißchen Bloch. In den Kreisen der so gehobenen Bildungsbürger wirkt Luther, falls bekannt, als politisch zu volks*fern* oder als Grobian zu volks*nah*.

In der gängigen soziologischen Sprache sogar unserer besten Bildungsbürger ist die Reformation reduziert auf die soziale Emanzipation und Aufstiegschance zuvor unterprivilegierter Gruppen, wie vor allem der kleinen, nicht-zünftigen Handwerker, ein Aufstieg, welcher dann allerdings im landesfürstlichen Kirchenregiment entschärft und entnervt wird und genauso scheitert wie der Bauernkrieg. Wie stichhaltig ist diese Deutung?

Als mit dem Ende der zwanziger Jahre des 16. Jahrhunderts von Habsburg aus gesehen die »Deutsche Sache« wieder unter Kontrolle gebracht ist — der Kaiser hat sich ausgesöhnt mit dem Papst, Frieden geschlossen mit Frankreich und seinen Bruder Ferdinand zum deutschen König wählen lassen —, hat die städtische Reformation in Oberdeutschland ihren Höhepunkt schon überschritten und ihre stolzesten Erfolge hinter sich. Die Kontrolle durch Habsburg wird aber entscheidend gefährdet, als es Herzog Ulrich wider Erwarten im Jahre 1534 gelingt, Württemberg dem habsburgischen Machtbereich zu entreißen und ein ganzes Territorium damit der Reformation zuzuführen.[7] Noch einmal eröffnet sich den städtischen Reformatoren Oberdeutschlands die Gelegenheit, auf den Ausbau des reformatorischen Kirchenwesens in ihrem Sinne Einfluß zu nehmen.

Diese für die reformatorische Sache in ganz Deutschland folgenschweren Ereignisse lassen sich im Kampf um die Universität Tübingen in den Jahren 1534 bis 1536 genauestens verfolgen. Die Entwicklung des Spießbürgers zur Spitze des städtischen Bürgertums und letzten Endes zum fürstlichen Untertanen in Kirche und Staat gibt, durch dieses Mikroskop betrachtet, den Blick auf Dimensionen frei, die keineswegs mehr mit dem gängigen Werturteil abgedeckt werden können: »Die Reformation: eine deutsche Tragödie«.[8]

Das akademische Echo scheint diese Sicht nur zu bestätigen; denn der erste Schwung und Siegeszug der Reformation in deutschen Ländern war an den Universitäten vorbeigegangen. Das vorgegebene Kommunikationssystem hatten die Klöster der Augustiner-Observanz gebildet, die die ersten Begeisterungsfunken an die Häuser in Erfurt und Nürnberg vermittelten. Bald waren auch die dortigen humanistischen Kreise als Sympathisanten gewonnen, die nun ihrerseits als Nachrichtenzentrale zu funktionieren anfingen. Aber die akademische Welt zeigte eine kalte Schulter. Zwar entfaltete sich die Bewegung von Wittenberg aus überraschend schnell, wo Augustinerkloster und theologische Fakultät zusammen Luthers feste Ausgangsbasis bildeten, aber als Sprungbrett hinüber zu den anderen Universitäten hat es nicht gereicht. In Heidelberg hatten nur die jüngeren Kollegen ihren Beifall bezeugt, als Luther im Frühjahr 1518 auf dem Augustinerkonvent seine Thesen zur biblischen Theologie auf der Basis von Paulus und Augustin vortrug. Als Ausdruck seines Befremdens, zugleich aber auch mit größerem Vorwitz, als ihm damals klar sein konnte, bemerkte einer der Heidelberger Kollegen, wahrscheinlich der junge Doktor der Theologie Georg Nider, zu Luthers dort vorgetragener *theologia crucis,* der Verbindung von christlicher Existenz und Leiden Christi: »Wenn dies die Bauern hören...«, werden sie den Luther auf der Stelle steinigen.[9]

Im großen und ganzen fanden die dortigen Doctores Luthers Theologie »peregrina«, fremd und wahrscheinlich auch befremdend. Ingolstadt und bald auch Leipzig gerieten zu sehr in den Einflußbereich von Johannes Eck; sogar in Erfurt scheiterte das Wittenberger Vorbild der Kooperation von Fakultät und Kloster, als es Luthers erstem echten Schüler, Johannes Lang, Prior des reformierten Augustinerkonvents, nicht gelang, Luthers frühere akademische Lehrer zu gewinnen. Die Anhängerschaft in der Erfurter Universität beschränkte sich im wesentlichen auf die Studierenden, welche die neue Theologie eher als Waffe gegen die Autorität der Talare einsetzten, was schließlich nicht zur Reform, sondern zum Untergang der Universität beigetragen hat. Die Verurteilungen im Gefolge der Leipziger

Disputation durch Köln und Löwen konnten nicht überraschen, waren
doch dort Luthers früheste Widersacher, die Dominikaner, übermächtig.
Aber auch Paris, die verehrte Alma Mater aller deutschen Universitäten,
war entgegen Gerüchten, die bis zum letzten Moment in Zürich und Wittenberg kursierten, nicht bereit, sich Luther gegenüber positiv oder auch
nur neutral zu verhalten. Die Sorbonne ließ sich ein Protokoll der Leipziger Disputation zuschicken, um aufgrund eines eigens dazu veranlaßten
Druckes Luther explizit zu verurteilen.

Luthers Drängen auf Reformation fängt schon mit dem Fehlschlag an,
daß er seine akademischen Kollegen nicht erreichen konnte. Die 95 Thesen richteten sich an dreierlei Adressaten: Einmal hatte er sie angeschla-
gen zum Zwecke einer Disputation in Wittenberg; zum anderen hatte er
sie seinem Erzbischof zugeleitet, um ihn zu bewegen, die Ablaßinstruktion
zurückzunehmen; und drittens hatte er sie einer Reihe von Kollegen zuge-
schickt, um Doctores an anderen Universitäten zu überzeugen. Mit den
letzten zwei Zielen ist Luther damals nicht durchgedrungen, und das erste,
der Thesenanschlag an die Pforten der Schloßkirche zum Zweck einer Disputation, wird ihm heute nicht einmal mehr von allen geglaubt: Wahrlich
eine böse oder, in diesem Falle, gar keine Weisheit.

In den Städten vor allem Oberdeutschlands wurde die Reformation
rasch vorangetrieben. Nicht eine Universität, sondern die Koalition zwischen Stadtprädikatur und städtischer Lateinschule verschaffte der Reformation ihren ersten Zugang und Halt in Nürnberg und Straßburg, in Zürich und Konstanz. Die Universitäten dieses Raumes hingegen standen
der neuen Bewegung hinhaltend und sogar abwehrend gegenüber. Freiburg forderte zwar kirchliche Reformen und folgte nur zögernd der habsburgischen Kulturpolitik. Tübingen hingegen war von allem Anfang an
ein zuverlässiger Eckstein der antireformatorischen Politik, die darin weit-
sichtiger als die humanistische Vorliebe für elitäre Forschungsakademien,
die Universitäten als Bildungsstätte für die nächsten Generationen keineswegs abgeschrieben hatte.

Tübingen wurde zu einem eminenten Bollwerk der Gegenreformation:
Im Schloß wurden die als evangelisch angezeigten Priester eingesperrt.
Bei dem ersten bleibenden Tübinger Verlag, Monhart (seit 1523), weit und
breit der einzige romtreue Verlag, erschienen die wichtigsten gegenrefor-
matorischen Schriften, für die die Städte ringsum keine Druckerlaubnis
mehr erteilten. Es waren Tübinger Professoren, die antraten, um in Zürich
und Baden der reformatorischen Flut zu wehren und in den ersten Täufer-
prozessen als Inquisitoren ermittelten. Die Zukunft schien sich an Tübingen vorbei, das dem Mittelalter zugewandt blieb, neue geistige Umschlag-

plätze zu schaffen in den politisch selbständigen Städten und ihren kultur-
offenen, geistig regen Zirkeln, die damit in der öffentlichen Meinung —
bis heute — die Universitäten mit einem Steckbrief versahen: aufgeblasen,
irrelevant, lebensfern, rückwärtsorientiert. Kurzum: Das Bild des Elfen-
beinturms wurde von den humanistischen Kreisen in die Welt gesetzt und
griffig kolportiert. Die städtischen Handwerksmeister, einmal im Regie-
rungssessel, haben die Talare der akademischen Meister gemessen, als
Deckmantel für Aufgeblasenheit befunden und nach Maßgabe dessen, was
sie für Gemeinwohl hielten, konsequent zurückschneiden wollen. Die
Reichtümer der mittelalterlichen Universitätstradition konnten als nutz-
los zur Seite geschoben werden und waren nicht mehr gefragt von der
etablierten Bourgeoisie und schon gar nicht von den aufgestiegenen Hand-
werkern, die im Kleinen und Großen Rat in Jahrzehnten mühsamer Verhandlungen mit kirchlichen und weltlichen »großen Hansen« ihre Selbständigkeit errungen hatten. Dort verbreitete sich das Hochgefühl, die
Träger einer neuen Zeit zu sein und als Genossenschaft und Bürgerkollek-
tiv die eigene Geschichte für Zeit und Ewigkeit, wenn nicht lenken, so doch
wenigstens ordnen zu können.

Auf der nationalen Bühne war der größte städtische Erfolg die ein-
drucksvolle Opposition auf den Reichstagen 1524 und 1526, als schließlich
eine milde, gewissensgemäße Auslegung des Wormser Edikts dem Kaiser
abgezwungen wurde: »wie ein jeder [der Stände] solches gegen Gott und
kaiserliche Majestät hoffe und vertraue zu verantworten«. So lautete der
Reichstagsabschied vom 27. August 1526. Aber schon die Mischung von
schneller Einschüchterung und langfristiger Kompromittierung durch die
Bauern im sogenannten Bauernkrieg (1525) und vollends das Strafgericht,
das wir euphemistisch als »Interim« (1547/48) bezeichnen, entlarvte die
städtische Ideologie der Autonomie als romantischen Überrest des Mittelalters. Der Bauernkrieg ist nicht allererst und am meisten auf Kosten der
Ausstrahlung Luthers, sondern der theokratischen Ansprüche der Städte
gegangen.

Anders als der vorhergehende erfolgreiche Zusammenschluß der
schweizerischen Orte zur Eidgenossenschaft und der spätere siegreiche
Freiheitskrieg der sieben Provinzen in den Niederlanden konnte in Oberdeutschland nicht ein wachsendes Nationalgefühl gegen fremde Beherr-
schung mobilisiert werden, um so über die Mauern hinaus Stadt und Land
zu vereinigen. Der Mythos des Heiligen Römischen Reiches Deutscher
Nation, welcher eben zur Zeit der Geburtsphase anderer europäischer Nationen Deutschlands Führungskräfte an die mittelalterliche Vergangenheit kettete, lähmte nicht erst den Widerstandswillen des Schmalkaldi-

schen Bundes in den vierziger Jahren; die Aureole des Kaisers lag schon in
den zwanziger Jahren als schwere Hypothek auf der vereinten und eini-
genden Macht der Städte. Voll engagiert an drei Fronten, im Krieg gegen
die Türken, ständig bedroht von Frankreich und schließlich sogar zum militärischen Einsatz gegen den Papst gezwungen, konnte Kaiser Karl dennoch mit der linken Hand von Burgos aus das deutsche »Nationalkonzil«,
für November 1524 vorgesehen, verbieten, das neben seinem Statthalter
Ferdinand auch die Städte gewünscht hatten. Die Reichsinsignien reich-
ten, die Beschickung von Städtetagen zum Gewissensproblem zu machen
(Ulm 1526) und die Ausgestaltung des christlichen Burgrechts zur Großen
Allianz über die Reichsgrenzen hinweg nie politische Realität werden zu
lassen. Es ist eine perspektivische Verkürzung, die deutsche Tragödie der
Neuzeit schlicht auf Bismarcks Reichsgründung und Hitlers apokalypti-
sche Reichsschau zurückzuführen: Der Mythos von Kaiser und Reich hat
schon damals die progressivsten Kräfte in jener entscheidenden Wachs-
tumsphase gehemmt, als es darum ging, die Einführung der Reformation
in Straßburg und Konstanz (1523), in Nürnberg, Ulm und Augsburg
(1524) überlokal politisch zu gestalten. Im Laufe der zwanziger Jahre
wurde trotz dieser schweren Hypothek mit Hilfe von Kursachsen, Hessen
und Brandenburg-Ansbach auf den Reichstagen noch so viel erreicht, daß
das Potential der Städte auf eindringliche Weise zutage tritt. Aber 1530,
am Vorabend von Karls Kaiserkrönung und Ferdinands Königswahl, gilt
die böse Weisheit für das Stadtparlament der führenden Städte: Senatu de-
liberante Germania periit — Deutschland ging zugrunde, während der Se-
nat beriet. Die Konkurrenz der Städte war eben doch mächtiger als ihre gemeinsame Sendung.

III

     Ein anderes, mit den Städten konkurrierendes Deutschland war seit län-
gerem im Entstehen. Die Rückeroberung Württembergs durch Herzog
Ulrich im Jahre 1534 brachte eine folgenschwere Wende. Ulrichs Restitution wurde zwar in Nürnberg und Zürich begrüßt und von Straßburg sogar
erheblich mitfinanziert, sie bedeutete aber den Anfang einer neuen Epoche, in der die Städte, nur noch untergeordnete territoriale Verwaltungs-
zentren, ihr politisches Kapital nicht mehr einbringen konnten.
     1534 ist zugleich das Jahr, in dem Tübingen als Landesuniversität eine
neue strategische Bedeutung zuwächst, welche ihr als Zitadelle der Gegenreformation nie zu erreichen gelungen war. Die Wittenberger Luther und
Melanchthon hatten — anders als Karlstadt — der anfänglich gängigen

Abwertung der Universitäten abweisend gegenübergestanden und das Gelingen der Reformation der Universität Tübingen sogar als entscheidend für das Schicksal ganz Oberdeutschlands betrachtet. Zunächst waren aber in Württemberg noch die Reformatoren städtischer Herkunft am Zuge, die von Herzog Ulrich für die Reformation Südwürttembergs und für die Neuordnung der Universität Tübingen eingesetzt wurden.

Persönlich der politischen Theologie der schweizerischen und oberdeutschen Reformation zugeneigt, erlaubt er dem Konstanzer Blarer († 1564) und dem Basler Grynäus († 1548) eine universitäre Berufungspolitik in ihrem Sinne. Ihrerseits preschen die Oberdeutschen, vor allem Capito und Bucer, gewaltig vor — Bucer versieht Blarer im Jahr 1534 mit genauen Richtlinien und bemüht sich 1535 sogar um eine Tübinger Professur. Alles weist darauf hin, daß in Süddeutschland bewußt ein akademisches Gegenstück zu Wittenberg und Marburg geplant ist.

Dieser Versuch ist gescheitert mit Konsequenzen, mit bösen, aber auch mit guten Folgen, die es sich näher zu betrachten lohnt. Die bösen Folgen können zuerst und kurz genannt werden; denn der Beurteilungsmaßstab ist einem heute breitgefächerten Konsensus entnommen. Die Jahre 1534 bis 1536 zeigen eine zunehmende Entfremdung zwischen Herzog Ulrich und jenem städtischen Flügel des Bündnisses, das ihm zur Restitution und Wiedergewinnung Württembergs verholfen hatte: Das Ideal der Gemeindeautonomie mußte dem Summepiskopat des Landesherrn weichen. Ambrosius Blarer ist hier keineswegs persönlich gescheitert, sondern hatte als Repräsentant oberdeutscher, besonders Straßburger Vorstellungen ein Programm vertreten, das mit den herzoglichen Interessen in Konflikt geraten mußte. Es waren genau dieselben Interessen, die schon Graf Eberhard in seiner territorialen Kirchenpolitik geleitet hatten: die Einigung und Stabilisierung des Landes durch Förderung einer reformierten, aber loyalen Kirche.

Etwas von den späteren Spannungen ist 1534 schon am Anfang zu ahnen. Blarer — wie auch der nur kurze Zeit tätige Grynäus — wurde zwar auf Vorschlag Bucers von Ulrich zum Reformator von Südwürttemberg und der Universität Tübingen bestimmt, aber Bucer hatte eine württembergische Synode als Wahlgremium vorgeschlagen; der Herzog dagegen handelt als *defensor ecclesiae* aus eigener Vollmacht und baut zielstrebig das Visitatorenamt, von Eberhard im Bart schon für die Reformation der Klöster in Anspruch genommen, für den ganzen kirchlichen Apparat aus. In zwei Jahren sehen wir eine radikale Verstaatlichung des Kirchenwesens, wogegen Blarers Gegenüber Schnepf († 1558) und das den Lutheranern überlassene Nordwürttemberg keine Bedenken hatten, solange die freie evangelische Verkündigung gesichert war. Die enormen Nachteile dieser Fürstenreformation durch Bürokratisierung mit wachsender Einflußnahme auch auf Stellenbesetzung und Lehre, welche in Württemberg stellvertretend für den ganzen Ausgang der Reformation in deutschen Ländern zu verzeichnen sind, betreffen vor allem die verschwindende Gemeindeautonomie und die zunehmende Bereitschaft, dem Landesfürsten, im Zuge einer falschen Deutung von Luthers Zwei-Reiche-Lehre, mit dem *ius reformandi* die politische Vollmacht unbehelligt von Kirche und Theologie zu überlassen: Aus dem Notbischof wurde der Träger des Summepiskopats und zugleich der direkt von Gott autorisierte Landesvater.

Falls wir uns mit dieser bösen Weisheit begnügen würden, die im Lichte der heute weitverbreiteten Beurteilung keineswegs eine Überraschung bedeuten dürfte, übersehen wir, daß nicht zuerst die Städte, sondern die Stände der reformatorischen Bewegung zu ihrem Sieg im Augsburgischen Religionsfrieden verholfen haben. Die Rückeroberung des Herzogtums war der erste greifbare Erfolg des Schmalkaldischen Bundes, der über das Interim hinweg die kaiserliche Großstrategie der völligen Rekatholisierung Deutschlands hat scheitern lassen. Es ist hervorgehoben worden, daß die Reformation ein »urban event«,[10] ein städtisches Ereignis, war. Für die erste »stille Phase« von Luthers Wirken bis zum Wormser Edikt sollten wir die Funktion der Klöster, vor allem die der Augustiner-Observanz, als Umschlagplatz nicht geringschätzen. Für die Verbreitung der Reformation in der zweiten Phase bis etwa 1530, höchstens bis zum Nürnberger Anstand von 1532, würde ich die Beurteilung der Reformation als städtisches Ereignis noch weitgehend gelten lassen wollen. Am Vorabend der Restitution Ulrichs war aber die Sicherung der Reformation schon längst Sache der Reichsstände geworden.

In diesem Sinne ist die Antwort von Hanns Rückert zu übernehmen, welche er auf die zentrale Frage gibt: »Wenn man sich fragt, wem die deutsche Reformation ihren im Augsburger Religionsfrieden erfochtenen Sieg im Kampf um ihre Selbstbehauptung verdankt, so wird man darauf antworten müssen: ihrer Verbindung mit der alten ständischen Opposition gegen die habsburgisch-kaiserliche Zentralgewalt.«[11] Heute würden wir wohl nicht mehr vom »Sieg« sprechen — zur bösen Wahrheit gehört schließlich auch, daß die Reformation der Kirche geographisch nur partiell gelang und daß im Prozeß ihrer Durchsetzung zunächst zuviel Substanzverlust in den eigenen Reihen hingenommen werden mußte.

Auch die Stände haben die Legitimation der Reformation nicht »geschafft«, und Luther hätte diese allein schon gar nicht erwirken können. Das Mirakel des Überlebens der Reformation wird erst recht deutlich, wenn wir auf die vielen Faktoren achten, die hier gleichsam ein Fangnetz zu bilden hatten, um den von allen geahnten, erhofften oder befürchteten Ausgang nicht zum Todessturz werden zu lassen: die enorme Flächenreduzierung Europas durch die Türken, die Reichseinheit verlangte und Kompromisse gebar; die Dauerrivalität zwischen König Franz I. und Kaiser Karl V., die von dem Frieden von Cambrai (3. August 1529) nur unterbrochen, nicht beseitigt wurde; das völlig unerwartete Ausscheren Englands aus dem katholischen Staatenbund Europas und nicht zuletzt die mittelalterlich geharnischten Konflikte zwischen Kaiser und Papst (Clemens VII.), die in dem Sacco di Roma (Mai 1527) unglücklich dramatisiert wurden. Durch die Krönung Karls V. in Bologna (24. Februar 1530) zwar überdeckt, wurden diese Konflikte aber aus artverschiedenen Reformauffassungen auf so grundsätzliche Weise gespeist, daß sie noch in die letzte Sitzungsperiode des Konzils von Trient prägend einwirkten.

Im Jahre 1518 hatte Erasmus die politische Großwetterlage noch mit den folgenden Worten skizziert: Die päpstliche Alleinherrschaft in ihrer jetzigen Form ist die Pest für die Christenheit. Diese Pestbeule öffentlich (aperte) anzugehen, hat dennoch gar keinen Zweck: »Dies ist und bleibt Sache der Fürsten!«[12] Aber ein neues, von Erasmus nicht beachtetes Element liegt genau in dem kleine Wort *aperte*, »offen« oder »öffentlich«: Auf die offene kirchenpolitische Bühne begab sich Luther anläßlich der Leipziger Disputation und seines Auftritts vor dem Reichstag zu Worms, die als wichtigste Ereignisse in den Anfangsjahren der Reformation die öffentliche Meinung mobilisierten und aller städtischen reformatorischen Agitation nicht nur zeitlich vorangingen, sondern auch, im Gegensatz zu dem von Erasmus bevorzugten höflichen Gelehrtenaustausch in Korrespondenz und Konvivium, die Öffentlichkeitsdimension und den Konfliktcharakter der Wahrheitsfrage überhaupt erst ins Bewußtsein hoben.

Die oberdeutschen Städte sind auf der Basis dieser neuen Öffentlichkeit ihren eigenen Weg gegangen, indem sie versuchten, die Allianz von Politik und Religion zunächst innerhalb ihrer eigenen Mauern und städtischen Territorien zu verwirklichen. Sie bildeten ihre eigenen, die Gesamtkirche repräsentierenden Gemeinden und entwickelten — in nachweisbarer Weiterführung ihrer spätmittelalterlichen städtischen Ideologie — eine politische Theologie des *bonum commune*, die im Rahmen des Gemeinwohls die horizontale Dimension der Gerechtigkeit Gottes ungebrochen mit der Glaubensgerechtigkeit zu verbinden programmatisch bezweckte. Daß sie wegen ihres stadtstaatlichen Kichenwesens in Konflikt geraten würden mit den entstehenden territorialen Landeskirchen, war im ersten Dezennium auch nicht abzusehen. Die Rückgewinnung Württembergs durch Herzog Ulrich wurde dann auch nachweislich von führenden Städten mitgetragen.

Die Jahre 1534 bis 1536 wurden Entscheidungsjahre, weil damals erst sichtbar wurde, daß sich zwei Grundtypen reformatorischer Kirchenbildung herauskristallisiert hatten, die ihre Kräfte messen mußten. Die von Blarer repräsentierte, vor allem durch Straßburg gesteuerte politische Theologie war aber besser für den Befreiungskampf als für die Konsolidierung des rückgewonnenen Herzogtums geeignet. Als Blarer ohne Abfindung in die Wüste, das heißt zurück in die Stadtreformation geschickt wird, ist seine Strategie der Reformation durch Gemeindeaufbau schon abgelöst durch die Reformation »von oben«, durch amtliche Visitation und staatliche Einziehung der Kirchengüter, wie auch im weltlichen Bereich die Hoffnung auf Wiederbelebung der ständischen Vertretung an der Durchsetzung des territorialen Zentralismus scheitert.

IV

Ob diese Entwicklung aber auf der Debetseite als 'Böse Weisheit' zu verbuchen ist, wie es sich aus unserer modernen aufgeklärten Wertschätzung von Demokratie und Bürgerrechten nahelegen würde, läßt sich erst beurteilen, wenn wir auch die Kehrseite der städtischen politischen Theologie hart zu befragen bereit sind. Steven E. Ozment hat in seinem jüngsten Buch *The Reformation in the Cities* in einer lebendigen gemeinverständlichen Sprache — so wie das offenbar nur in der angloamerikanischen Tradition mit wissenschaftlichen Ansprüchen zu verbinden ist — die These vertreten, daß die dreißiger und vierziger Jahre die Wende brachten, worin Freiheitskämpfer (»freedom fighters«) sich zu Neopapisten (»new papists«) zurückentwickelten, als die in Wittenberg und Zürich proklamierte Befreiung der geplagten Gewissen eingetauscht wurde zugunsten neuer Lasten der klerikalistischen Orthodoxie und Orthopraxie.[13]

Wenn wir diese These mit dem Ergebnis von Arthur Geoffrey Dickens verbinden, demzufolge es zwei Reformationen gegeben hat, die Stadtreformation der zwanziger Jahre und die zweite »stabile aber sterile« Fürstenreformation der dreißiger Jahre,[14] rückt das Bild einer konstantinischen Wende mitsamt dem Gespenst der Veramtlichung der Charismata als Preis für den Ausbau der Großkirche in greifbare Nähe. Hinter dem gutmütigen Wörtchen »steril« verbirgt sich nämlich die ganze Wucht der bitteren Enttäuschung über den Ausgang der Reformation, die nicht selten auf eine Verketzerung hinausläuft in der Linienführung von Luther über Bismarck zu Adolf Hitler.

Das Bild des konstantinischen Sündenfalls der Kirche verzerrt aber genauso den reformatorischen Umbruch des 16. Jahrhunderts wie den reichskirchlichen Aufbruch des 4. Jahrhunderts. Schon der Gegensatz zwischen der befreienden Entdeckung der Heiligen Schrift und dem sich nachträglich einschleichenden Biblizismus ist nicht haltbar. Was mit dem schwer faßbaren, aber unersetzbaren Begriff »Biblizismus« als charakteristisch für die oberdeutsche Reformation tatsächlich zu gelten hat, ist kein Rückfall, sondern in einer wichtigen, ja entscheidenen Hinsicht Fortsetzung von Gedanken, die uns in einer Tübinger Disputation von 1497 durch Konrad Summenhart zum ersten Male programmatisch zugespitzt begegnen.[15] Er vollzieht einen Großangriff auf die biblische Begründung der Zehntpflicht und weist nach, daß die kirchlichen Ansprüche in Gottes unabänderlichem Recht keinen Anhaltspunkt haben.

Sein Vorstoß hat nicht nur soziale Konsequenzen, wie die Bauernartikel reichlich belegen, sondern zeitigt auch enorme theologische und politische Sprengkraft, wie bald die Flugschriften als Sturmtruppen der Reformation dokumentieren. Bei Summenhart wird nämlich die allgemeine Klage über die kirchlichen Lasten durch die Heranziehung des Herrenwortes »Wehe euch, ihr Gesetzeskundigen, daß ihr die Menschen belastet mit schwerzutragenden Lasten, und ihr selbst rührt die Lasten mit keinem Finger an« (Lk. 11, 46; vgl. Mt. 23, 23) zur Anklage gegen die Tyrannei der Gewissen gesteigert. Im Kampf gegen die unerträglichen kirchlichen Gesetze will Summenhart das christliche Gewissen aber nicht vom Gesetz als solchem befreien, sondern die in der Kanonistik willkürlich ausgedehnten Gesetze auf ihr theologisch gültiges Maß zurückschneiden. Dieses Maß ist von den städtischen Reformatoren strikter auf den Kanon der Schrift allein beschränkt, aber wie zuvor Summenhart wollen auch sie das Gesetz nicht abschaffen, sondern erst recht freilegen und mit großem Ernst dem einzelnen und — unter dem Gesichtspunkt der drohenden Strafe Gottes — der Gemeinschaft desto verbindlicher auferlegen; allerdings mit dem entscheidenden Unterschied, daß Gesetzesgehorsam zwar öfters den göttlichen Zorn abwenden, die Zuwendung der Liebe Gottes aber anders als zuvor keineswegs verdienen kann.

»Neuorientierung am Wort Gottes« und »Schärfung der Gewissen« trifft hier eher zu als die Befreiung durch Ozments »freedom fighters«; denn statt der vom Beichtstuhl immer mitgetragenen Verpflichtung auf die Unzahl der Vorschriften des Kanonischen Rechts kam die absolute Verpflichtung auf Gottes Gesetz im Kanon.

Auch eine zweite Vorstellung sollte vermieden werden. Es stimmt nämlich nicht ganz und somit gar nicht, daß das ursprüngliche Ideal des Priestertums aller Gläubigen beim Erlahmen der ersten Begeisterung von einem neuen Klerikalismus überfremdet und verscherzt wurde: Die städtische Reformation kannte von Anfang an ihren eigenen Klerikalismus. Die »Brüder in Christo«, die im Jahre 1523 von Zwingli in Zürich aus der Taufe gehoben wurden — zwei Jahre bevor sie in Zollikon aus der Erwachsenentaufe hervorgingen[16] —, waren zwar als Erwählte des Herrn vor Gott alle gleich, aber doch von einem »Hirten« zusammengeführt und gehalten, der bald den Titel »Episcopus« erhielt. Dieses Amtsbewußtsein ist anders verankert als im Spätmittelalter, wenn der priesterliche Sonderstatus begründet wird mit der Überlegung, daß dem Zelebranten wie keinem der Laien, ja nicht einmal der Heiligen Mutter Maria, das eucharistische Schöpfungswort »Hoc est corpus meum« anvertraut ist. Wie nun die Geheimnisse dieses Sakramentes nicht von Laienhänden entheiligt werden dürfen, so sollten auch nicht alle Mysterien der christlichen Wahrheit in der Predigt den Laien vorgetragen werden. Summenhart warnt denn auch ausdrücklich davor, seinen Angriff auf die Zehntpflicht den Laien zu verkündigen, können sie doch auch mit dieser christlichen Wahrheit nicht recht umgehen, da die Gefahr besteht, daß sie diese nur zum Anlaß nehmen, Unruhe zu stiften.

Die städtischen Reformatoren, insofern sie eine humanistische Gelehrtenphase durchlebten und vor allem von Erasmus herkamen, waren von einem anderen elitären Bewußtsein geprägt, nämlich von ihrem Status als Angehörige der eruditen Gelehrtenrepublik, die sich von der Barbarei des *vulgus profanum* emanzipiert hat. Sie bevorzugen die gehobene Forschung in Akademien gegenüber dem »puerilen« Unterricht vor ungebildeten Studenten; und wo sie dennoch an Universitäten tätig sind, bevorzugen sie die gehobenere Bezeichnung *Academia* gegenüber dem »mittelalterlich belasteten« Begriff *Universitas*.

In bewußtem Gegensatz zur Universität erwuchsen in diesen Kreisen die Ideale des privaten Austausches statt der öffentlichen Disputation, die Vorliebe für persönliche Briefe an Gleichgebildete, aus denen die Frömmigkeit an der *modestia* (Bescheidenheit) vorsichtig formulierter *opiniones* (Meinungen) abgelesen werden konnte statt an den *assertiones immodestae* (selbstsicheren Behauptungen) der Professoren. Diese sehr verschiedenen Formen wissenschaftlichen Vorgehens haben sich bis heute erhalten. Die humanistische Tradition findet sich fortgesetzt im anglo-amerikanischen Wissenschaftsstil, wo Behauptungen gerne eingeleitet werden mit der Wendung »I presume« oder »I am inclined to believe«. Die zweite, assertorische Tradition wird von Professoren bevorzugt, die als Nachfolger Luthers den *status confessionis* wählen, wenn sie, ihrer Sache sicher, Sätze einleiten mit: »Es ist durchaus klar, daß . . . !«

Als es unter eben den Stichwörtern *opinio* und *assertio* zum Bruch zwischen Erasmus und Luther kam, hatten die humanistischen Schüler unter den städtischen Reformatoren diese Distanz zur Öffentlichkeit schon bewußt durchbrochen, ihren Sonderstatus, schriftgelehrte Mitglieder der Gelehrtenrepublik, aber beibehalten. Dieser Status äußert sich in dem Bewußtsein, als wissenschaftlich geschulte Diener des Evangeliums zum apostolischen Wächteramt und zur pastoralen Betreuung berufen zu sein. Die Wiederentdeckung des Evangeliums verbindet sich nun organisch mit der Aneignung der Autorität neutestamentlicher Führungsämter. Einer der ersten, der diese Tendenz angeprangert hat — noch bevor sie zum Gemeinplatz der täuferischen Kritik wurde — ist der von Herzog Ulrich berufene Reformator von Mömpelgard, Pierre Toussain († 1573), der am 17. Dezember 1524 aus Basel an Guillaume Farel schreibt: »... die [neuen Pfarrer] lassen sich als Apostel, Evangelisten und Bischöfe ehren — und benutzen weiß was für andere Titel, die [allesamt] mehr Arroganz als Wissen bekunden.«[17]

Dieser neue, im anvertrauten Pastorat begründete reformierte »Klerikalismus« ist anderer Art als der mittelalterliche Klerikalismus der geflüsterten Einsetzungsworte, wirkt aber nicht weniger intolerant, wenn eine politische Theologie die Grenzen des Pastorats nicht zu respektieren bereit ist, sondern das Evangelium ungebrochen zu einer Funktion des *bonum commune* macht. Solange der städtische Reformator die öffentliche Meinung gegen den alten Klerikalismus zu mobilisieren weiß, werden nur die Hellsichtigsten, wie Pierre Toussain, die Gefahr des jähen Rückfalls wittern. Es gehört aber sicher zu den bösen Weisheiten, daß auch innerhalb der Stadtmauern mit den hochzuschätzenden protodemokratischen Ansätzen des Priestertum aller Gläubigen von Anfang an eine gefährdete Existenz fristete.

Ein dritter Grund, nicht zu undifferenziert und schon gar nicht aus der Sicht einer unbewältigten Vergangenheit die zweite Phase der Reformation, die Fürstenreformation, als gesetzlich, klerikalistisch und steril der ersten »schöpferischen«, sogenannten demokratisch-städtischen Phase gegenüberzustellen, wird erst recht deutlich aus der Perspektive der Universität. Es ist bisher nicht beachtet worden, daß eben die zwei von Straßburg nominierten und 1534 von Herzog Ulrich ernannten Reformatoren der Universität Tübingen, Blarer und Grynäus, zwei Versuchen dienen, die Universitäten in den Dienst der Stadtreformation zu stellen. An dieser auch von Bucer unterstützten Strategie können wir ablesen, was ihr Gelingen für Theologie und Wissenschaft insgesamt bedeutet hätte.

Durch Blarer vermittelt, gründete der Kaufmann Peter Buffler am 14. April 1534 eine Stiftung mit Sitz in Straßburg zum Zwecke der Ausbildung je zweier Theologen aus Biberach, Isny, Konstanz, Lindau und bald auch aus Ulm, Memmingen, Eßlingen, Kempten, Bern und Schaffhausen.[18]

Als Bucer versucht, diese Gelegenheit zu nutzen, um neben Wittenberg und Marburg auf Grundlage der vorhandenen Stiftung auch in Straßburg eine Universität mit »allen faculteten« aufzubauen, wird er durch den Altamtmeister und Scholarchen, den städtischen Beauftragten für das Bildungswesen, Klaus Kniebis, mit den engen Grenzen konfrontiert, die der städtische Relevanzmaßstab des *bonum commune* für die Wissenschaft zieht. Es kann nicht Aufgabe der Stadt sein — hält Kniebis Bucer entgegen —, eine Universität mit allen Fakultäten aufzubauen; das Interesse der Öffentlichkeit an höherer Schulbildung reicht nur so weit, als was »unserm gemeynen nütz zu erhalten, notwendig« ist.[19] Dies geht allererst und grundsätzlich zu Lasten der Naturwissenschaften, von denen es in der Heiligen Schrift heißt, so Kniebis, daß sie von Gott abziehen, von dem Gott, der sowohl über aller Natur *ist* als auch über alle Natur *belehrt*, und zwar eben in der Heiligen Schrift.[20]

Die Gefahren dieser Geisteshaltung, die Vermischung der zwei Bereiche von Weltweisheit und Gottesweisheit, welche wir in der fundamentalistischen Bekämpfung des Darwinismus bis in unser Jahrhundert verfolgen können, dürfen wir zwar nicht Bucer ankreiden. Doch auch er ist Vorkämpfer der städtischen Ideologie des *bonum commune*. Auch sein Ziel ist es, in Straßburg eine bewußt christliche Universität zu gründen, welche, zwar von der Stadt unabhängig, dafür so in die Kirche eingebunden ist, daß kein Freiraum zurückbleibt für säkulare Forschung. Die profane Welt mit allen auf sie bezogenen Wissenschaften wird mit Macht der Theologie zu- und untergeordnet. Aus dieser Sicht hat sich das Zeitalter der Naturwissenschaften und Technologie nur gegen Theologie und Kirche etablieren können. Wenn es allein diese Reformation gegeben hätte, könnten evangelische Christen heute nur mit schlechtem Gewissen in der Neuzeit leben.[21] Die Gefahren der Grenzüberschreitung zwischen Kirche und Universität werden fünf Jahre später explizit, als Bucer nach Basel reist, um seinen Freund und Kollegen Grynäus in dessen Widerstand gegen die neuen Statuten zu unterstützen, mit denen der Rat in Weiterführung der spätmittelalterlichen Politik der »Kommunalisierung« die Inkorporation der Basler Geistlichkeit in die Universität verlangt hatte. Grynäus hatte vielmehr umgekehrt das Recht, die Professoren zu wählen, der Kirche als Wächterin der Universität zuweisen wollen. Bucer will zuerst Grynäus unterstützen, stimmt dann aber nolens volens der Eingliederung der Pfarrerschaft in die Universität zu, aber doch unter der Bedingung, daß nicht nur die Priorität der Theologie gegenüber den anderen Fächern gesichert ist, sondern auch, daß unter dem Vorsitz des obersten Stadtpfarrers, des »Episkopus« (Antistes!), der theologischen Fakultät die Aufsicht über alle übrigen Fakultäten zufallen sollte, »damit . . . ja in allen faculteten die religion Christi trewlich gefurdert wurde«.[22]

Die neue Basler Universitätsverfassung von 1539 hat, wie ich meine glücklicherweise, diese Dominokratie unmißverständlich abgelehnt. Der Rektor und die zuständigen Ratsdeputierten mußten Bucer darauf hinweisen, daß sein Vorschlag gegen »alle bruch, gewohnheit und fryheit aller universiteten« verstoßen und im Prinzip auch einen Rückfall ins Mittelalter bedeuten müßte, denn aus dieser Macht der Geistlichkeit über die Universität würde »ein große Tyranny erwachsen, wie jnn dem Bapstumb beschehen . . .«[23]

Die Bemühungen der Straßburger Theologen, im Jahre 1534 und wiederum 1539 Einfluß auf die Gestaltung reformatorischer Universitäten zu gewinnen, erlaubt uns, das Wirken von Grynäus und Blarer als Reformatoren der Universität Tübingen richtig einzuschätzen. Der Widerstand, auf den beide in Tübingen stoßen, wird nur zum Teil der scholastischen Renitenz und dem Hang zum Alten zuzuschreiben sein; zum Teil auch mußten die Tübinger Professoren um die Freiheit ihrer Universität fürchten. Als Antwort darauf ist dann auch Herzog Ulrichs ausdrückliche Bestätigung der akademischen Privilegien und Rechte vom 16. Januar 1536 zu betrachten.[24] Darüber hinaus ist aber vor allem zu beachten, daß die Ablösung der »städtischen Reformation« durch die »Fürstenreformation« nicht nur Stabilität bedeutete, sondern für die Wissenschaften alles andere als Sterilität einbrachte: Der Erforschung profaner Welterfahrung wurde entgegen aller »städtischen« Rückkoppelung an die gesellschaftlichen Bedürfnisse des *bonum commune* ein Freiraum geschaffen, den sie gegen den Führungsanspruch der selbstbewußt aufblühenden Theolgie dringend brauchte. Bedeutete damals der Relevanzmaßstab das Ausscheiden der Naturwissenschaften, so würden heute dieselben Gesichtspunkte gesellschaftlicher Zwänge zur Verdrängung der *humaniora* und der Theologie führen. Unter dem kurzatmigen Gesichtspunkt des *bonum commune* war auch damals, als es kirchlich bestimmt wurde, kein Freiraum für Wissenschaft denkbar. Wenn auch Ulrich selbst keineswegs eine Blütezeit der Universität herbeiführte, war doch ihr Status mitsamt »allen Fakultäten« für das Zeitalter des Wiedererwachens der Wissenschaften bewahrt worden.

V

Die Bewahrung der Universität und die Anerkennung der Ebenbürtigkeit aller ihrer Fakultäten umfaßt noch mehr als das Ringen um die Dominanz von städtischer Reformation und Fürstenreformation. Der Streit um die rechte Gestaltung des Reiches Christi geht über die bisher einseitig beachteten politischen und sozialen Aspekte hinaus; er hat wissenschaftliche Wege geöffnet, die über den kopernikanischen Respekt[25] vor Technologie und Fortschritt zum Weltbild der Neuzeit geführt haben. Dabei spielt der alte Wegestreit zwischen *via antiqua* und *via moderna* eine überraschende Rolle, jener Wegestreit, den die damals Beteiligten wie immer noch die heutigen Historiker als antiquiert *ad acta* gelegt haben. Hier werden Entscheidungen über die Zukunft von Forschung und Lehre gefällt, die wir zu Unrecht nur mit dem Geist der Aufklärung und keineswegs mit dem vorhergehenden Übergang vom Mittelalter zur Reformation in Verbindung zu bringen gelernt haben.

Während die *via antiqua,* der die führenden städtischen Reformatoren fast ausnahmslos entstammten, die Hinordnung aller Wissenschaften auf die Theologie vertrat, hat die *via moderna* die relative Selbständigkeit von Naturwissenschaft und Theologie, von *scientia* und *sapientia,* befürwortet. Es ging ihr im Mittelalter zwar noch nicht um einen Freiraum gegenüber einer *bekenntnisgebundenen* Wissenschaft, aber doch, durchaus analog, um die Befreiung aus der Umklammerung durch die metaphysische Spekulation, die nach nominalistischer Überzeugung zugleich den Bereich der Physik *und* der Theologie überfremdete.

Nach 150 Jahren einer wechselvollen und immer umstrittenen Geschichte hat die *via moderna* in Tübingen eine so fruchtbare Wirkungsstätte mit Ausstrahlung nach Erfurt und Wittenberg gefunden, daß wir heute berechtigt sind, aus Tübinger Sicht ohne Beigeschmack von Lokalborniertheit zu urteilen. Es war das Anliegen der *via moderna,* zwei Bereiche von metaphysischer Überwucherung durch die *via antiqua* freizukämpfen. Im Bereich der Theologie wehrte sie sich gegen das seine Grenzen überschreitende Eindringen der menschlichen Vernunft in Gottes Offenbarung — *contra vanam curiositatem.* Im Bereich der Naturwissenschaften hob sie die Zuverlässigkeit und Aussagekraft der *experientia* als *experimentum* hervor: Die, wie wir es nennen, profane Welterfahrung wurde gegenüber der dogmatischen Theologie in Schutz genommen.

Der Weg von den Pariser Nominalisten Jean Buridan († 1348) und Nikolaus Oresme († 1382) zu Kopernikus († 1543) und Galilei († 1642) war zwar noch lang und voller Umwege mangels technischer Hilfsmittel, aber

auch voller zusätzlicher Welterfahrung. Mit Recht hat John Murdoch deshalb den Versuch, eine direkte und geschlossene Traditionskette zu konstruieren, als »precursoritis« den uns heute bekannten psychischen Krankheiten zugefügt.[26] Diese Warnung sollte aber nicht darüber hinwegtäuschen, daß schon im späten Mittelalter das Fundament für die Entmythologisierung von Gott und Natur gelegt wurde, was erst recht verständlich
macht, daß eben das christliche Europa zum Zentrum des technologischen
Fortschritts geworden ist. Drei nominalistische Grundprinzipien sind hier
zusammen zum Tragen gekommen: 1. Die Priorität des Einzelphänomens, welches die Wirklichkeit konstituiert; 2. die induktive Methode,
welche die vorgefaßte Meinung zum wissenschaftlichen Laster par excellence stempelt; und vor allem 3. der Unterschied zwischen dem unbekannten, nur durch seine Selbstoffenbarung erkennbaren Gott und der genauso
unbekannten, nur durch Vernunft und Erfahrung zu erschließenden Natur.

Im Reformationszeitalter ist durch das große Ringen um Kirche und
Glauben die Förderung der Naturwissenschaften nur langsam vorangekommen. Zum Teil kommen die aufklärerischen Errungenschaften, am
Vorabend der Reformation erzielt, dem wissenschaftlichen Habitus wieder abhanden. So muß der Jesuitenpater Friedrich von Spee im Jahre 1631
feststellen: »Es ist kaum zu glauben, was es bei den Deutschen für Aberglauben, Mißgunst, Verleumdung, Ehrabschneiderei, heimliches Gerede
und dergleichen gibt. Diese Dinge werden von der Obrigkeit nicht bestraft,
sie werden in Predigten nicht gerügt. Dadurch wird der Verdacht der Hexerei zu allererst in die Welt gesetzt. Alle göttlichen Strafen, die Gott in
der heiligen Schrift angedroht hat, stammen von den Hexen her. Gott und
die Natur tun jetzt gar nichts mehr, sondern alles machen die Hexen.«[27]
Eben gegen diese Art Hexenmythologie hatte der Biel-Schüler Martinus
Plantsch († 1533) schon 1505 in der Tübinger Stiftskirche gewettert und
sie mit nominalistischen Argumenten zu entlarven vermocht.[28] Ohne sich
durch das biblische Weltbild vom wissenschaftlichen Fortschritt abdrängen zu lassen, reist der Wittenberger Astronomieprofessor Rheticus zu
Kopernikus, um ihn zur Veröffentlichung seines Buches *De Revolutionibus* zu überreden. Könnten wir noch zweifeln, ob diese Initiative nur auf
das Konto der Ausstrahlung der Wittenberger *via moderna* geht, so ist es
sicher kein Zufall, daß der Lutheraner Andreas Osiander, Prediger in
Nürnberg, dieses Werk mit einem eigenen Vorwort als erster veröffentlichte. Es ist ihm zwar öfters vorgeworfen worden, daß er Kopernikus' revolutionäre Abrechnung mit dem Geozentrismus als »Hypothesen« bezeichnete — aber eben darin blieb er der Erfahrungstradition des Nominalismus treu, daß er den erst nachträglich von Galilei, Kepler und Newton

belegten und bestätigten »Wurf« des Kopernikus als noch nicht endgültig gesichert betrachten mußte.[29]

Die Mobilisierung der Frömmigkeit und die betonte Hervorhebung der Heiligen Schrift im Glaubenskampf verleihen den Früchten der nominalistischen Zwei-Bereiche-Lehre im Bereich der Naturwissenschaften noch Seltenheitswert. Unmittelbare Sprengkraft erzielte sie im Bereich der Theologie. Es ist wohl nicht zu verwegen, die Jahre 1534 bis 1536 als Entscheidungskampf um die Zukunft der Reformation der Universität Tübingen, der Reformation in Württemberg und im Reich auch unter dem akademischen Gesichtspunkt des Wegestreits ernst zu nehmen. Wie wenig es sich dabei um Talarkämpfe im Elfenbeinturm weit abseits der Realität handelt, geht schon daraus hervor, daß im Zuge des Zurückdrängens städtisch-theokratischer Ansprüche der von der *via moderna* erkämpfte wissenschaftliche Freiraum bewahrt werden konnte.

Das hat auch für die Theologie einschneidende Folgen. Von Luther aus betrachtet, ging es bei der von Zwingli unterwanderten städtischen Abendmahlstheologie um das hartnäckige Durchhalten der *via antiqua,* dem erst 1538 mit der Wittenberger Konkordie ein vorläufiges Ende gesetzt wird, das aber dann auch zum endgültigen Sturz Blarers führt.

In einer grundsätzlichen Aussage zur bleibenden Bedeutung der *via moderna*, von ihm als Terminismus bezeichnet, weist Luther darauf hin, daß in der mittelalterlichern Ockhamschule die Universalienfrage mit ihrem Bestehen auf der Priorität des einzelnen das entscheidende Kennzeichen war. Jetzt aber, zu seiner Zeit, ist damit die treue Bibelauslegung gemeint, die einen Text in *terminis propriis* aus sich selbst heraus erläutert, ohne die einzelnen biblischen Aussagen spekulativ zu überhöhen und jene eigene Gescheitheit hineinzulesen, wodurch in der mittelalterlichen Kirche das Abendmahl zum Opferdienst und das Sakrament, eingesetzt von Christus unter dem Zeichen von Brot und Wein, zur Messe unter nur einerlei Gestalt umgedeutet wird.[30]

Setzt Luther das Erbe der *via moderna* zuerst gegen die Altgläubigen ein, so richtet er bald nach 1525 genau dieselben Argumente gegen Karlstadt und Zwingli und alle, die er »Schwärmer« schimpft. Wie die *via antiqua* in der Universalienfrage den einzelnen Menschen nicht als historisch vorgegebene einmalige Existenz betrachtet, sondern nur als Erscheinungsbild der überzeitlichen Idee des Menschen, zu dem es gedanklich sich zu steigern gilt, so werden auch die in der Heiligen Schrift bezeugten Sakramente in der Exegese geistig und geistreich überhöht, allerdings nach Maßgabe der menschlichen Weisheit, nicht im Beugen vor den sicheren Zeichen (in certis signis), an die sich Gott zu binden entschlossen hat.[31]

Es ist Luther oft vorgeworfen worden — besonders von Lutherforschern, die selber aus dem Erbe der *via antiqua* schöpfen und sich somit in einer denkbar schlechten Lage befinden, ihm Recht widerfahren zu lassen, — daß seine Abendmahlslehre nach 1525 einen Rückfall ins Mittelalter bedeute. Luther dagegen sah hier ein Durchziehen und Mobilisieren gerade moderner wissenschaftlicher Errungenschaften, die er Ockhams Schule zu verdanken hatte, zuerst eingesetzt gegen »Rom« und ohne Rückfall oder Wende dann gegen »Zürich«. Luthers Schüler übernahmen seine Abendmahlslehre, ohne sich bewußt zu sein, damit auch auf die Tradition der *via moderna* zurückzugreifen, die von ihnen schon längst als scholastisch verteufelt war. Ein treffendes Beispiel für diesen Vorgang bietet der Nürnberger Stadtschreiber Lazarus Spengler († 1534), der von Wittenberg aus gesehen auf einem der wichtigsten städtischen Vorposten den schweizerischen Einflüssen standhielt. Spengler wettert mit derselben doppelten Front wie Luther zuerst gegen die roten »pirret« der Kardinäle und sodann gegen Karlstadt, Zwingli und Oekolamapad mit Verweis auf die »hellen Worte der Schrift«, in der Sorge, daß auch Straßburg schweizerisch abirren wird.[32] Denn, so schreibt er in einem kürzlich entdeckten Brief vom Sommer 1526: Sie machen nichts anderes als »mit irer vernunfft also in der schrifft und dem wort Gottes spacyren [zu] geen«, daß sie »die einfeltigkeit göttlicher warheit zu kruppeln understeen [zu entstellen wagen]...«[33]

Luthers passionierter und bisweilen grober Einsatz gegen die Überfremdung des »einfachen« Textes durch hohe kirchliche Autorität und tiefe akademische Erudition hat eine anti-elitäre, sogar populistische Spitze gegen die Ansprüche der Papstkirche *und* gegen die Gelehrtenrepublik, die beide gleichermaßen den *christifideles,* den einfachen Gläubigen, »ihre« Bibel stehlen, die wahre *biblia pauperum.* Auch dies ist zu bedenken, wenn wir nicht einer romantischen »demokratischen« Verklärung der Städtereformation und einer »antiautoritären« Verketzerung der Fürstenreformation zum Opfer fallen wollen.

Anmerkungen

[1] Für eine weiterführende historische Analyse, für Quellenbelege und Auseinandersetzung mit dem heutigen Forschungsstand siehe mein Buch *Werden und Wertung der Reformation. Vom Wegestreit zum Glaubenskampf* (= Spätscholastik und Reformation 2), Tübingen 1977, S. 329—378.

[2] Siehe Hans-Christoph Rublack, *Forschungsbericht Stadt und Reformation,* in: *Stadt und Kirche im 16. Jahrhundert,* hrsg. von Bernd Moeller (= Schriften des Vereins für Reformationsgeschichte 190), Gütersloh 1978, S. 9—26.

[3] Friedrich Nietzsche, »*Böse Weisheit*«. *Sprüche und Sprüchwörtliches,* in: Ders., *Werke, Kritische Gesamtausgabe,* hrsg. von Giorgio Colli und Mazzino Montinari, Bd. 7, Berlin 1977, S. 418, Nr. 12[1]197.

[4] Vgl. Erwin Mülhaupt, *200 Sprichwörter und Sprüche aus Luthers Evangelien- und Psalmenauslegung,* in: *Luther* 47 (1976), S. 23—37.

[5] Vgl. mein Opusculum *Contra vanam curiositatem. Ein Kapitel der Theologie zwischen Seelenwinkel und Weltall* (= Theologische Studien 113), Zürich 1974, S. 39—49.

[6] Diese Mixtur wirkt sich spätestens dann verheerend aus, wenn ein Zerrbild der Reformation eingefügt wird in eine romantisierende Verklärung der mittelalterlichen Anfänge der Universitätsgeschichte, und zwar unter dem Leitbild »Universitas rerum, professorum et studiosorum«, das schon in Bologna nie der Realität entsprach, von den jungen deutschen Universitäten völlig zu schweigen.
In einem neueren Beitrag heißt es zuerst noch scheinbar wertneutral, daß die mittelalterliche Universität von den Kräften der Reformation »transformiert« wurde. Dann aber werden eben jene Phänomene, die charakteristisch sind für die vorreformatorische Universität und die zu einem von allen Beteiligten empfundenen Bildungsnotstand geführt haben, der Reformation zugeschrieben. Wie »Transformation« zu verstehen ist, wird deutlich, wenn »die universale Weite der Konzeption« der mittelalterlichen Universität von der durch die Reformation verursachten Destruktion abgehoben wird: » ... die lutherischen Staaten haben versucht, ihre Universitätsneugründungen als Schulen ergebener Staatsdiener umzumodeln und sie in die Engräumigkeit der deutschen Territorialstaaten hineinzuführen.« Alfred Müller-Armack, *Holzwege der Universitätsreform. Aus Stätten wissenschaftlicher Bildung werden höhere Schulen,* in: *Frankfurter Allgemeine Zeitung,* Nr. 105 vom 6. 5. 1977, S. 9 f. Ebensowenig stichhaltig ist andererseits die Vorstellung einer goldenen Urzeit der Universität Tübingen gegen den dunklen Hintergrund »einer vom kirchlichen Machtwillen und vom sittlichen Verfall geprägten Zeit ...« Walter Frommhold, *Klinikum Tübingen,* in: *Baden-Württemberg* 23 (1976), H. 2, S. 8.

[7] Für die landesgeschichtlichen Entwicklungen siehe *Württembergische Kirchengeschichte,* hrsg. vom Calwer Verlagsverein, Bd. 3: Julius Rauscher, *Württembergische Reformationsgeschichte,* Stuttgart 1934, und Walter Grube, *Der Stuttgarter Landtag 1457—1957. Von den Landständen zum demokratischen Parlament,* Stuttgart 1957. Weiterführend ist vor allem die ergiebige Dissertation von Wilhelm Bofinger, der als Bahnbrecher in der jüngeren Forschung zur Erhellung der Themata »Territorium und Reformation« bzw. »Stadt und Reformation« Sozial- und Theologiegeschichte aufeinander bezogen hat. *Oberdeutschtum und württembergische Reformation. Die Sozialgestalt der Kirche als Problem der Theologie- und Kirchengeschichte der Reformationszeit,* Tübingen 1957 (masch.). Bisher ist nur der zweite Teil veröffentlicht: *Kirche und werdender Territorialstaat. Eine Untersuchung zur Kirchenreform Herzog Ulrichs von Württemberg,* in: *Blätter für Württembergische Kirchengeschichte* 65 (1965), S. 75—149.

[8] Karl August Meißinger führt »die Tragödie« zurück auf »Programmlosigkeit« Martin Luthers und seinen Rückzug in die Innerlichkeit im entscheidenden Jahr 1521: »Jetzt aber wurde eine höhere Art von Tapferkeit von ihm gefordert, seit nämlich seine Sache die Sache der Nation geworden war, und nur über die Nation war sie wirklich durchzusetzen. Dieser Aufgabe aber ist er ausgewichen.« *Luther. Die deutsche Tragödie 1521,* München 1953, S. 184 f. So hoch Meißinger auch anzurechnen ist, daß er die Lutherkritik nicht mehr der katholischen Interpretation überlassen möchte, muß doch seine Beurteilung als Fehldeutung des Grundanliegens Luthers zurückgewiesen werden, der von Anfang an die Geschichtsmächtigkeit der freien Verkündigung des Evangeliums zur Voraussetzung hatte.

[9] *Weimarer Ausgabe,* Abt. Briefe 1. 173, 28 f; an Spalatin, Wittenberg, 18. Mai 1518.

¹⁰ »...the German Reformation was an urban event at once literary, technological and oratorical.« Arthur Geoffrey Dickens, *The German Nation and Martin Luther,* London 1974, S. 182. Dieses Zitat wäre irreführend, wenn nicht hinzugefügt würde, daß Dickens für die Jahre 1525—1535 (—40) eine zweite Reformation ansetzt, die Fürstenreformation: »Thus a second Reformation, stabilizing yet sterilizing, followed upon the popular and enthusiastic Reformation of the cities.« *A.a.O.,* S. 196.

¹¹ *Die Bedeutung der Württembergischen Reformation für den Gang der deutschen Reformationsgeschichte,* in: *Blätter für Württembergische Kirchengeschichte* 38 (1934), S. 267—280; 272 f; auch in: ders., *Vorträge und Aufsätze zur historischen Theologie,* Tübingen 1972, S. 239—251; 244 (durch Kursivierung von Rückert hervorgehoben).

¹² »Video τὴν τοῦ Ρομάνου ᾽Αρχιερέως (ut nunc est ea sedes) μοναρχίαν pestem esse Christianismi ... Sed tamen haud scio an expediat hoc ulcus aperte tangere. Principum hoc erat negocium; sed vereor ne hi cum Pontifice colludant, in praedae partem venturi.« *Opus Epistolarum Des. Erasmi Roterodami,* hrsg. von P. S. Allen, Bd. 3, Oxford 1913, S. 409, 16—410, 21 (Nr. 872); an Johannes Lang, Löwen, 17. Oktober 1518. Vgl. Erich Kleineidam, *Universitas Studii Erffordensis. Überblick über die Geschichte der Universität Erfurt im Mittelalter 1392—1521,* Bd. 2: 1460—1521 (= Erfurter Theologische Studien 22), Leipzig 1969, S. 237.

¹³ *The Reformation in the Cities. The appeal of Protestantism to sixteenth-century Germany and Switzerland,* New Haven 1975, S. 164 ff. Mit ungenauen Detailangaben wie auch durch seine gravierendere Fehldeutung von Zwinglis bekanntem Brief an Blarer, mit der Folge, daß bei ihm Luthers und Zwinglis Reformation zusammenfließen — 4. Mai 1528; Huldrych Zwingli Werke, Bd. 9 (= *Corpus Reformatorum* 96), S. 460, bes. 15—17—, hat es Ozment seinen Kritikern zu leicht gemacht, unbekümmert an seiner äußerst anregenden Mentalitätsanalyse vorbeizugehen. *The Reformation in the Cities...,* S. 216.

¹⁴ A. G. Dickens, *The German Nation and Martin Luther...,* S. 196.

¹⁵ Siehe seinen *Tractatulus bipartitus de decimis...,* als Anhang zu seinem *Septipertitum opus de contractibus...* von Heinrich Gran in Hagenau 1500 gedruckt. Eine kritische Teiledition in meinem Buch *Werden und Wertung der Reformation...,* S. 381—411.

¹⁶ Siehe Fritz Blanke, *Brüder in Christo. Die Geschichte der ältesten Täufergemeinde (Zollikon 1525)* (= Zwingli-Bücherei 71), Zürich 1955, S. 82.

¹⁷ »Item faciunt se vocari Apostolos, Evangelistas et episcopos, et je ne scé quelz aultres titres plus plain[s] d'arrogance que de science.« *Correspondance des Réformateurs,* hrsg. von A.-L. Herminjard, Bd. 1, S. 313 (Nr. 131). Direkter Anlaß für diese allgemeine Kritik bot Franz Lambert, der in einem von Jean Rott neuentdeckten Brief aus eben dieser Zeit — kurz nach dem 3. November 1524 — an den Straßburger Scholarchen Kniebis seine Frau grüßen läßt als »coapostola mea«. Siehe Jean Rott, *Un recueil de correspondances strasbourgeoises du XVIe siècle à la bibliothèque de Copenhague (ms. Thott 497, 2°),* in: *Bulletin Philologique et Historique,* Jg. 1968, Paris 1971, S. 749—818; 782. Über Toussain oder Tossanus siehe P. S. Allen, *Opus Epistolarum...,* Bd. 6, Oxford 1926, S. 52 f, Anm. zu Z. 8.

¹⁸ Ich benutze für diese Angaben und den weiterführenden Plan einer Straßburger Universität im Jahr 1534 Ernst-Wilhelm Kohls, *Die Schule bei Martin Bucer in ihrem Verhältnis zu Kirche und Obrigkeit* (= Pädagogische Forschungen 22), Heidelberg 1963, S. 77—82. Kohls beachtet als erster zwei Dokumente zur Reform der Basler Universität vom Juli 1539, ein Gutachten Bucers und die Antwort der Basler Universität — allerdings mit einer meiner Deutung entgegengesetzten Bewertung. *A.a.O.,* S. 109—114. Siehe unten Anm. 22 und 23.

¹⁹ »Ist vnß nit beuolhen, *ja allen faculteten oder scientijs anzuziehen.* Ist auch noch nit jn der schulen gefell [Einkommen] so vil, das sollichs mag vßtreglich [fruchtbar] furgenommen werden. Sünder allein jn dem, so vnserm gemeynen nütz zů erhalten, notwendig...«

Thomasarchiv Straßburg, Nr. 324, fol. 1r; zitiert nach E.-W. Kohls, *Die Schule bei Martin Bucer . . .,* S. 80 (Hervorhebung im Manuskript). Das Gutachten von Bucer datiert dem Ratsvermerk zufolge von Ende März, Anfang April: »Lectum 4. Aprilis Anno xxxiiij«. *A.a.O.,* S. 221, Anm. 44.

²⁰ »Dann die *heylig schrifft* die naturlich philosophiam ansiehet, *als ob sy von dem glauben jn gott (der vber die natur ist vnd leret) abziehet.«* Thomasarchiv, Nr. 324, fol. 1r; zitiert nach E. W. Kohls, *Die Schule bei Martin Bucer . . .,* S. 82 (Hervorhebungen im Manuskript). Auch vor der Dialektik wird gewarnt: Sie ist nicht schädlich, »als vil die zů der theology vnd vffmerkens zů haben dienet, das man nit durch die dialecticam verfûret vnd jn perversam sententiam propositionem fidei geführt werde . . .« Thomasarchiv, Nr. 324, fol. 1r; E.-W. Kohls, *a.a.O.,* S. 227, Anm. 70.

²¹ An der Intention und an den Aussagen der Vertreter der *via moderna* vorbei, ja in einer genauen Umkehrung ihres Ringens um die Befreiung der Welterfahrung aus der metaphysischen Umklammerung der *via antiqua,* urteilt Hans Blumenberg: Eine Religion, die »in der mittelalterlichen Konsequenz ihrer Sorge um die unendliche Macht und absolute Freiheit ihres Gottes die Bedingungen selbst zerstörte, die sie für das Weltverhältnis des Menschen vorgegeben hatte, eine solche Religion bleibt unausweichlich mit dieser widerspruchsvollen Abwendung von ihren Voraussetzungen dem Menschen das Seinige schuldig«. *Säkularisierung und Selbstbehauptung* (= Suhrkamp Taschenbuch Wissenschaft 79), Frankfurt am Main 1974, S. 134. Dieses Buch ist bezeichnet als eine »erweiterte und überarbeitete Neuausgabe von *Die Legitimität der Neuzeit,* erster und zweiter Teil«, Frankfurt 1966, korrigiert dennoch dieses Grundsatzurteil nicht. Vgl. aber die Zugeständnisse dem Ockhamismus gegenüber in der Neuausgabe des dritten Teils, *Der Prozeß der theoretischen Neugierde* (= Suhrkamp Taschenbuch Wissenschaft 24), Frankfurt am Main 1973, S. 150 f.

²² »Petitio et tractatus fratrum ac professorum Argentinensium apud Rectorem et Deputatos Vniversitatis, presentibus Deputatibus urbis Basiliensis. Anno 1539. Mense Julio.« Basler Universitätsbibliothek, Sign. AA I, 42 a; angeführt von E.-W. Kohls, *Die Schule bei Martin Bucer . . .,* S. 109—111; 110; Der Aktenvermerk zitiert nach *a.a.O.,* S. 240, Anm. 230.

²³ Siehe die »Responsio data Argentinensibus 1539«, Basler Universitätsbibliothek, Sign. AA I, 42 b; zitiert und ausführlich erörtert von E.-W. Kohls, *Die Schule bei Martin Bucer . . .,* S. 111 f.

²⁴ *Urkunden zur Geschichte der Universität Tübingen aus den Jahren 1476 bis 1550,* hrsg. von Rudolph von Roth, Tübingen 1877, S. 185—198.

²⁵ Vgl. meinen Aufsatz *Reformation and Revolution: Copernicus' discovery in an era of change,* in: *The Cultural Context of Medieval Learning,* hrsg. von John Emery Murdoch und Edith Dudley Sylla, Dordrecht 1975, S. 397—435.

²⁶ *Philosphy and the enterprise of science in the later Middle Ages,* in: *The Interaction between Science and Philosophy,* hrsg. von Yehuda Elkana, Atlantic Highlands, N. J. 1974, S. 51—74.

²⁷ Siehe Manfred Hammes, *Hexenwahn und Hexenprozesse* (= Fischer Taschenbuch 1818), Frankfurt a. Main 1977, S. 9.

²⁸ *Opusculum de sagis maleficis Martini Plantsch concionatoris Tubingensis,* Pforzheim (Thomas Anshelm) 1507.

²⁹ Vgl. H. A. Oberman, *Reformation and Revolution . . .* [oben Anm. 25], S. 413 f.

³⁰ *Weimarer Ausgabe,* Abt. Tischreden 5. 653, 1—18 (Nr. 6419).

³¹ Es ist darauf zu achten, daß Luther 1520 in Aussagen, in denen die reformatorische Theologie geradezu summiert wird, noch Gedanken verbindet — signum *et* memoriale —, die nach 1525 als charakteristisch für Zürich und Oberdeutschland bereits zum Verdacht spekulativer Überhöhung führen: » . . . his verbis [1 Kor. 11, 24] promitto tibi, ante omne meritum et votum tuum, remissionem omnium peccatorum tuorum et vitam aeternam, et ut

certissimus de hac mea promissione irrevocabili sis, corpus meum tradam et sanguinem fundam, morte ipsa hanc promissionem confirmaturus et utrunque tibi in signum et memoriale eiusdem promissionis relicturus.« De captivitate Babylonica; *Weimarer Ausgabe* 6. 515, 20—24.

[32] Lazarus Spengler an Peter Butz, Nürnberg, 24. Oktober 1525; hrsg. von Jean Rott, *La Réforme à Nuremberg et à Strasbourg: contacts et contrastes (avec des correspondances inédites),* in: *Hommage à Dürer. Strasbourg et Nuremberg dans la première moitié du XVIe siècle. Actes du colloque de Strasbourg (19—20 November 1971),* (= Publications de la Société Savante d'Alsace et des Régions de l'Est. Recherches et Documents 12), Straßburg 1972, S. 91—142; 125.

[33] Lazarus Spengler an Peter Butz, Nürnberg, 10. Juni 1526, hrsg. von J. Rott, *La Réforme à Nuremberg et à Strasbourg . . .,* S. 132.

Die Reformation im Freiberger Ländchen
(im Albertinischen Sachsen)
1537
und ihre prototypische Bedeutung

MARTIN SCHMIDT

Heidelberg

I

Die Lage der Welt und des Reiches um 1537

Das eigentümliche Widerspiel der politischen Kräfte, der Ponderabilien wie der Imponderabilien, in den für unseren Zusammenhang entscheidenden Jahren 1535 bis 1538 läßt sich kaum besser als mit den Worten unseres größten Kollegen Leopold von Ranke kennzeichnen: »Wenn man in dem politischen Leben jener Jahre ein auffallendes Schwanken und Hin- und Herwogen der Tendenzen wahrnimmt, so rührt das gerade nicht von Willkür und von persönlicher Schwäche her.« So viele eigentümliche Gegensätze sind vorhanden, zwischen der abendländischen Christenheit und den Osmanen, bekanntlich Rankes Hauptgesichtspunkt in seiner welthistorischen Gesamtschau, zwischen der Krone Frankreichs und dem Hause Österreich, den Protestanten und der römischen Kirche, noch immer auch zwischen dem Papsttum und dem Kaisertum, der geistlichen und der weltlichen Gewalt, von vielen Minderbedeutenden abgesehen. Sie alle wirken ineinander und von ihnen überwiegt bald der eine und bald der andere. Jeder aber fordert immer seine besondere Berücksichtigung. So mächtig ist auch der Kaiser nicht, daß sich sein Tun und Lassen in einem konsequenten, nach allen Seiten wohl erwogenen Gange hätte bewegen können. Den verschiedenen Tendenzen wird teilweise freier Lauf gelassen oder sie sind stark genug, sich selbst Bahn zu brechen, die Werkzeuge der höchsten Gewalt unter ihren Einfluß zu bringen. Kaiser Karl V. war in jenen Jahren mehr außenpolitisch als innenpolitisch engagiert. Nach dem großen militärischen Erfolg in der Schlacht von Pavia 1525 und dem kleinen diplomatischen Erfolg des Friedens von Madrid 1526 war der Krieg mit Frankreich um die Vorherrschaft in Italien und um den Besitz der Freigrafschaft Burgund, der heutigen romanischen Schweiz, aufs neue entbrannt und hatte durch den »Damenfrieden« von Cambrai 1529 einen vorläufigen Abschluß gefunden. Frankreich war in diesem Vertrag jedoch zuviel zugemutet worden. Es hatte auf alle seine italienischen Ansprüche und auf das Feudalrecht über Flandern und Artois verzichten müssen. Bei einer solchen territorialen Regelung konnte sich die französische Krone auf die Dauer nicht beruhigen. Da inzwischen Kaiser und Papst Frieden geschlossen hatten, mußte sie neue Bundesgenossen suchen. Diese boten sich in den Osmanen, die eine günstige Gelegenheit zum Eingreifen in der Tatsache fanden, daß in Ungarn die an ihrer Selbständigkeit festhaltenden Magnaten unter der Führung des siebenbürgischen Woiwoden Johann Zapolya sich gegen die österreichische Herrschaft der Habsburger empört hatten und auswärtige Hilfe brauchten. So standen die Türken schon vom 20. September bis zum 16. Oktober 1529 vor Wien und konnten nur durch stärkere österreichische Artillerie zum Rückzug gezwungen werden.

Derselbe Vorgang wiederholte sich im Jahre 1532. Aber auch Frankreich knüpfte mit Zapolya Verbindungen an und erreichte 1528 ein Abkommen, das ein Jahr später von ihm ratifiziert wurde. Frankreich ließ es dabei allerdings nicht bewenden. Es zog neue Kräfte in die anti-habsburgische Koalition, und zwar die für Karl V. gefährlichsten, die innerdeutschen, auf ihre Libertät bedachten Reichsstände, deren Organ ganz allmählich der Schmalkaldische Bund geworden war. Frankreich und Zapolya traten zu ihm in enge Verbindung. Mit französischer Hilfe wurde der württembergische Herzog Ulrich durch den Landgrafen Philipp von Hessen im Mai 1534 in sein Land zurückgeführt und Frankreich empfing dafür die württembergische Landschaft Mömpelgard, heute Montbéliard, links des Rheins. Auch mit der Kurie knüpfte Franz I. Bande. Am 27. Oktober 1533 heiratete sein zweiter Sohn, der Herzog von Orléans und spätere König Heinrich II., die Großnichte des Papstes Clemens' VII. Von größter Tragweite war, daß die Osmanen ihre Seemacht in unerhörter Weise ausbauten. Der beste Seemann, den sie auftreiben konnten, der Herrscher des algerischen Piratenstabes Chair-ed-Din Barbarossa, wurde im Mai 1533 als Kapitän Pascha zum Führer der türkischen Flotte ernannt. Er schuf sich sogleich eine noch festere Position im Mittelmeer, indem er zu Algier auch Tunis im August 1534 hinzueroberte, das er freilich im Juli 1535 infolge eines energischen Vorstoßes des Kaisers wieder hergeben mußte. Die Stellung im Mittelmeer war dadurch wohl geschwächt, aber nicht erschüttert. Im Februar 1536 kam dann zum ersten Mal ein eigentliches Bündnis zwischen Frankreich und der Türkei zustande. Damit war der Ring um Karl V. nahezu geschlossen.

Wie sah es im Reich aus? Wie stand es mit den Machtverhältnissen der Protestanten. Das war eigentlich die Kernfrage. Auch hier sollen die klassischen Sätze eines Historikers am Anfang stehen. Der ältere Biograph Karls V., ein Herr Baumgarten, leitete seine Darstellung des Augsburger Reichstages 1530 in folgender Weise ein: »Nach neunjähriger Abwesenheit kehrte der Kaiser im Mai 1530 ins Reich zurück. Es waren neun Jahre, so ereignisreich für die Welt, wie sie selten erlebt wurden, für niemanden aber so voll von wunderbarsten Wandlungen wie für den jungen Herrscher. Er zählte jetzt freilich erst 30 Jahre, aber es gab nicht viele, die in einem langen Leben erfahren hatten, was sich ihm in diesen neun Jahren zusammengedrängt hatte. Als er im April und Mai 1530 über die Alpen stieg, gekrönter Kaiser, Herr Italiens, im innigsten Bunde mit dem Papst, im Frieden mit Frankreich, in sich selbst völlig gereift, schickte er sich an, dem Reich die lang ersehnte Herstellung der kirchlichen Einheit zu bringen, wie es schien, unter den allergünstigsten Auspizien.« Doch dieser Anschein trog. Die eben errungene Herrschaft über Italien war es gerade, die dem Papst höchst ungelegen kam. Clemens VII. wäre dieser neuen Nachbarschaft gern ledig gewesen. Noch ein weiterer Konfliktpunkt stand zwischen den beiden. Während Karl bei den tatsächlichen Verhältnissen im Deutschen Reich sein Ziel, die katholische Einheit wiederherzustellen, überhaupt nur mit Hilfe eines allgemeinen Konzils ins Auge fassen konnte, war gerade dies der größte Schrecken und der widerwärtigste Gedanke des Papstes. Auf wie festen Boden der Friede mit Frankreich gebaut war, hatten wir gesehen, und auch dem Kaiser blieb nicht verborgen, daß er sich über kurz oder lang zu einem Krieg gegen die Türken würde rüsten müssen. Die Gefährdung Wiens im Jahre zuvor und seine persönliche Abwesenheit von Deutschland hatten ihm vielmehr gebieterisch gezeigt, daß er einen ständigen Vertreter im Reich brauchte. Er hatte für diese Rolle des deutschen Königs seinen Bruder Ferdinand, den römischen König, ausersehen, der diesen Gedanken schon seit Jahren genährt und betrieben hatte. So war Karls innere Verfassung auf dem Reichstag zu Augsburg ganz anders als neun Jahre zuvor auf dem Reichstag zu Worms. Die jugendliche katholische Begeisterung war einer nüchternen abwägenden Haltung gewichen. Daher war das Ergebnis von Augsburg ein Aufschub. Er gab den von der römischen Kirche Abgefallenen bis zum 15. März 1531

Frist, sich wieder mit ihr zu vereinigen. Eine klare Anerkenntnis des tatsächlichen Kräfteverhältnisses. Der Tod des kaiserlichen Großkanzlers Gattinara am 5. Juni 1530 machte die Königswahl Ferdinands unaufschiebbar. Die Kurfürsten waren begreiflicherweise für diese Einschränkung ihrer Macht schwer zu gewinnen, und der Kaiser mußte tief in seine Tasche greifen, um Brandenburg, die Rheinische Pfalz und die drei rheinischen Erzbischöfe gefügig zu machen. Wie aber sollte man Kursachsen, die einzige evangelische Macht, der mit Geld nicht beizukommen war, behandeln? Sollte man sie als Ketzer ächten und ausschließen oder sollte man vorsichtig mit ihr umgehen? Auf den Rat der übrigen Kurfürsten entschied sich der Kaiser für den Weg der Vorsicht. Johann der Beständige hatte natürlich längst über alle diese Absichten Bescheid bekommen und sich an den bayerischen Herzog Wilhelm gewandt, der als Rivale ein lebhaftes Interesse daran hatte, die Erhebung Ferdinands zu verhindern, mindestens sie unwirksam zu machen. Jedoch war Johann der Beständige sich völlig darüber klar, daß diese Bundesgenossenschaft nicht genügte. So schrieb er einen Tag nach Schmalkalden aus, an dem die evangelischen Fürsten und Stände zusammenkommen sollten, um zu beraten, was gegen das katholische Zwingeisen zu tun sei. Dies war die Wurzel des Schmalkaldischen Bundes. Ferdinand wurde am 5. Januar 1531 in Köln unter Protest Kursachsens, den Johann Friedrich, der Kronprinz, Sohn Johanns des Beständigen, aussprach, zum König gewählt. Der Schmalkaldische Tag am 22. Dezember 1530 fand seine Fortsetzung im Schweinfurter Tag im April 1532, wo die Organisation des so entstandenen politischen Instruments der Protestanten festgelegt wurde. An der Spitze standen der sächsische Kurfürst und der hessische Landgraf als Bundeshauptleute. Eine Folge dieser neuen Waffe war es wohl, neben der immer drohender sich zuspitzenden Weltlage, daß der Kaiser noch einmal den Protestanten im Nürnberger Anstand oder Friedstand von 1532 Aufschub gewährte und die Einstellung der Prozesse vor dem Reichskammergericht wegen der von ihnen eingezogenen Kirchengüter versprach. Aus diesem Anstand von 1532 in Nürnberg entwickelte sich ein verhältnismäßig langer Friede. Er ermöglichte sowohl den Ausbau der politischen Macht des Schmalkaldischen Bundes als auch der kirchlichen Organisation der Evangelischen. Die Eroberung Württembergs durch Philipp von Hessen und die Rückführung Ulrichs dorthin bedeutete einen schweren Schlag für Ferdinand. Weder Kaiser noch Papst standen ihm wirklich bei. Im Vertrag zu Kaaden bei Eger mußte er im Sommer 1534 diese Tatsache vor den evangelischen Fürsten anerkennen. Bei der politischen Unfähigkeit Johanns von Kursachsen erreichte er durch einige Zugeständnisse immerhin, daß Württemberg als ein von ihm verliehenes Reichslehen galt. Dies war die Lage, als Frankreich im Jahre 1536 wieder zu den Waffen griff. Zunächst zwar nur gegen Savoyen und Piemont, aber doch deutlich genug gegen den Kaiser gerichtet, denn die beiden kleinen Territorien waren Habsburger Einflußsphären. Karl V. antwortete am 17. April 1536 mit der Kriegserklärung. Es entspann sich ein zäher Kampf, der dem Kaiser bis zum Jahre 1539 die Hände band.

II

Heinrich der Fromme in Freiberg im Erzgebirge

Man fühlt sich wie in eine andere Welt versetzt, wenn man aus der Sphäre dieser großen und kühnen Kombinationen seinen Blick auf den stillen kleinen Hof zu Freiberg richtet. Fernab von allen Händeln der großen Politik führte dort Heinrich der Fromme das gemütliche, durch mancherlei Genüsse und Liebhabereien verschönte Leben eines Junggesellen, der zugleich in väterlich leutseliger Weise über seine Untertanen herrschte und mit ihnen verkehrte. Wie war es zum Entstehen dieser bescheidenen Hofhaltung gekommen?

Im Jahre 1485 war die sächsische Landesteilung, die Leipziger Teilung, zwischen Albrecht und Ernst erfolgt, die das Haus Wettin nicht allein seinen ersten Platz unter den deutschen Kurfürsten kostete, sondern auch den Keim zu neuen Zwistigkeiten in sich trug, denn die Gebiete griffen ineinander und wichtige Besitzungen, vor allem die Bergwerke des Erzgebirges, bildeten ein gemeinsames Eigentum. Wahrscheinlich ist nie und nirgends, höchstens noch in unserer deutschen Teilung nach 1945, Zusammengehöriges so unorganisch, so mechanisch auseinandergerissen worden wie hier. Herzog Albrecht der Beherzte, der Kaiser Maximilian in der großen Politik so wichtige Dienste geleistet hatte, der Reichsfeldherr gewesen war und dafür zum Ritter des Goldenen Vlieses erhoben wurde, sah die Schwierigkeiten und Nachteile einer neuen Zerstückelung seines Landes voraus und ließ sich deshalb das westliche Friesland, das er mit eigener Hand für den Kaiser erobert hatte, als weiteres Herrschaftsgebiet geben. Sein erster Sohn Georg sollte die meißnisch-thüringischen Erblande und die sagandischen und biebersteinischen Herrschaften in Schlesien erhalten und in Dresden residieren, sein zweiter Sohn Heinrich — unser Heinrich der Fromme — das neuerworbene Friesland beherrschen, sein dritter Sohn Friedrich hatte die Hofmeisterwürde in Preußen erlangt. Diese Pläne hätten, verwirklicht und durchgeführt und durch die von Albrecht stets festgehaltene Einheit von Ernestinern und Albertinern unterbaut, den Wettinern die verlorene Stellung im Reich zurückgegeben. Waren sie doch mit den meisten der mächtigen Fürstenhäuser verschwägert und trug sich doch die kaiserliche Diplomatie sogar mit der Absicht, die territorialen Erwerbungen des Hauses im Norden zu erweitern und abzurunden.

Jedoch brach ein Glied nach dem anderen aus dieser Kette heraus. Die Entfremdung und Feindschaft der herzoglichen und der kurfürstlichen Linien unter den Wettinern wurde größer denn je. Heinrich erwies sich als unfähig, Friesland zu behaupten. Dies hatte der Vater bereits als Möglichkeit ins Auge gefaßt und für diesen Fall bestimmt, daß er dann die beiden Ämter Freiberg und Wolkenstein im Erzgebirge als seinen Herrschaftsbereich haben sollte, dazu eine Viertel der Landeseinkünfte und die Hälfte der Zinsen eines Kapitals von 150 000 Gulden, das Albrecht dem römischen König vorgestreckt hatte.

Heinrich wurde am 16. März 1473 geboren. Nach der üblichen ritterlichen Ausbildung machte er zwei Wallfahrten, von denen die erste nach Palästina, die zweite nach St. Jacob in Compostella führte. Die erste, über die uns die Aufzeichnungen des Begleiters Stephan Baumgartner aus Nürnberg auf das Genaueste unterrichten, begann am Sonnabend nach Lätare, am 31. März 1498. Am 14. August betraten die Pilger das biblische Land, am 18. ritten sie in Jerusalem ein und am 28. August reisten sie zu Schiff zurück. In den vierzehn Tagen besuchten sie alle Stätten in Judäa, die für die Geschichte Jesu wichtig sind, vor allem auch Bethlehem und Emmaus. Am Grab des Herrn ließen sich außer Heinrich noch 42 Begleiter zu Rittern schlagen, die Gesamtzahl der Pilger betrug 60. Der im aufzählenden Aktenstil schreibende Baumgartner ließ nirgends erkennen, welche Wirkung die geweihten Stätten auf Heinrich ausübten. Jedenfalls hat er sich gern dieser Reise erinnert. Wenn er später in Freiberg mit dem ersten Geistlichen, dem Dechanten Balthasar von Ragewitz, beim Wein zusammensaß, sang er das »responsorium illuminari jerusalem« mit großer Freude und »schrie wohl sehrer als ein anderer«, wie sein Biograph bemerkte. Er erzählte dann auch Einzelheiten von der Pilgerfahrt, insbesondere wie sie auf Eseln in Jerusalem einritten und da dieses »illuminari jerusalem« angestimmt hätten. Fast nichts wissen wir dagegen von der zweiten Wallfahrt nach St. Jacob in Compostella. Der spanische Ort, der dem Andenken des Maurentöters geweiht war, wurde damals außerordentlich viel besucht, besonders von Rittern. Der kriegerische Klang des Glaubenskampfes war hier vorherrschend. Heinrich opferte vor dem Bild Jacobs 100 Goldgulden, äußerte aber mit spöttischem Zweifel, daß sich wohl die Mönche und Pfaffen an den Spenden bereichern würden. Im übrigen wußten die beiden Teilnehmer aus dem Hofgesinde nichts weiter zu berichten, als daß das Schlemmen ihnen auf dieser Reise die beste Andacht gewesen sei. Das sind reizvolle Kleinbilder. Man gewinnt aus dem wenigen den Eindruck, daß Heinrich — ein Mann der durchschnittlichen Frömmigkeit seiner Zeit — sich weder durch besonderen Eifer noch durch besondere Nachlässigkeit in dieser Hinsicht auszeichnete.

Wie stand es um seine kriegerischen Tugenden? Er hatte eine außerordentliche Vorliebe für Geschütze. Als auf den Fluren des von ihm später erbauten Städtchens Marienberg Silber fündig wurde, legte er die Ausbeuten in einem Geschütz an, das man ihm nicht groß genug gießen konnte und das ihm Meister Lucas Cranach mit »unverschämten scheußlichen Bildnissen« verzieren mußte. Dieses Geschütz besichtigte er täglich. Er mochte kein Stäubchen darauf leiden. Fand er ein solches, so wischte er es mit seinem Hut oder Mantel persönlich weg. Auch Pferde schätzte er, kaufte und verschenkte wertvolle Hengste und Stuten, ob er freilich in der Artillerie und Kavallerie über eine platonische Liebe hinaus gediehen war, bleibt fraglich. Jedenfalls stand er hinter seinem Vater als Feldherr und Soldat bei weitem zurück. Er hat wohl nur einen einzigen Feldzug geführt. Als Albrecht der Beherzte Friesland erobert hatte, setzte er 1499 seinen Sohn Heinrich als Stellvertreter ein. Aber die freien Friesen, wie sie sich mit Vorliebe nannten, fielen von ihm ab und schlossen ihn in Franeker ein, erst der zum Entsatz herbeigeeilte Vater befreite ihn, wie auch wieder 1500, wobei er selbst den Tod fand. Wohl schon bei der ersten Belagerung hatten die Friesen eine riesige Kette geschmiedet, an der sie Heinrich aufhängen wollten, wenn sie seiner habhaft geworden wären. Diese Kette liebte der Herzog ganz besonders. Er hatte sie zeitlebens in seinem Schlafgemach liegen und zeigte sie allen seinen Besuchern.

Danach scheint ihm die Lust vergangen zu sein, den ewigen Goubernator von Friesland zu spielen. Am 27. April 1501 schloß er mit seinem Bruder ein Abkommen, nach dem nominell beide diesen schwierigen Außenposten regierten, in Wirklichkeit aber Georg, der sehr viel tatkräftigere und klügere, die Zügel in die Hand nahm. Im Mai 1503 verzichtete Heinrich gänzlich auf Friesland, am 30. Mai 1505 gingen beide den sogenannten brüderlichen Vergleich zu Leipzig ein. Darin wurde die Regelung der väterlichen Ordnung über Freiberg und Wolkenstein wiederholt, nur das Verfügungsrecht über die Bergwerke und über die Landfolge behielt sich Georg vor. Der Vergleich setzte den Anteil an den Landeseinkünften auf jährlich 12 500 Gulden fest und bewilligte dazu dem Bruder zwölf Fuder Wein im Jahr. Die väterliche Ordnung hatte die Erbfolge als Seniorat geregelt. Jeweils das älteste Glied der albertinischen Familie sollte die Regierung führen, im brüderlichen Vergleich verzichtete Heinrich zugunsten der männlichen Nachkommen Georgs. Wohl reichsunmittelbarer Fürst, war er so von seinem Bruder aufs stärkste abhängig. Er scheint sich über diese seine Stellung ganz im klaren gewesen zu sein, denn er beschickte weder Reichstage noch nahm er an den albertinischen Landtagen teil, zu deren Besuch man ihn wohl nie aufgefordert hatte. Es sollte sich zeigen, daß gerade diese Abhängigkeit die Einführung der Reformation außerordentlich verzögerte.

Heinrich residierte nun zu Freiberg, der größten Stadt im albertinischen Sachsen, durch den Bergbau rasch emporgekommen aus dem Dorfe Christiansdorf, eine Stadt, die auch Georg sehr liebte. Wahrscheinlich verdankte sie dem Bergbau, den die Benediktinermönche aus Altzelle, dem Kloster zwischen Meißen und Nossen, entdeckt hatten, ihre Entstehung. Sie wurde zuerst von Goslarer Bergleuten besiedelt und infolgedessen »Sechsstadt«, Sachsenstadt, genannt. Wahrscheinlich liegt hier der Ursprung für die Übertragung des niedersächsischen Namens Sachsen auf die Obersachsen, die ja bis zum Dreißigjährigen Krieg etwa Meißner genannt wurden nach der Mark Meißen. Innerhalb eines halben Jahrhunderts hatte sich die Stadt bereits zum erfolgreichsten Gemeinwesen des Landes emporgearbeitet. Der Rat und die Bürger erhielten ein Recht nach dem anderen, darum hieß sie auch Freiberg. Jeder neue Landesherr bestätigte auch weiterhin die von seinem Vorgänger verliehenen Privilegien und Freiheiten. So muß die Stellung des Herzogs in dieser Stadt alles andere als eine absolutistische gewesen sein. Wir sehen also Heinrich auch von dieser Seite her eingeengt und größerer Handlungsfreiheit beraubt. Es ist kein Wunder, wenn unter solchen Umständen seine an sich geringen Herrschertalente so gut wie völlig verkümmerten. Immerhin darf man ihn nicht als ganz unbedeutend, willensschwach und unfähig hinstellen. Er entwickelte sich vielmehr zu einem Landesvater, der gerade auch für die kleinen Anliegen seiner Untertanen ein Auge und Ohr hatte, der in die Stuben der Handwerker trat, in die Stollen als Bergmann einfuhr, freigiebig Gaben austeilte und wegen seiner Leutseligkeit und Gastfreundschaft gern gesehen war. Ebenso gern weilte er in dem großen Freiberg wie in dem kleinen Wolkenstein, wo ihm auch mehrere Kinder geboren wurden. Er heiratete dann später Katharina von Mecklenburg. Außerdem gehörten noch die kleinen Städtchen Geyer, Ehrenfriedersdorf und Thum zu seinem Machtbereich. 1521 gründete er infolge von Erzfunden Marienberg. Auf dem höchstgelegenen Punkt zwischen Wolkenstein und Marienberg, der eine großartige Aussicht über das Erzgebirge bietet, zeugt noch heute die Heinzebank von seinen Streifzügen in den dortigen Wäldern. So lebte er in völliger Ruhe und Vergessenheit dahin. Unangenehm waren ihm zeitlebens, das können wir auch sehr nachfühlen, Geldsachen und das Schreiben.

Im Jahre 1512 überraschte er alle durch seine Heirat mit Katharina von Mecklenburg, die nun einen strafferen Zug in die Regierung und einen vornehmeren in die Hofhaltung brachte. Freilich wuchsen dadurch die Ausgaben und damit die Abhängigkeit von Georg, der sogar die Unterbringung der ältesten Kinder in seine Hand nahm. Das erste Ereignis, das Heinrich seinem Stilleben entriß und ihn in die politische Sphäre rückte, zeigt sogleich Katharina, die Gemahlin, in führender Rolle. Es handelte sich um den Eintritt in den Schmalkaldischen Bund. Die lutherischen Einflüsse waren in Freiberg immer stärker geworden. Sie hatten 1536 dazu geführt, daß ein Schüler der Wittenberger Theologen, der junge Jakob Schenk, als Hofprediger nach Heinrichs Residenz kam. Damit der Herzog ihn besser verstehen könnte, ließ ihm seine Gemahlin einen bequemen Stuhl ganz nahe an die Kanzel rücken. Diese Hinneigung zu Luther bedeutete einen völligen Bruch mit Georg und beschwor alle damit verbundenen Gefahren herauf, vor allem finanzielle Bedrängnis. Was sollte geschehen, wenn Herzog Georg dem Bruder plötzlich nicht mehr das Jahrgeld auszahlte? Der nächste, der einspringen mußte, war der Torgauer Kurfürst, der ja auch schon durch die Entsendung des Hofpredigers Schenk auf die Freiberger Wendung zur evangelischen Sache maßgeblich Einfluß genommen hatte. Er war aber keineswegs gesonnen, sich allein eine solche Last aufzubürden. Am 5. Januar sandte er unter dem Schleier des tiefsten Geheimnisses seinen Rat Melchior von Kreutzer nach Freiberg zu Katharina und gab ihr zu verstehen, der beste Schutz gegen alle Gefahren sei der Anschluß an den Schmalkaldischen Bund. Katharina ging auf den Rat ein und ließ bereits am 19. Januar ihren Gatten zwei wichtige Schriftsätze unterzeichnen, eine Vollmacht für Johann Friedrich in Wittenberg-Torgau, beim Schmalkaldischen Bund um die Aufnahme seines Freiberger Vetters zu bitten, und einen Revers, durch den Heinrich für den Fall der Aufnahme treue Erfüllung der Bundespflichten gelobte. Es ist nicht ersichtlich, aus welchem Grunde Johann Friedrich sich in diese Schwierigkeiten gebracht hat, da Heinrich weder ihm noch der evangelischen Sache viel nutzen konnte, solange er nur Regent des kleinen Freiberger Ländchens war. Und das war er voraussichtlich auf Lebenszeit, da er im brüderlichen Vergleich von 1505 zugunsten seiner Neffen auf seine Erbfolgeansprüche verzichtet hatte.

Die Lage veränderte sich aber am 11. Januar 1537 völlig. Georgs Thronfolger Johann starb, sein zweiter Sohn Friedrich war blödsinnig, schied also dadurch aus, und nun traten Heinrich und sein Sohn Moritz wieder in die Erbfolge ein. Damit wurde der Freiberger Herzog für die Schmalkaldener ein wertvoller Verbündeter. Trotzdem erfolgte seine Aufnahme nur nach und nach und lediglich in den allgemeinen Vertrag als Mitglied zweiter Klasse. Heinrich war damit verpflichtet, nach Kräften Beistand zu leisten. Dabei waren seine Pflichten und Leistungen nicht genau bestimmt. Das geschah erst 1532 durch einen neuen Vertrag in Schweinfurt, der jedem Mitglied regelmäßig feste Beiträge auferlegte, welche die Besoldung eines Heeres von 10 000 Knechten und 2 000 Reisigen auf zwei Monate sicherstellten. Dafür wurden die Mitglieder in Kriegsräte mit Stimmrecht zusammengefaßt, an deren Mitwirkung die beiden Bundeshauptleute, der Kurfürst von Sachsen und der Landgraf in Hessen, gebunden waren. Heinrich wurde nur zum allgemeinen Vertrag zugelassen. Er war nur ein Schutzverwandter. Die Aufnahme galt zugleich für seinen ältesten Sohn Moritz, der Anfang Juli 1537 seinen Revers unterschrieb.

Es zeigte sich, daß das Zögern des Bundes gegenüber Heinrich durchaus angebracht gewesen war, wenn auch aus einem ganz anderen Grunde, als ihn die Fürsten geäußert hatten. Diese hatten zwar auf die Unselbständigkeit seiner staatlichen Stellung hingewiesen und auf seine schwankende Haltung gegenüber der Reformation. Aber etwas anderes drohte, alle Berechnungen umzuwerfen. Heinrichs Thronfolge im albertinischen Sachsen war durchaus nicht so sicher, wie sie nach dem Tode Johanns erschienen war, denn Georg ging einen Weg hart an der Grenze des Möglichen, um seinem Lande die katholische Thronfolge zu erhalten. Er ließ seinen blödsinnigen Sohn Friedrich vom sächsischen Landtag in Leipzig am 2. Mai 1537 zum rechtmäßigen Erben erklären. Durch das Versprechen weitgehender Mitregierung an die Stände erreichte er deren Einwilligung, ja, es gelang ihm sogar nach einigem Suchen, ein adliges Fräulein zu finden, das — um den Preis einer Herzogin von Sachsen — in die Ehe mit dem Blödsinnigen willigte. In Freiberg verursachten die Landtagsbeschlüsse größte Ratlosigkeit, unter Führung des Kurfürsten wandelte sie sich jedoch in erstaunliche Entschiedenheit. Heinrich setzte in Torgau ein Testament auf, in dem er versprach, sein Gebiet ganz der Reformation zu öffnen. Wie schwankend und furchtsam gegenüber Georg er noch kurz zuvor gewesen war, beweist die Tatsache, daß er im März 1537 zu einem Tage der sächsisch-brandenburgisch-hessischen Erbeinung in Zeitz nicht kommen wollte, weil ihn Georg durch seinen Rat von Carlowitz dringend davor gewarnt hatte. Nach nochmaliger Aufforderung durch den Kurfürsten erschien er dann doch und räumte durch seine Besprechungen die letzten Bedenken für den Schmalkaldischen Bund aus dem Wege. Man kann nicht sagen, daß dieser Mann zum politischen Patron der Reformation in seinem Ländchen geboren war, um so mehr wird man seinem Hofprediger Jakob Schenk recht geben müssen, der am 8. Juni 1537, unmittelbar nach der kirchlichen Neuordnung, an den Kurfürsten in Torgau schrieb, »ich merk wohl, daß dieses ganze Fürstentum keinen anderen Regenten, Schutzherrn und Vater hat, dann allein Euer kurfürstlichen Gnaden«.

Damit sind die wesentlichen Grundlagen umrissen. Auf weitere Einzelheiten kann ich verzichten, denn wir haben nun den entscheidenden Gesichtspunkt gewonnen. »Euer kurfürstlichen Gnaden«, also der ernestinische Herrscher von Torgau-Wittenberg, ist der eigentliche Regent dieses Gebiets, und er setzte dann auch durch, daß die Freiberger Reformation ins Leben trat. Darin liegt nun auch die prototypische Bedeutung dieses kleinen Reformationsvorgangs, der ja immerhin ein größeres Gewicht erlangte, als das gesamte albertinische Sachsen — Dresden als Mittelpunkt — zur Reformation überging, nachdem Georg der Bärtige 1539 und sein Nachfolger Heinrich der Fromme 1541 gestorben waren. Gesteuert von Wittenberg und Torgau und namentlich auch theologisch gesteuert, bildete sich etwas heraus, was sonst von keiner anderen Reformation in Deutschland gesagt werden kann. Hier konnte sich das, was Luther und seinen Mitarbeitern vorschwebte, als Reformation außerordentlich rein verwirklichen. Es brauchte auf keine älteren Erbrechte Rücksicht genommen werden, auf keinen Bischof und auf keinen Fürsten, der Fürst war schwach, sondern alles konnte so ins Leben treten, wie es eben den Grundsätzen Martin Luthers selbst gemäß war. Das geschah dann zu Pfingsten 1537, zwei Jahre vor der Gesamteinführung der Reformation im albertinischen Sachsen im Jahre 1539.

III
Das Gepräge des ersten kirchlichen Lebens in der Freiberger Landeskirche

Der Geist und das innere Leben

Jakob Schenk war ein sehr selbständiger Schüler Luthers, mit dem sich Luther, ähnlich wie mit Johann Agricola, überworfen hatte. Es ist nicht sicher, wie das Recht auf der Seite Jakob Schenks liegt. Während wir über Agricola durch die Arbeit von Joachim Rogge gut unterrichtet sind, fehlt eine parallele entsprechende Untersuchung für Jakob Schenk. Vor Jahren habe ich damit angefangen, aber bereits die Sicherung der wenigen Schriften von Jakob Schenk bereitete große Schwierigkeiten. Die Jakob Schenk-Biographie des großen Reformationsforschers im 19. Jahrhundert Johann Karl Seidemann, der ja auch einer der frühen Biographen Thomas Münzers war, reicht nicht aus, um das theologische Profil Jakob Schenks zu erkennen und genau zu definieren. Luther jedenfalls verwarf Schenk ebenso wie Agricola als Antinomist, als Leugner der Heilsbedeutung des Gesetzes, der negativen Heilsbedeutung des Gesetzes. Im Zusammenhang damit wurde er bereits ein Jahr später in Freiberg entlassen. An seine Stelle trat in Freiberg dann ein bedeutender Geist der Reformationszeit, der Theologe Nikolaus Hausmann aus Zwickau. Er war selber Freiberger Stadtkind gewesen, und es hat also auch in dieser Weise Freiberg eine autochthon-lutherische Reformation erhalten. Schenk jedenfalls wurde entlassen und ging weiter, über seine späteren Lebensschicksale weiß man nicht genügend Bescheid. Er stammte aus Süddeutschland, war am Waldsee in der Nähe des Bodensees geboren worden.

Wer die Geschichte des Freiberger Ländchens bis hierher verfolgt hat, wird ein Bedauern über die Mißverständnisse um Jakob Schenk nicht unterdrücken können und vielleicht vermuten, daß die junge Kirche eine äußere Erschütterung und innere Verarmung erfuhr. Jedoch wird uns davon nichts berichtet. Die eigentliche Aufgabe, an deren Lösung Freibergs Reformator scheiterte und die zu seinem Sturz führte, ist das Problem, das vor jeder neuen Kirchenbildung auf dem Missionsfeld und in der Diaspora steht. Wie werden Abhängigkeit der Mutterkirche und Selbständigkeitsstreben der Tochterkirche in das rechte Verhältnis gebracht? Wann ist der Zeitpunkt gekommen, die Bindung zu lockern, die Tochter zu entlassen und die gegenseitigen Beziehungen auf den Boden freundschaftlichen Austauschs zu stellen? Schenk war an diesen Fragen gescheitert, nicht aber die Freiberger Landeskirche. Schon allein diese Tatsache beweist, daß hier ein echtes Leben vorhanden war, das aus dem Evangelium seinen Ursprung genommen hatte, ein Leben, dem äußere Maßnahmen und Mißerfolge nichts anhaben konnten. Man mag die Visitation von 1538, die erste nach der Einführung 1537, so hoch veranschlagen wie man will, dieses Leben konnte sie nicht schaffen, sondern nur bestätigen und bewahren. Die ganze Entwicklung der evangelischen Bewegung, ihr allmähliches Vordringen, ihre wachsenden Kühnheit, ihre Kämpfe mit den alten Gewalten, ihre Bewährung in der Verfolgung hatten ihre innere Kraft offenbart. Die vielfach unmittelbare und persönliche Einwirkung Luthers hatte sie nie vom Zentralen ableiten und sich in Äußerlichkeiten verlieren lassen. Sie blieb immer auf das Wort Gottes bezogen.

Schon am 30. November schrieb der Maler Valentin Ellner: »Ich hoff' Gott wird sein heiliges Wort uns geben und nicht nehmen« unmittelbar nach dem Satz: »Ich hab sollen zweimal verbrannt und einmal enthauptet worden sein.« Die Instruktion Heinrichs des Frommen zeigte ein so tiefes

Eindringen und eine so unmittelbare Ergriffenheit von der reformatorischen Botschaft, daß sie die Sorge um das Wort Gottes allem anderen überordnete. Von dem selben Geiste zeugt der Bergreihen »Herzog Heinrichs Lied«. Dieses sehr schlichte volkstümliche Lied lautete: »Ich hab gehört von Gottes Wort, das gefällt mir wohl, demselbigen soll mein Leben ich vertrauen.« Ein Bergreihen, wie ihn die Bergleute zu singen pflegten. Auch da geht es immer um das Wort Gottes, um die Größe seines Gnadenangebots, um den Ernst seiner Forderungen, um das alleinige Warten und Vertrauen auf den, der aus Gnade rechtfertigt. Gerade dieses Lied, das in schlichter und theologischer Form die reformatorischen Heilswahrheiten aussprach, das mit knappsten Worten Wesentliches zu sagen vermochte und alles persönlich zuspitzte, das wagenden Glauben und demütigen Dank in wundervoller Weise vereinigte, kann in seinem inneren Wert und in seiner Beweiskraft für Tiefe und Stärke der Freiberger Reformation kaum überschätzt werden.

Die führenden Männer

So betrüblich Schenks Weggang war, die junge evangelische Landeskirche war damit nicht führerlos. Man ist im Gegenteil erstaunt über die Reihe tüchtiger Theologen, die Freiberg als seine eigenen Söhne zur Verfügung hatte. Zwar mußte Leonhard Bayer, Superintendent zu Zwickau, für ein halbes Jahr die Vertretung übernehmen, doch dann wurde Nikolaus Hausmann berufen, bisher Hofprediger zu Dessau und zuvor Superintendent und Pfarrer zu St. Marien in Zwickau. Er entstammte einem alten Freiberger Geschlecht, sein Bruder war Bürgermeister, und hatte sich 1531 bis 1532 ein Jahr ohne Amt in seiner Vaterstadt aufgehalten, überall geachtet und beliebt. Von Luther wurde er ganz besonders hoch geschätzt, mit Widmungen und Briefen reich bedacht, unter anderem hat Luther ihm ja sein Taufbüchlein gewidmet. Mild im Urteil und vorsichtig im Vorgehen, mehr am inneren Gehalt als an den äußeren Formen der Reformation interessiert, wäre er für die Freiberger Kirche in jenem Augenblick der geeignete Mann gewesen, doch bei der Antrittspredigt am 3. November 1538 rührte ihn der Schlag. Auch sein Nachfolger Kaspar Zollner war ein geborener Freiberger, aber der Mann, der neben Schenk und Hausmann zu den Freiberger Größen der Reformationskirche gerechnet werden muß, ist Hyronimus Weller von Munsdorf. Aus einem alten, ursprünglich im Vogtland ansässigen Geschlecht stammend, wurde er 1499 ebenfalls zu Freiberg geboren, hatte in Wittenberg das juristische Studium mit dem theologischen vertauscht und hielt sich dann, das ist nun das allerwichtigste, acht

Jahre lang als Famulus in Luthers Haus auf. Schließlich erwarb er 1535 die
theologische Doktorwürde. Einer Anregung Hausmanns folgend, berief
ihn der Freiberger Rat Anfang 1539 in eine Stellung, die ihm eine besonders fruchtbare und weitreichende Wirksamkeit eröffnete. Man schuf für
ihn an dem öffentlichen Gymnasium der Stadt eine theologische Professur, deren Dotierung den größten Professorengehältern an der Universität Wittenberg gleichkam. Nicht nur Schüler des Gymnasiums, sondern
Geistliche aus der Stadt und der Umgebung, Gelehrte aus anderen Berufen
und Studierende von auswärts bildeten seinen außergewöhnlich großen
Hörerkreis. In völlig unabhängiger Stellung hatte er Muße, sich in die Wissenschaft zu vertiefen, zugleich bedeutete er aber viel für die Kirche unmittelbar. In Gemeinschaft mit dem Superintendenten war ihm die Aufgabe
zugewiesen worden, Aufsicht über das gesamte Kirchen- und Schulwesen
zu führen. Diese Institution, ein vorzüglicher Gedanke Hausmanns, war,
soviel ich sehe, in der damaligen Reformationswelt einmalig. Er hatte von
ihr nicht nur eine Steigerung des städtischen Ansehens erwartet, sondern
vor allem einen geistig-theologischen Mittelpunkt für Kirche, Schule und
Stadt, für Alter und Jugend schaffen und damit auch für die Erhaltung des
wissenschaftlichen Sinnes bei den Pfarrern sorgen wollen. Weller hielt vor
allem exegetische Vorlesungen über das Alte und Neue Testament, er ver-
anstaltete Disputationen über strittige Glaubensartikel und behandelte
wichtige Fragen des christlichen Lebens und Glaubens mit der Richtung
aufs Praktische. Sein Ruf breitete sich aus, sein Rat und Urteil, auch sein
Trost, waren viel begehrt. Mit den bedeutendsten Theologen seiner Zeit,
außer Luther und Melanchthon Johannes Bugenhagen, Justus Jonas, Nikolaus Amsdorf, Kaspar Creutziger, Matthias Flacius, David Vidreus und
Johann Brenz, aber auch mit denen, deren Standpunkt er nicht teilte,
Georg Maior, Andreas Osiander, hatte er Berührung. Es läßt sich kaum er-
messen, was dieser Mann und die durch ihn repräsentierte geistige Welt
für die Freiberger Kirche bedeuteten. Sein theologischer Standpunkt war,
soweit wir ihn erkennen können, auch hier fehlt noch eine angemessene
Monographie, der eines entschiedenen Luther-Schülers. Er verwarf den
Philippismus. Dabei war er so tief in seinen Meister eingedrungen, daß er
in seinen eigenen Gedankengängen besonders die Bedeutung der Anfech-
tungen des Kreuzes betonte, die er lebensmäßig erfaßt hatte. Seine Schüler
rüstete er vor allem mit einer seelsorgerischen Pastoraltheologie aus. So
war auch dieser Mann für die Freiberger Kirche eine neue lebendige Be-
fruchtung durch die zentralen Inhalte der reformatorischen Botschaft, wie
sie Luther entdeckt und verkündet hatte.

Die äußeren Institutionen

Beginnen wir abschließend mit dem Äußerlichsten, dem Geläut der Glocken. Dieses hat nach der Visitationsordnung von 1538 die Aufgabe, die Leute zum Gottesdienst zu rufen und soll deshalb mindestens einmal vor jeder Predigt erklingen. Außerdem steht es Vornehmen bei Begräbnissen frei, offenbar nur Vornehmen damals. Ferner wird das pacem-Läuten aus der katholischen Tradition eingerichtet, damit das Volk dem Schöpfer für die Erhaltung des Landfriedens Dank sage. Die Predigt erfolgt täglich früh und soll an Werktagen einschließlich Singen und Beschluß »auf längst in einer Stunden« aus sein. Die Predigt hat Maß mit Strafen zu halten und ist »ohn Fluchen und unschicklich Gebärde in Stadt und Land zu vollziehn«. Das heilige Abendmahl, oder — wie die Anordnung sagt — die Mess, soll nur an Sonn- und Feiertagen, aber in allen Kirchen stattfinden. Freiberg hat ja sechs alte Kirchen. Die von katholischen Elementen streng zu reinigende Messe soll überall in der selben Form, wenn möglich unter Angleichung an die kursächsischen Bräuche, gefeiert werden. Zu ihr sind so weit als möglich nur Priester heranzuziehen, »so an Gottes Wort wohl sind«. Die schärfste Absage also an die halbgebildeten Messpfaffen des späten Mittelalters. Von der großen Bedeutung, welche der Ausbildung der Geistlichen und ihrer strengen Bindung an Gottes Wort beigemessen wurde, zeugt vor allem das Freiberger Ordinationsformular von 1538, das älteste der lutherischen Kirche überhaupt. Auch dies ist also ein prototypisches Stück. Es atmet den echten reformatorischen Geist. Das heilige Abendmahl erscheint neben seiner Funktion im Gottesdienst der Gemeinde auch als Krankheits- und Sterbesakrament, das aber nie ohne eine kurze christliche Predigt gereicht werden soll, um abergläubische Vorstellungen auszuschließen. Der Kirchenunterweisung ist der Katechismus zugrunde zu legen, auf ihn wird mit Nachdruck hingewiesen.

Zur rechten Ordnung der kirchlichen Institution gehört die Aufrichtung einer äußeren Autorität. Als ihr Träger wurde der Superintendent bestimmt, dem alle Pfarrer, Kirchen, Schuldiener und der Kantor zu gehorchen haben. Ein ganz kurzes Wort noch über die Schule. Freiberg besaß bei der Einführung der Reformation infolge intensiver Beeinflussung durch den Humanismus ein vorzügliches Bildungswesen. So fand hier die Reformation keine spezifisch schulische und volkserzieherische Aufgabe vor und konnte sich ganz auf ihren primär kirchlichen Sinn beschränken. Die Berufung Wellers bedeutete, bildungsmäßig gesehen, nur einen weiteren großzügigen Schritt auf dem bereits eingeschlagenen Wege. Wenn man zurückblickt, so muß man feststellen, daß in Freiberg seit dem ausgehenden kirchlichen Mittelalter eine ungeheure Veränderung vor sich gegangen ist. Das Bild hat an Buntheit und Zerissenheit eingebüßt. Es ist klarer und bestimmter geworden. Nicht mehr kirchliche Formen, äußere Werke stehen im Vordergrund, sondern die Botschaft, die hier in ursprünglicher Reinheit den echten Absichten der lutherischen Reformation gemäß verkündet wurde und kirchliche Gestalt gewann.

Ausgewählte Literatur

Akten und Briefe zur Kirchenpolitik Herzog Georgs von Sachsen, hrsg. von Felician Geß, 2 Bde., Leipzig-Berlin 1905—1917.

Blaschke, Karlheinz, *Bevölkerungsgeschichte von Sachsen bis zur industriellen Revolution,* Weimar 1967.

Blaschke, Karlheinz, *Die Auswirkungen der Reformation auf die städtische Kirchenreformation in Sachsen,* in: Bernd Möller (Hrsg.), *Stadt und Kirche im 16. Jahrhundert* (= Schriften des Vereins für Reformationsgeschichte 190), Gütersloh 1978, S. 162—167.

Blaschke, Karlheinz, *Sachsen im Zeitalter der Reformation* (= Schriften des Vereins für Reformationsgeschichte 185), Gütersloh 1970.

Blaschke, Karlheinz/Haupt, W./Wießner, H., *Die Kirchenorganisation in den Bistümern Meißen, Merseburg und Naumburg um 1500,* Weimar 1969.

Bogsch, Walter, *Der Marienberger Bergbau seit der zweiten Hälfte des 16. Jahrhunderts* (= Mitteldeutsche Forschungen 45), Köln-Graz 1966.

Bornkamm, Heinrich, *Das Jahrhundert der Reformation,* 2. Aufl., Göttingen 1965.

Goerlitz, Woldemar, *Staat und Stände unter den Herzögen Albrecht und Georg 1485 bis 1539,* Leipzig-Berlin 1928.

Hermann, Walther, *Das Freiberger Bürgerbuch 1486—1605. Quellen und Forschungen zur sächsischen Geschichte,* 2 Bde., Dresden 1965.

Kaiser, Lisa, *Die oberste Bergverwaltung Kursachsens im 16. Jahrhundert,* in: *Forschungen aus mitteldeutschen Archiven. Festschrift für Hellmut Kretzschmar,* Berlin 1959, S. 255—269.

Kirn, Paul, *Friedrich der Weise und die Kirche. Seine Kirchenpolitik vor und nach Luthers Hervortreten im Jahre 1517.* Dargestellt nach den Akten im Thüringischen Staatsarchiv zu Weimar, Nachdruck der Ausg. Leipzig-Berlin 1926 (= Beiträge zur Kulturgeschichte des Mittelalters und der Renaissance 30), Hildesheim 1972.

Kötzschke, Rudolf/Kretzschmar, Hellmut, *Sächsische Geschichte. Werden und Wandlungen eines Deutschen Stammes und seiner Heimat im Rahmen der Deutschen Geschichte,* fast unveränd. Nachdruck der Ausg. Dresden 1935, Frankfurt/Main 1965 (vgl. insb. S. 162—207, Sachsen im Zeitalter der Reformation).

Kuehn, Helga-Maria, *Die Einziehung des geistlichen Gutes im albertinischen Sachsen. 1539—1553* (= Mitteldeutsche Forschungen 43), Köln-Graz 1966.

Lobeck, Albrecht, *Das Hochstift Meißen im Zeitalter der Reformation bis zum Tode Herzog Heinrichs 1541.* Besorgt von Heinrich Bornkamm und Heinz Scheible (= Mitteldeutsche Forschungen 65), Köln-Wien 1971.

Loewenich, Walter von, *Luthers theologia crucis,* 4., durchges. Aufl. mit einem Nachw. u. Anh., München 1954.

Das Hochstift Meißen. Aufsätze zur sächsischen Kirchengeschichte, hrsg. von Franz Lau, Berlin 1973.

Ranke, Leopold von, *Deutsche Geschichte im Zeitalter der Reformation*, Neuausg., Wien 1934.

Ritter, Gerhard, *Luther. Gestalt und Tat*, 4. Aufl., München 1947.

Schmidt, Ludwig, *Beiträge zur Geschichte der wissenschaftlichen Studien in sächsischen Klöstern*, in: *Neues Archiv für sächsische Geschichte* 18 (1897), S. 201—272, und 20 (1899), S. 1—32.

Schmidt, Martin, *Evangelische Kirchengeschichte Deutschlands von der Reformation bis zur Gegenwart*, in: *Deutsche Philologie im Aufriß*, 2., überarb. Aufl., Bd. 3, Berlin 1962, Sp. 1729—1847.

Schmidt, Martin, *Reformation als Geschichtsmacht* (=Bensheimer Hefte 13), Göttingen. 1961.

Schottenloher, Kurt, *Bibliographie zur deutschen Geschichte im Zeitalter der Glaubensspaltung*, 7 Bde., Stuttgart 1956—1966.

Spitz, Lewis William, *The Renaissance and Reformation Movements* (= Rand Mc Nally History Series), Chicago 1971.

Unger, Manfred, *Stadtgemeinde und Bergwesen Freibergs im Mittelalter* (= Abhandlungen zur Handels- und Sozialgeschichte 5), Weimar 1963.

Dürer und Celtis
Von der Bedeutung des Jahres 1500 für den deutschen Humanismus

DIETER WUTTKE

Bamberg

Die folgenden Ausführungen* beruhen auf drei Voraussetzungen, die sich aus bestimmten Akzentsetzungen meiner bisherigen Renaissanceforschungen ergeben: 1. Ich habe versucht, methodisch soviel als möglich von Aby M. Warburg und denen, die ihm nachfolgten, zu lernen und diese Methode bei der Ausarbeitung dieses Beitrages anzuwenden. 2. Seit langer Zeit bemühe ich mich, den schriftstellerischen Nachlaß des deutschen 'Erzhumanisten' Conrad Celtis zu sammeln mit dem Ziel, die erste lateinisch-deutsche Gesamtausgabe zu veranstalten. Diese Bemühungen führten unter anderem im Herbst 1965 zur Entdeckung der vorzüglichsten noch erhaltenen Celtis-Handschrift in der Murhardschen Bibliothek und Landesbibliothek zu Kassel. Diese Handschrift ist die offensichtlich nicht zum Druck gelangte Druckervorlage der fünf Bücher Epigramme des Celtis, eine Reinschrift auf Pergament von der Hand des Celtis-Amanuensis Johannes Rosenperger aus Meran. Sie enthält handschriftliche Korrekturen und Zusätze von Celtis und einigen Humanisten des Celtis-Kreises. Unter den bisher unbekannten Gedichten bietet sie vier Epigramme zum Lobe Dürers, die von mir 1967 in der *Zeitschrift für Kunstgeschichte* mit einer Handschriftenbeschreibung publiziert und besprochen worden sind. Auf meinen Vorschlag hin kam die Handschrift, die innerhalb der Dichter-Handschriften deutscher Humanisten einen ganz besonderen Rang einnimmt, unter die Exponate der Dürer-Ausstellung des Jahres 1971. 3.

---

* Die vollständige, mit Bildern und Nachweisen versehene Fassung des vorliegenden Beitrages ist im *Journal of Medieval and Renaissance Studies* 10 (1980), S. 73—129, erschienen.

Meine Ausführungen beruhen auf Beobachtungen, die ich anläßlich der bedeutenden, von Peter Strieder geleiteten Dürer-Jubiläums-Ausstellung des Jahres 1971 in Nürnberg machen konnte. Es waren hier insbesondere die Arrangements zu den Themen 'Dokumente', 'Bildnisse', 'Humanismus' und 'Rezeption der Antike', die meine Überlegungen entscheidend förderten.

Soweit ersichtlich, gibt es einen eigenen fachwissenschaftlichen Beitrag zum Thema »Dürer und Celtis« bisher anscheinend nicht. Man hat die Beziehungen zwischen den beiden Großen aus dem Bereich der bildenden Kunst und der Dichtkunst seit dem vorigen Jahrhundert natürlich wahrgenommen — es sei nur an Moriz Thausings Dürer-Monographie des Jahres 1876 erinnert —, doch nie eigentlich so, daß der Berührung der Rang einer einschneidenden, epochalen Begegnung zuerkannt worden wäre. Dies lag einmal gewiß am Mangel einschlägiger Quellen und andererseits an der Tatsache, daß wegen der überwältigenden Vielzahl noch erhaltener anderer Quellen eben von Anfang an Willibald Pirckheimer eher als der entscheidende humanistische Partner Dürers angesehen wurde. Dies hatte zur Folge, daß man eigentlich alle humanistische Gelehrsamkeit, die man Dürer nicht zutraut, aber in Bildwerk und Schriftwerk findet, auf Pirckheimer zurückführt. Hier liegt nun mein Ansatz. Es geht mir freilich nicht darum, Pirckheimers Bedeutung zu schmälern; wie könnte ich auch! Vielmehr will ich den Versuch wagen, eine Differenzierung in den Komplex zu bringen, so daß für eine bestimmte Zeit die Rolle des Celtis gegenüber der des Pirckheimer aufgewertet wird. Wenn ich recht sehe, werden sich damit die Proportionen insgesamt in dem Sinne etwas verschieben, daß für die Zeit bis 1508, dem Todesjahr des Celtis, die Möglichkeiten der Einwirkung des 'Erzhumanisten' stärker als bisher beachtet werden müssen. Soweit ich weiß, waren von den Kunsthistorikern vor allem Karl Gielhow, Ludwig Grote und Karl Oettinger vor mir auf dieser Spur.

Meine Aufwertung des Celtis hängt eng mit Beobachtungen und Überlegungen zu Dürers berühmtem Selbstbildnis des Jahres 1500 zusammen. Hierüber ist viel publiziert worden, und es lassen sich etliche Kunsthistoriker benennen, die die Diskussion um dieses Bild bis an jene Schwelle — jedenfalls in Einzelheiten — führen, die nun überschritten werden soll. Ich nenne Hugo Kehrer, Erwin Panofsky, Franz Winzinger, Hubert Schrade, Fedja Anzelewski, Gert von der Osten, Matthias Mende, Peter Strieder. Spontan würde man wahrscheinlich sagen, zu diesem Bild ließe sich überhaupt nichts Neues mehr ausführen.

Im Hinblick auf die weitere Frage, um die es mir geht, nämlich die Neubestimmung des Verhältnisses Dürers zum Humanismus, fühle ich mich von Georg Weise und seiner Abhandlung *Dürer und die Ideale der Humanisten* unterstützt. Weise nennt Dürer keinen Humanisten, aber er führt die Diskussion an den Punkt, an dem man ernsthaft überlegen sollte, ob dieser Schritt nicht zu tun wäre.

Die auf einen bestimmten Punkt gebrachte Bewertung von Dürers Münchener Selbstbildnis führt uns im Zusammenhang mit Celtis von selbst zur Wertung des Jahres 1500 als besonders bedeutsam für die Geschichte des deutschen Humanismus. Am ehesten findet man bei Kunsthistorikern, speziell Dürer-Forschern, einen Akzent auf dem Jahr 1500 eben wegen des Münchener Selbstbildnisses Dürers, vereinzelt auch bei Celtis-Forschern, so 1938 bei Nowotny und 1976 bei Schäfer. Auch die neuere Cranach-Forschung ist zu beachten. Man denke an Koepplins Dissertation von 1973 sowie an Koepplins und Falks Katalog zur Basler Cranach-Ausstellung des Jahres 1974. Neben den überwiegend positiven Wertungen des Jahres 1500 als Beginn eines glücklichen Zeitalters findet man seit Rudolf Chadrabas Buch über »Dürers Apokalypse« vom Jahre 1964 auch zuweilen die Mitteilung, zum Jahre 1500 sei das Weltende erwartet worden, also eine spezielle negative Wertung, die neuestens auch in allgemeinere Darstellungen einzuziehen beginnt.

In literaturhistorischen oder historischen Gesamtdarstellungen des 15. und 16. Jahrhunderts spielt das Jahr 1500 keine besondere Rolle, wie es scheint. Wenn hier Daten fixiert werden, so sind es vor allem die Jahre um 1450 (Erfindung des Buchdrucks), 1453 (Eroberung Konstantinopels), 1492 (Entdeckung Amerikas), 1517 (Luthers Thesenanschlag), 1519 (Tod Maximilians I.), die angeführt und begründet werden.

Es geht mir nicht darum, an diesen Daten zu rütteln, allenfalls um die Frage, ob man diesen Daten — für Deutschland — künftig nicht das Jahr 1500 zufügen sollte. Auf jeden Fall schiene es mir prüfenswert, ob man nicht die beachtenswerteste zeitliche Binnengliederung des deutschen Humanismus bis 1517, die Burger 1969 in seiner Literaturgeschichte vorlegt und in der das Jahr 1500 keine besondere Rolle spielt, um eben dieses Epochenjahr ergänzen müßte. Man wird sich weiter überlegen müssen, ob von den hier vorgetragenen Gedanken her, die auf Beobachtungen zum Selbstverständnis geistig führender Zeitgenossen beruhen, nicht das heutige allgemeine Bewußtsein, das, angeregt durch zahllose historische Darstellungen zur europäischen Geschichte, mit dem Jahr 1500 Vorstellungen von Umbruch und Mittelalterende oder neuestens, wie gesagt, auch von Weltende verbindet, zu beeinflussen wäre.

Wir alle wissen, daß historische Epocheneinteilungen nur recht problematische Orientierungshilfen sein können. Wir wissen auch, daß die allgemeinen Vorstellungen, die wir mit solchen Orientierungshilfen verbinden, oft auf eine vertrakte Art die Auffassung über eine bestimmte Zeit festlegen, und dies keineswegs nur beim wissenschaftlichen Laien. Also muß es eine Aufgabe der Wissenschaftler sein, zur Verbesserung der zur Orientierung notwendigen Epocheneinteilungen und zur Klärung der damit zu verbindenden Vorstellungen beizutragen. Von den Schwierigkeiten, die zum Beispiel die uns bei unserem Thema naheliegenden Begriffe Renaissance und Reformation als Epochenbezeichnungen bereiten, gibt der 1977 erschienene Beitrag von Spitz eine klare Vorstellung.

Der Zwang zur Beschränkung verbietet es, jetzt das Thema Dürer und Celtis in seiner ganzen Komplexität zu entfalten. Ich lege daher das Gewicht auf die Profilierung des Grundlegenden und auf die Mitteilung neuen Materials, das neue Deutungen veranlaßt. Dabei muß ich es mir ebenfalls versagen, das Jahr 1500 in seinen Folgeerscheinungen bei Literaten wie Celtis und den Angehörigen des Celtis-Kreises, Historikern wie Cuspinian und Künstlern wie Altdorfer, Baldung, Cranach, den Vischern und Dürer selbst darzustellen.

Wir wollen mit dem Gegenstand der bildenden Kunst, dem Selbstbildnis Dürers vom Jahre 1500, heute in der Münchener Alten Pinakothek, beginnen. Das Werk, das wohl nicht nur in Deutschland das Ansehen eines nationalen Monuments genießt und das besonders heute, wo ein breiteres Publikum seine einstige Funktion kaum noch zu erkennen vermag, zu karikierender Persiflage anreizt, dies Werk wird ohnehin das Zentrum unserer Betrachtungen bilden.

Wer dies auf strenge, ideale Proportionalität hin angelegte Portrait gesehen hat, wird es nie mehr vergessen. Aus dem Bereich des Selbstportraits gibt es nichts Vergleichbares. Der besondere Ausdruck, den Dürer anstrebt, läßt sich leicht verdeutlichen, wenn man das zwei Jahre früher angefertigte Selbstportrait — heute in Madrid — daneben hält: Auf dem Madrider Bild malt sich ein zu vollem Selbstbewußtsein erwachter Künstler in der seiner Gestimmtheit angemessenen, vornehmen Kleidung, 'realistisch', eine Photographie ersetzend, seiner Selbsterkenntnis und seinen Freunden zur Erinnerung, sagend: so sah ich aus mit sechsundzwanzig. Anders das Münchener Bild: Jetzt geht es nicht vorrangig um gleichsam photographische Treue, sondern um Idealität, um Programm, dessen Verkündigung mit der Darstellung unverwechselbarer Individualität untrennbar verwoben ist.

Der Unterschied spiegelt sich in der unterschiedlichen Behandlung der Bildinschriften: 1498 ist die Inschrift als Nebenbei an malerisch passender Stelle unter dem Fenstersims angebracht. Die Schriftart ist die damals geläufige deutsche, gotische Gebrauchsschrift. Allein das Monogramm ist antikisch gestaltet, aber so gehalten, daß es zum deutschen Schriftkomplex paßt, und das Ganze so angelegt, daß der Eindruck vorwaltet, das sei so wie die Unterschrift bei einem persönlichen Brief nach Vollendung des Werkes hinzugeschrieben worden. Die Sprache ist deutsch, Nürnberger Dialekt mit leichter Stilisierung durch die Fassung als Knittelverse: »Das malt ich nach meiner gestalt//Ich was sex und zwenczig jor alt.« Dann die Unterschrift »Albrecht Dürer« und das Monogramm. Das war die übliche Art, Portraits zu beschriften.

Nicht so das Münchener Selbstbildnis aus dem Jahre 1500: Wenn man hier dem Dürer ins Gesicht und in die Augen schaut, und der Meister scheint alles darauf angelegt zu haben, daß die Blicke in sein Gesicht und ihm in die Augen gezogen werden, dann stößt man genau in Augenhöhe auf die unübersehbare rechts und links verteilte Inschrift. Noch vor der Entzifferung bemerkt man, daß sie wichtige kompositorische Funktion hat: Sie gibt der Augenpartie eine eigentümliche Betonung und unterstützt den Eindruck strenger klassischer Gestaltung und strenger Symmetrie der Bildteile. Die Schriftart ist lateinisch, Antiqua, Humanistenschrift, aber keine Gebrauchsschrift, sondern eine Buchschrift, eine Schönschrift also. Im Gegensatz zur gotischen Schrift konnte man damals die Humanistenschrift in Deutschland noch kaum lernen. Man mußte wohl in Italien gewesen sein oder Beziehungen nach dorthin haben, um mit ihr Bekanntschaft zu machen, wie zum Beispiel die Söhne der Pirckheimer-Familie, die die Humanistenschrift — für deutsche Verhältnisse recht früh — bald nach der Mitte des 15. Jahrhunderts benutzten. In Italien konnte man sie jedoch kaum vor Beginn des 15. Jahrhunderts in den Kreisen der Humanisten lernen. Dürer, der 1494/95 erstmals Italien besuchte, könnte also eine italienische Vorlage für den Schriftcharakter seiner Inschrift vor Augen gehabt haben. Diese Vorlage müßte jener auf 1434 datierbaren Schriftprobe ähneln, die wir von der Hand des Michael de Salvaticis kennen. Wir müssen uns klar machen, daß die Humanisten sich diese Schrift nach antik-römischen Grabdenkmälern und karolingischen Handschriften, die sie für echt antik hielten, geschaffen haben, als das ihnen besonders angemessen erscheinende Medium zur Wiedergabe der bewunderten antiken Quellen und der eigenen, von deren Geiste inspirierten Opera. Allein die Wahl der Schriftart wurde damit zum Signal, zum Signal des Fortschritts für die einen, für die anderen zum Signal einer bedenklichen und damit zu bekämpfenden Entwicklung. Man konnte sich in Deutschland zum Beispiel darüber streiten, ob einer verstorbenen Berühmtheit nun eine Gedenktafel in der antik-klassischen Capitalis oder in gotischen Lettern zu setzen sei.

Außer im engsten Humanistenkreise spielte die Frage der Humanistenschrift in Dürers Nürnberg von 1500 keine Rolle. Dürer kann also nicht lediglich einer allgemeinen Mode gefolgt sein. Wenn er auf diesem Werk, in dem die Inschrift so auffällig in den Blick gerückt ist, die Humanistenschrift benutzt, dann muß das einen durchdachten inneren Zusammenhang haben mit dem, was er hier zum Ausdruck bringen will.

Eine besondere Parallele, die ich kenne, daß im Jahre 1500 die Humanistenschrift so augenfällig bei einem im künstlerischen Anspruch vergleichbaren Werk in den mit Nürnberg zusammenhängenden Kreisen benutzt wird, ist ein Literaturwerk, jene Reinschrift der fünf Bücher Epigramme des Erzhumanisten Conrad Celtis, die eingangs erwähnt wurde. Diese Handschrift enthält die frühesten literarischen Äußerungen über Dürer, vier Lobgedichte, die den engen Umgang des größten deutschen Malers mit dem größten deutschen Humanistendichter der Zeit belegen. Sie ist geschrieben vom Schreiber des Celtis, der die Capitalis beherrschte und die Humanistenkursive nach der Art des Pomponius Laetus, der der Lehrer des Celtis in Italien gewesen war.

Ich hoffe, daß die Gegenüberstellung der Celtis-Handschrift mit dem Dürer-Selbstbildnis des Jahres 1500, die an dieser Stelle der Ausführungen noch als überraschend empfunden werden muß, durch den weiteren Argumentationsgang als berechtigt erwiesen werden kann.

Daß die Beobachtungen zur Bedeutung der Schriftwahl in den Nürnberger Humanistenkreisen um 1500 wahrscheinlich an den Kern der Sache führen, um die es uns hier geht, können vielleicht noch zwei weitere Beobachtungen erhärten helfen: 1. Die von Celtis gefundenen Opera der Hrotsvitha von Gandersheim wurden durch ihn im Jahre 1501 in Nürnberg herausgegeben. Zum Druck des Werkes verwendete der bis heute nicht eindeutig identifizierte Drucker der Sodalitas Celtica Antiqua-Typen. Damit schuf er das erste in Nürnberg in Antiqua gesetzte Werk, dem 1502 die in Antiqua gesetzten »Amores« des Celtis beim selben Drucker in derselben Stadt folgten. 2. Zu den großen Förderern der humanistischen Richtung in Nürnberg gehörte der als kirchlicher Stifter höchst rührige Sebald Schreyer. Dürer und Celtis gehörten zu seinem vertrautesten Umgang. Dieser Mann hat zwischen 1490 und 1502 zahlreiche Meßbücher gestiftet, in die er vorher von handwerksmäßigen Illuminatoren Widmungsbilder mit Beischriften einfügen ließ. Wenn man diese Bilder einmal verfolgt, stellt man fest, daß die Reinschriften bis 1496 in gotischer Buchschrift geschrieben sind, dann entsteht eine zeitliche Lücke, und im Jahre 1502 findet man mit einem Male dieselben Texte in Humanistencapitalis geschrieben.

Hier gewahrt man, wie nun selbst der kirchliche Bereich bereits von der neuen humanistischen Schriftwahl berührt wird. Vielleicht zeigt uns dieses Beispiel eine Mode in statu nascendi, vielleicht muß man es aber eher als das äußerliche Zeichen der von Humanisten der Zeit erstrebten Vereinigung von Antike und Christentum symbolisch deuten. Jedenfalls fordert die Parallele im Wechsel der Schriftart bei Dürer-Selbstbildnissen, 1498 gotisch — 1500 humanistisch und bei Schreyer-Widmungsblättern, 1496 gotisch — 1502 humanistisch, die Aufmerksamkeit heraus und verlangt im Zusammenhang mit anderen Zeugnissen künftige Anstrengungen der Forschung. Bei der engen Bindung Schreyers an Dürer und Celtis bin ich geneigt, zwischen dem bewußten, von mir als programmatisch gedeuteten Herausstellen der Humanistenschrift bei Dürer und Celtis und dem modischen oder ebenfalls programmatischen Wechsel der Schriftart in Schreyer-Buchstiftungen einen direkteren Zusammenhang anzunehmen.

Wenden wir uns jetzt der Sprache und dem Gehalt der Inschrift des Dürer-Selbstportraits zu: Die Sprache ist Latein, nicht metrisch gebunden, aber wohlgesetztes Latein, durch Stilfiguren ausgezeichnet. Obwohl augenfällig angebracht, entzieht die Inschrift sich durch das Latein doch dem unmittelbaren Verständnis eines Jeden. Sie wendet sich an den Kreis der Lateinkenner und an diejenigen unter ihnen besonders, die ein gepflegtes Latein nach den Jahrhunderten des Mönchs- und Kirchenlateins anstrebten, also an die Humanisten. Dieses Latein galt damals als das Instrument des 'Fortschritts', Fortschritt verstanden als Erneuerung des Verhältnisses Mensch — Gott und mit Blick auf diese wichtigste Aufgabe, als Erneuerung der Sittlichkeit, der Wissenschaften, des Unterrichts und der Künste und als Erneuerung der Politik im Sinne einer eindeutigen Stärkung der Reichsspitze. Das Latein erlaubte, den in der Antike gefundenen Geistesschätzen, die man für diese Erneuerung auf allen Gebieten als Anreger und Wegweiser für unverzichtbar hielt, in der eigenen Zeit den angemessenen Ausdruck zu verleihen. Keine Spur von Vaterlandsvergessenheit haftete dem an, vielmehr verstand man es als eine Nobilitierung des Vaterländischen, wenn es einem gelang, dessen Anliegen in der damaligen Weltsprache, in der sich die darin Geschulten aller Nationen spontan verständigen konnten, zum Ausdruck zu bringen. Das alles ist für uns heute kaum noch begreiflich, wo nun selbst das Latein die letzten Rückzugsgefechte in unserem Bildungssystem ficht, also hoffnungslos mit dem Odium reaktionärer Rückschrittlichkeit behaftet zu sein scheint.

»Albertus Durerus Noricus // ipsum me propriis sic effin- // gebam coloribus aetatis // anno XXVIII« steht rechts, und links sehen wir die Jahreszahl

1500 und das hier ganz klassisch geformte Monogramm. Zum Glück brauchen wir uns nicht mehr über den Echtheitscharakter der Inschrift zu streiten. Neueste Untersuchungen haben sie endgültig als original erwiesen; sie gehört mit dem Bild in das Jahr 1500. »Ich, Albrecht Dürer aus Nürnberg portraitierte, schuf mich selbst so mit eigenen, unvergänglichen passenden Farben im 28. Lebensjahr«. »Albertus Durerus Noricus«, das steht da in der Art eines dreiteiligen Humanistennamen, bekanntlich nachgebildet der römischen Sitte der Dreinamigkeit: Gaius Julius Caesar. In diesem Falle ist Dürer sogar humanistischer als humanistisch: Es war nämlich durchaus üblich, den Familiennamen nicht zu latinisieren und dann auch keine lateinische Endung anzuhängen. »Albertus Durer Noricus« hätte es also auch getan. Aber wir können wohl davon ausgehen, daß er es diesmal so und nicht anders gewollt hat.

»Propriis coloribus«, dieser Hinweis erfolgt nur hier auf diesem Bild, nie wieder sonst bei Dürer. Man hat ihn meist übersetzt »mit eigenen Farben«. Peter Strieder wies kürzlich darauf hin, daß nach Ausweis der lateinischen Wörterbücher proprius auch »unvergänglich« bedeuten kann. Vielleicht darf man annehmen, daß Dürer auf beide Bedeutungen anspielen wollte. Es war ihm möglicherweise gerade recht, ein lateinisches Wort gefunden zu haben, das die Bedeutung von »eigen« und »unvergänglich« in sich verbindet. Dürer weist mit diesen Worten darauf hin, daß er eigene Rezepte der Farbherstellung hat und daß diese Farben durch die Qualität »unvergänglich« ausgezeichnet sind. Er weist damit auf sich als einen Meister hin, der es in diesem Grundlagenbereich der Malerei bis zur letzten technisch-naturwissenschaftlichen Vollendung gebracht hat, ein für die Wertung von Kunst in der damaligen Zeit zentraler Aspekt. Indem er von sich mit selbsterfundenen Farben ein unvergängliches Bild malt und darauf mit Worten direkt hinweist, macht er den Beschauer der Zeit darauf aufmerksam, daß dieser so etwas von ihm auch für sich selbst haben kann und daß er im Fertiger des Bildes genau den berufenen Könner vor sich hat. Es ist dieselbe Doppelrolle, die die Dichter seit Horaz mit dem Wort vom »Denkmal, dauernder als Erz« ausdrücken: Der Dichter kann durch seine Kunst dem eigenen Namen Dauer verleihen, aber auch dem Namen des Bestellers, des Gönners, des Freundes. Es sollte jedoch noch ein dritter möglicher Bedeutungsansatz zur Sprache kommen, auf den mich Conrad Wiedemann brieflich aufmerksam machte. Proprius bedeutet im Rahmen der Rhetorik »genau entsprechend, angemessen«. »Propriis coloribus« wäre dann ein bewußter Hinweis auf die in diesem Fall angestrebte besondere Einheit von Farbwahl und Ausdruck. Zugleich wäre darin eine Andeutung darauf zu sehen, daß Dürer und sein Berater sich Gedanken über die Korrespondenz von Malerei und Rhetorik machten, ein recht humanistisches Anliegen. In Leonardos Malerei-Traktat kann man in extenso studieren, wie einen Maler-Humanisten das Problem der genauen Entsprechung, der Stimmigkeit interessierte. Es hat mit dem Erfassen des Gesetzes der Schönheit zu tun.

Ob wirklich alle drei Bedeutungen angesetzt werden dürfen, passen würden sie sämtlich und einander vorzüglich ergänzen, aber welcher dann aus Dürers und seines Beraters Sicht der Vorzug gebürt, diese Frage ist sicherlich weiterer Überlegungen wert.

Der Mann, der diese Fähigkeit verkündet, sagt von sich, er stehe im 28. Lebensjahr. Das ist kein beliebiges Alter, sondern zum Beispiel nach Isidor, den man auch zu Dürers Zeiten kannte und zitierte, die Grenze zwischen Jünglings- und Mannesalter. Dürer will mit dieser Altersangabe also anzeigen, daß er am Beginn des Mannesalters steht. Es galt als das Alter der größten Schönheit und Kraft des Mannes. Dürer hält jetzt offensichtlich den Augenblick für gekommen, daß ein für allemal gültige Bild von sich zu entwerfen, das ein höchstes Können und Wollen im handwerklichen, wissenschaftlichen, künstlerischen, ethischen und religiösen Sinne ausdrücken soll. Wenn man bedenkt daß Dürer dies Bild anscheinend zeitlebens nicht aus dem Hause gegeben, kein zweites dieser Art von sich geschaffen und damit die Reihe seiner 'autonomen' Selbstbildnisse abgeschlossen hat, dann darf man vielleicht vermuten, daß er hierin die höchstmögliche Idee von sich verwirklichen wollte, daß er hierin *den* Entwurf von sich niedergelegt hat, dessen Ausfüllung er für die kommenden Lebensjahre sich vornahm. Somit wäre das Bildnis ein aus dem Vollgefühl der körperlichen und geistigen Kraft heraus geborenes 'Denkmal dauernder als Erz', für die dauerhafte, auch ewige Bewahrung des eigenen Antlitzes bestimmt, nicht aus aktueller Todes- oder Endzeitfurcht geboren, vielmehr im Wissen um die Vergänglichkeit voller Hoffnung auf kommende, erfüllungsreiche Schaffensjahre gefertigt.

»Ipsum me sic effingebam«, übersetzt: so, in dieser Gestalt portraitierte, bildete, schuf ich mich selbst. »Effingere« benutzt Dürer hier zuerst, dann lediglich noch eimal im Jahre 1519 in den Entwürfen zu einem Medaillonbildnis seiner selbst, die damit ihren Bezug zu der Inschrift des Jahres 1500 bekunden. 1498 hieß es »das malt ich«, das wäre lateinisch »pingebam«. »Pingere« malen und »facere« machen waren die üblichen Verben. »Effingebam« ist also wieder eine besondere Wahl. Diese Wortwahl korrespondiert mit der in einem der neugefundenen Celtis-Epigramme zum Lobe Dürers. Celtis sagt an der betreffenden Stelle, Dürer habe sich unlängst »ficto ore« dargestellt, mit erdichteten, erfundenen Gesichtszügen, wir würden sagen: mit idealisierten. Das Epigramm stammt aus dem Jahre 1500, dem Jahr der Fertigstellung der Kasseler Celtis-Handschrift. Ich hatte es seinerzeit offen gelassen, ob das »ficto ore« auf das Madrider Selbstbildnis Dürers vom Jahre 1498 oder das Münchener des Jahres 1500 zu beziehen sei; doch stand ich damals am Anfang meiner Überlegungen zu dem Komplex. Schon die Wortwahl, »effingere« bei Dürer und »fingere« bei Celtis, dürfte für das Selbstbildnis des Jahres 1500 sprechen. Wieder könnte es richtig sein, für das von Dürer gebrauchte Wort eine komplexe Bedeutung anzusetzen: Ich schuf, bildete mich selbst so, ich erschuf mich selbst so.

Es wäre verlockend, dürfte man annehmen, Dürer und sein Berater hätten sich u. a. durch eine Briefstelle des jüngeren Plinius zur Wahl dieses Wortes bewegen lassen. Wir wissen aus dem Celtis-Briefwechsel, daß dieser den Plinius sehr schätzte. An der fraglichen Plinius-Stelle, an der das Wort gebraucht wird, geht es um die Aufforderung an einen Freund, eine besondere Humanität zu verwirklichen, die ihre Kraft aus schöpferischem Bei-Sich-Sein zieht: »Effinge aliquid et excude, quod sit perpetuo tuum!« heißt es: erschaffe und forme etwas, das immer dein ist!

Wie dem auch sei, mit »ipsum me sic effingebam« wird jedenfalls sprachlich auf den bildnerischen Gehalt des Werkes hingewiesen: Dürer fügt nämlich seine Gesichtszüge in ein bestimmtes Proportionsschema ein, wie zuletzt Franz Winzinger überzeugend nachgewiesen hat. Dies Proportionsschema ist aus mittelalterlichen Christusdarstellungen bekannt. Man vergleiche mit Dürers Selbstbildnis zum Beispiel den Christuskopf nach Jan von Eyck.

Im Hinblick auf die Wahl des größten denkbaren Exemplums, der Wahl Christi, und die Benutzung des Wortes effingere in diesem Zusammenhang könnte noch ein weiterer antiker Autor, Quintilian nämlich, im Hintergrund gestanden haben, von Celtis ebenso geschätzt wie der jüngere Plinius. Quintilian empfiehlt nämlich in seiner *Institutio oratoria,* man müsse in der Rednerbildung den besten Exempla folgen. Auch Bildhauer und Maler kannten keine Kompromisse, wenn es gelte, Modelle für die Darstellung schöner Körper auszuwählen.

Schließlich wäre das zeitgenössische Geflecht von philosophischen Vorstellungen zu rekonstruieren, das mit der Verwendung von »fingere« und »effingere« verbunden ist. Dies müßte dazu dienen herauszubekommen, welche Gedanken gleichsam in der Luft lagen. Falls sich direkte Beeinflussungen nachweisen ließen, gut, aber es müßte nicht sein. Eine wichtige Stelle findet man bei Pico, der zu Beginn seiner »Oratio« Gott zu Adam sagen läßt: »Nec te caelestem neque terrenum, neque mortalem neque immortalem fecimus, ut tui ipsius quasi arbitrarius honorariusque plastes et fictor in quam malueris tute formam effingas.« Etwas anders gewendet, aber in selben Sinne sagt Erasmus in seiner *Declamatio de pueris statim ac liberaliter instituendis:* »homines, mihi crede, non nascuntur, sed finguntur«.

Den Hinweis auf Christus und damit auf das Exemplum, dem Dürer sich verschreibt, enthalten die Inschriftenteile nur indirekt durch ihre formale Anordnung, nicht durch wörtliche Formulierung. Es kann nämlich darauf hingewiesen werden, daß sich ein Kreuz vorstellen läßt, wenn man die Augenlinie waagerecht links und rechts unter Einbeziehung der Inschriftenteile verlängert denkt und die Nasenlinie senkrecht nach oben und unten. Diesem vorstellbaren Kreuz korrespondiert ein in den Pupillen Dürers tatsächlich dargestelltes Kreuz, worauf Białostocki aufmerksam gemacht hat. Es handelt sich um den Reflex eines Fensterkreuzes, eine Erscheinung, für die eine symbolische Bedeutung wohl nicht ausgeschlossen werden kann.

Anscheinend ist noch nicht erkannt worden, daß die Zuordnung von Inschrift und bildnerischem Ausdruck die perfekte Inbildsetzung eines auf die Antike zurückgehenden Gedankens ist, den Dürer später um 1512 in den Entwürfen zur Einleitung in das Lehrbuch der Malerei so formuliert: »Dan der aller edelst sin der menschen ist sehen. Darum ein jtlich ding, daz do gesehen würt, ist vns glawblicher vnd bestendiger weder dÿ ding, dy wir hören. So aber gehört vnd gesehen würt, ist daz dest kreftiger.« Dürer lenkt also deshalb den Blick des Betrachters in sein Antlitz und in seine Augen, weil er dies Organ als das für den bildenden Künstler wichtigste bezeichnen möchte. Alles, was ich bin, bin ich durch meine Augen, sagt das Bild. Sie leiten die Eindrücke nach innen und durch schöpferische, denkerische Arbeit bereichert, treten die Eindrücke über die Augen wieder nach außen, wenn ich sie in Kunst umsetze. Durch das Mittel der formalen Anordnung der Inschrift weist Dürer wie mit zwei Zeigefingern auf die gemalte Aussage hin, und durch den Wortlaut der Inschrift macht er außerdem die, die so etwas verstehen konnten, direkt auf das Besondere des Bildes aufmerksam. Er appelliert also sowohl an das Sehen wie an das Hören und schafft damit viele Jahre vor den Entwürfen zum Lehrbuch der Malerei bereits ein gemaltes Lehrbuch der Malerei, in dem die an das Sehen appellierenden bildliche Aussage vom hörbaren Wort unterstützt wird und andererseits die bildliche Anbringung des Wortes sogar einen über das unmittelbar Hörbare hinausgehenden Gehalt bedeuten hilft.

Das nach den Augen wichtigste Intrument des bildenden Künstlers ist die rechte Hand. Sie erscheint deshalb in Korrespondenz zum Gesicht in einer dem Gesicht entsprechenden farblichen Tönung in der Mitte des unteren Bildrandes. Die Geste der ruhigen Gespanntheit und ihre Schönheit stimmen genau zu der Schönheit und würdevoll-denkerischen Repräsentation des Gesichtes. Es ist bekannt, welche bedeutende Rolle die Darstellung der Hand im Schaffen Dürers seit seinen frühen Schaffensjahren einnimmt. Zwar besitzen wir theoretische Proportionsstudien Dürers zur Hand, aber leider diesmal aus seiner Feder keine Äußerungen über den Wert der Hand als ein das Wesen des Menschen als einer schöpferischen Potenz in hohem Maße bestimmendes Instrument. Erwartungsgemäß stößt man auf eine seit der Antike nicht unterbrochene Tradition entsprechender Würdigungen. In dem speziellen Fall unseres Bildes drängt sich der Eindruck auf, als habe Dürer jene Worte des Leonardo gekannt, in denen dieser vom Künstler verlangt, die Hände sollten den Seelenzustand der abgebildeten Person widerspiegeln. Nach meinem Urteil erfüllt Dürer dies Postulat vollkommen, ob er Leonardo nun kannte oder nicht. Daß Dürer die Handgeste seines Selbstbildnisses vom Jahre 1500 einem bestimmten Typus der Christusdarstellung entlehnt zu haben scheint, darüber wird gleich noch zu sprechen sein.

Die strenge Proportionalität und auffällige Stilisierung des Ganzen weisen darauf, daß Dürer zum Ausdruck bringen wollte, das Gesetz der Schönheit theoretisch erfaßt zu haben und in der Lage zu sein, es praktisch anzuwenden. Blick und Gebärde zeigen ihn als den denkenden Künstler, als den Białostocki Dürer deutet. In diesem Zusammenhang muß darauf hingewiesen werden, daß bereits Celtis Dürer ebenso sah. Eines der Epigramme zum Lobe Dürers widmet er dem Vergleich des bildenden Künstlers mit Albertus Magnus, der bei Celtis und andern deutschen Humanisten in hohem Ansehen stand. Celtis sagt, Dürer habe in der 'Kunst', soll heißen Wissenschaft der Symmetria und der Pictura, denselben Rang völlig erreicht wie Albertus Magnus durch seine Philosophia, womit hier die Naturphilosophie, wir würden heute sagen Naturwissenschaft, gemeint ist. Gott habe beide mit einer gleichgroßen Schöpferkraft ausgestattet. Damit erhalten wir eine, wenn auch unvollkommene, knappe Bestätigung dafür, daß Dürers kunsttheoretische Reflexion bis zum Jahre 1500 einem ersten Höhepunkt entgegengeht. Daß die Worte des Celtis ohne eingehendes Gespräch mit Dürer oder mit diesem eng Vertrauten geschrieben sein könnten, halte ich nicht für denkbar. Demnach wußte Celtis also, daß Dürer im Anschluß an italienische Kunsttheoretiker wie Alberti oder Leonardo die Malerei wissenschaftlich begründen wollte und daß dabei die auf Mathematik, sprich Geometrie gegründete Symmetrie, eine entscheidende Rolle spielte. Wie wir aus späteren Äußerungen wissen, war »Geometrie die

Wissenschaft par excellence für Dürer«. Was Symmetrie innerhalb der Tradition und dann für Dürer bedeutet, erläutert Panofsky treffend: »Dieser Begriff — von den Stoikern entwickelt, von einer Schar von Nachfolgern, von Vitruvius und Cicero bis zu Lukian und Galen, übernommen, ohne daß einer ihn in Frage gestellt hätte, in der mittelalterlichen Scholastik weiterlebend und schließlich als Grundsatz (Axiom) festgesetzt von Alberti, der nicht zögert, ihn als 'absolutes und höchstes Gesetz der Natur' zu bezeichnen — war das Prinzip, das griechisch συμμετρία oder ἁρμονία , lateinisch symmetria, concinnitas oder consensus omnium, italienisch convenienza, concordanza oder conformità und in Dürers Deutsch Vergleichung oder — häufiger — Vergleichlichkeit heißt. Es bedeutete, um Lukian zu zitieren, die 'Gleichheit und Harmonie aller Teile im Verhältnis zum Ganzen' oder, um Alberti zu zitieren, das, was erreicht wird, wenn alle Glieder in der Größe wie in der Funktion, Art, Farbe und ähnlichen Dingen zu *einer* Schönheit zusammenlaufen.« Welch anderes Werk als unser Selbstbildnis gäbe denn bis zum Jahre 1500 der symmetria, concinnitas oder »Vergleichlichkeit« einen derart symbolisch verdichteten Ausdruck im Schaffen Dürers?

Folgender Aspekt, von Celtis nicht ausdrücklich genannt, sollte bei dem Vergleich Albertus Magnus — Dürer mitbedacht werden: Albertus Magnus galt als der große Philosoph, der seine Naturphilosophie auf experientia, auf Beobachtung stützte. Wenn Celtis nun Dürer neben Albertus Magnus rückt, muß er gewußt haben, muß er zum Ausdruck haben bringen wollen, daß Dürer sein künstlerisch-wissenschaftliches Schaffen ebenfalls auf experientia gründete. Und dies verband in den Augen des Celtis Dürer nicht nur mit Albertus Magnus, sondern auch mit ihm selbst.

Es gibt vielleicht eine bildliche Bestätigung für unsere Überlegungen. Auf inständige Bitten des Celtis hin hat Dürer für die Amores-Ausgabe des Celtis, die 1502 in Nürnberg erschien, den Holzschnitt der Philosophia angefertigt. Auf dem die Philosophia umgebenden Blätterkranz sind vier Medaillons mit Repräsentanten der Weisheit vergangener Kulturen angebracht. Darunter erblickt man, vom Betrachter aus links, einen »Albertus«, der nach Ausweis der Inschrift die »SAPIENTES GERMANORVM« vertritt. Mit diesem Albertus kann nur Albertus Magnus gemeint sein. Bei genauer Betrachtung fällt einem auf, daß Dürer dessen Aussehen seinem eigenen Selbstbildnis vom Jahre 1498 angenähert zu haben scheint.

Die Angleichung von Dürers Kopf auf dem Münchener Selbstbildnis an das vorgestellte Aussehen Christi hat lange Zeit große Verständnisschwierigkeiten bereitet, weil man an dem Gedanken der Blasphemie nicht vorbeikam. Durch die Bemühungen von Forschern wie Panofsky, Rupprich,

Bainton, Winzinger, Hempel, Chapeaurouge und Trinkaus wissen wir
heute jedoch, daß das Zusammenfließen verschiedener Gedankenströme
die von Dürer gezogene Konsequenz verständlich macht. Christus gilt
nach alter Tradition als das verkörperte Gesetz der Schönheit, als die vera
icon. Nach antiker und christlicher Auffassung verdankt der Künstler
seine Schöpferkraft göttlicher Begnadung; er ist nach Gott die bedeutendste schöpferische Potenz. Schließlich sind Worte der Bibel und mittelalterlich theologische wie philosophische Überlegungen, zum Beispiel solche
des Cusanus, als Grundlagen anzunehmen. In franziskanischer Tradition
vermag Christusähnlichkeit den Willen zur Nachfolge Christi auszudrük-
ken. Bainton, dessen Ausführungen aus theologischer Sicht besonders
hilfreich sind, sagt folgenden bemerkenswerten Satz, den man als eine Art
Zusammenfassung seiner Beurteilung nehmen kann: »in the time of Luther and of Dürer, heaven yet lay so close to earth, and the concepts of the
imitatio and the conformitas Christi were so vivid that no sense of sacri-
lege attached to portraying either one's friends or oneself in the guise of
Christ.«

Es soll jedoch an dieser Stelle auch ausdrücklich hervorgehoben werden,
daß ein Kenner wie zum Beispiel John Pope-Hennessy es für unbegründet
hält, wenn die Forschung annimmt, Dürer habe bei seinem Selbstbildnis
sich Christus angleichen wollen. In der Tat fällt es ja auf, daß bildliche Vorbilder aus der Zeit vor Dürer selten belegt sind und diese jeweils die Angleichung eines Herrschers, des Kaisers nämlich, an Christus darstellen.
Es wäre zum Beispiel an das Bildnis Ottos III. zu denken, das das berühmte
Evangeliar der Reichenauer Malschule vom Ende des 10. Jahrhunderts
bringt, oder an das Glasfenster des Straßburger Münsters vom Jahre 1180,
das Karl den Großen, der allerdings heiliggesprochen war, als vera icon gestaltet. So spärlich sie auch sein mögen, es gibt diese Beispiele wenigstens.
Auch wäre bei dem Für und Wider wohl zu bedenken, daß Dürer in seinem
Schaffen vor und nach 1500 mehrfach Christusdarstellungen die Züge seines Antlitzes geliehen hat, Beispiele, die nicht bezweifelt werden können.
Sodann sollte die Dürer-Rezeption nicht außer acht bleiben. Es ist an Georg Vischers Gemälde vom Jahre 1637 »Christus und die Ehebrecherin« zu
erinnern. Der Kopf Christi ist hier eine Kopie von Dürers Selbstbildnis
des Jahres 1500. Im Jahre 1921 schuf der spanische Maler Josè Ortega-Ar-
roba de los Montes eine »Mistica« bezeichnete Christusdarstellung, die
völlig auf einer Adaption des Dürer-Selbstbildnisses beruht. Sie hängt übrigens in der Abteilung für moderne christliche Kunst der Vatikanischen
Museen.

Das schöne Christusbild mit schulterlangem, bis in Ohrenhöhe glatten, dann gelockten Haaren, dem Dürers Selbstbildnis entspricht, ist in der Dürer-Zeit recht verbreitet gewesen. Eine Zeichnung vom Jahre 1469, die Christus als Weltenrichter darstellt, hat Dürer nachweislich gekannt und mit dem Namenzeichen Schongauers beschriftet. Auch der Christus, den man auf dem Gedächtnisbild für Ursula Haller sieht, das ein Nürnberger Meister um 1482/84 schuf, oder der Titelholzschnitt der 1473 in Augsburg erschienen NT-Ausgabe (Drucker: Günther Zainer) dürfen in diesem Zusammenhang zitiert werden. Wichtig zu erwähnen ist auch das Gemälde »Christus als Salvator Mundi«, das 1503 Jacopo de' Barbari für Kurfürst Friedrich den Weisen schuf. Übrigens scheinen die Züge Christi denen Friedrichs des Weisen angenähert zu sein in der späten Holzschnittübernahme des Gemäldes, die Lucas Cranach d. J. im Jahre 1553 schuf. Auch der vielleicht zwischen 1500 und 1510 entstandene Kopf Christi von einem Ablaßflugblatt darf in diesem Zusammenhang erwähnt werden. Im Katalogtext sagt der Verfasser, der Kopf erinnere an Dürers Münchener Selbstbildnis. Überdies sollten wir den Typus der vera icon als Profilbildnis in unsere Betrachtungen einbeziehen. Hans Burgkmair d. Ä. gibt auf seinen Einblattdrucken der berühmten Epistula Lentuli in den Jahren 1500 bis 1511/12 Beispiele, wobei seine Formulierung des Themas von 1512 in einem im Kloster Wienhausen gefundenen Papierrelief wörtlich wieder auftaucht. Und es wäre zu fragen, inwieweit die Dürer-Medaille des Hans Schwarz, ein Augsburger wie Burgkmair, nicht an diese Tradition der Profilbildnisse Christi erinnern soll. Dürers Haar ist hier bis zum Ohr relativ glatt, dann auffällig gekräuselt dargestellt.

Die bisherigen Forschungen zu Dürers Selbstbildnis scheinen die Frage offen zu lassen, ob es zusammen mit Dürers leibhaftiger Person schriftliche und bildliche Quellen gibt, die den bildlichen Gesamtausdruck und die Gesamtkomposition des Selbstbildnisses direkt bestimmt haben. Mit Gesamtausdruck ist der würdevolle Ernst gemeint, von dem das Bildnis spricht. Dieser wird hervorgerufen durch die Gesamtkomposition, die auf Symmetrie, frontaler Repräsentation, Anlage als Brustbild mit angewinkelten Armen sowie Beschränkung auf braune und fleischfarbene Farbtöne beruht.

Bei der Suche nach einer schriftlichen Quelle stößt man auf die sogenannte Epistula Lentuli. Es handelt sich um einen angeblich von einem Publius Lentulus geschriebenen Brief, der eine Beschreibung des Aussehens der Person Christi gibt. Dieser Lentulus soll vor Pontius Pilatus das Heilige Land als Statthalter regiert haben. Wahrscheinlich jedoch hat es diesen Lentulus nie gegeben, der Brief wäre dann als eine Erfindung einzustu-

fen, im späten Mittelalter hergestellt, um eine zusammenfassende 'glaub-
würdige' Beschreibung Christi als vera icon zu besitzen. Diese Beschreibung lautet übersetzt so: »Es ist zu unserer Zeit aufgestanden und befindet
sich noch unter uns ein Mann von großer Tugend, genannt Jesus Christus,
der von den Heiden ein Prophet der Wahrheit genannt wird und den seine
Jünger Gottes Sohn nennen, da er Tote erweckt und Kranke heilt. Dieser
Mann ist von Gestalt schlank, schlicht und ansehnlich, von ehrfurchtgebie-
tender Miene, so daß, wer ihn ansieht, ihn ebensowohl lieben als fürchten
muß. Sein Haar hat die Farbe einer frühreifen Nuß, anfangs bis zu den Ohren ist es glatt, dann lockig, dunkler und glänzender. Es fällt ihm bis auf die
Schultern herab und ist in der Mitte nach Art der Nazaräer gescheitelt. Er
hat eine offene, heitere Stirn, ein Angesicht ohne Runzeln und Flecken,
verschönert durch einen Anflug von Röte. Nase und Mund sind in rechtem
Maß, der Bart ist voll und entspricht in der Farbe dem Haupthaar; er ist
kurz und in der Mitte ein wenig gespalten. Er sieht schlicht und gereift aus,
seine Augen sind grünblau bis graublau und klar. Im Schelten ist er furchtbar, im Ermahnen sanft und liebenswürdig, obwohl heiter, bewahrt er
doch stets den Ernst. Niemals hat man ihn lachen, öfter aber weinen sehen. Er ist groß und aufrecht von Gestalt und seine Hände und Arme sind
von schönem Ebenmaß. Seine Rede ist ernst, karg und gemessen. Schön ist
er vor allen Menschenkindern.« Diese Beschreibung der Person Christi
läßt sich so nahtlos auf Dürers Selbstbildnis übertragen, daß doch wohl ein
Zusammenhang angenommen werden muß. Der Mann des Selbstbildnisses vermittelt durchaus den Eindruck, von schlanker Gestalt zu sein. Er ist
ansehnlich, von ehrfurchtsgebietender Miene und ruft im Beschauer ein
Gefühl hervor, daß in der Mitte zwischen Liebe und Furcht liegt. Das Haar
ist bis zu den Ohren nußfarben und glatt, dann dunkler, glänzender und
lockig. Es fällt auf die Schultern herab. In der Mitte ist es gescheitelt. Die
Stirn ist offen und heiter. Im Antlitz findet man keinerlei Runzeln oder
Flecken. Es zeigt einen Anflug von Röte. Nase und Mund sind im rechten
Maß. Der Bart ist üppig und nußfarben wie das Haupthaar. Er ist kurz und
ein wenig gespalten. Die Augen sind grünlich und klar. Man kann ihn
sich vorstellen als einen Mann, der im Schelten furchtbar, im Ermahnen
sanft, freundlich und milde ist, der eher ernst als heiter sich gibt und dessen
Gestalt groß ist. Nach dem rechten Arm und der rechten Hand zu urteilen,
sind seine Hände und Arme von schönem Ebenmaß. Man lese daneben die
Beschreibung des Selbstbildnisses, die ein moderner Interpret gibt, der die
Epistula Lentuli nicht kannte, zum Beispiel diejenige von Gotthard Jed-
licka, um zu sehen, in welchem Maße diese Interpretation weitgehend dasselbe ergibt.

Die Darstellung Christi, die der Lentulus-Brief gibt, entspricht übrigens den traditionellen Vorstellungen vom sanguinischen Temperament, das innerhalb der Gruppe der vier Temperamente als das vollkommenste galt. Diese Feststellung legt die Folgerung nahe, daß Dürer in seinem Selbstbildnis des Jahres 1500 sich in der Vollkommenheit des Sanguinikers dargestellt hat.

Die Epistula Lentuli mit ihren Vorstufen und Parallelen war die schriftliche Hauptquelle für die Darstellung der Person Christi. Man wird in Dürers Zeit jedoch lange suchen müssen, bis man einen Künstler findet, der ihre Angaben so wörtlich in bildliche Gestaltung umsetzt. Vorausgesetzt, daß nicht ein Zufall diese Parallele hervorgebracht hat, wird man sagen dürfen, daß Dürer in dem Zurückgehen auf die Quelle und in dem Genaunehmen sich wiederum als ein Humanist erweist.

Diese Bemerkung treibt die Frage hervor, ob Dürer die Epistula Lentuli überhaupt hat kennen können. Diese Frage ist eindeutig positiv zu beantworten. Willibald Pirckheimer besaß unter den Erbstücken seiner Bibliothek eine Handschrift, die eine Abschrift des Lentulus-Briefes enthält. 1491 ist der Brief in Nürnberg sogar gedruckt erschienen, und zwar innerhalb einer Ausgabe der Werke des Anshelm von Canterbury. Diese Ausgabe besorgte Johannes Löffelholz, und er widmete sie Peter Dannhauser, beide eifrige Förderer der humanistischen Richtung in Nürnberg und mit den entsprechenden Kreisen eng verbunden. Ein gleichbleibendes Interesse humanistischer Kreise an diesem Brief sieht man daran, daß im Jahr 1500 Papst Alexander an Kurfürst Friedrich den Weisen eine mit Gold auf Purpurpergament geschriebene Prachthandschrift der Epistula Lentuli hat übersenden lassen. Im selben Jahr ließ der Augsburger Drucker Erhart Ratdolt ein mit einem Burgkmair-Holzschnitt geschmücktes Flugblatt ausgeben, das die Epistula mit einer deutschen Übersetzung bringt. 1507 läßt sie der Nürnberger Christoph Scheurl zusammen mit seiner »Epistula ad Charitatem Pirchameram« in Leipzig erscheinen, wo sie um 1490 bereits im Rahmen einer andern Publikation veröffentlicht worden war. 1511/12 erscheint sie mit Burgkmair-Holzschnitten, die die vera icon im Profil zeigten, wir erwähnten diesen Typus oben schon, erneut in Augsburg und bei dem Humanisten-Drucker Johannes Weißenburger ebenfalls 1512 in Nürnberg, eingefügt in ein Schulbuch.

Nun zu der Frage nach einer möglichen bildlichen Quelle. Die frontale Repräsentation war in der Antike weit verbreitet und nicht auf die Darstellung von Göttern und Herrschern beschränkt. In Alt-Europa finden wir sie bei Darstellungen Gottes und Christi sowie von Päpsten und Herrschern in großer Zahl; beim Grabbild, das auch niederen Adligen zuteil wird, ist sie die gängige Form. Bei der Darstellung von Autoren und Künstlern ist sie außerordentlich selten zu finden und nimmt offenbar erst mit Beginn des 15. Jahrhunderts ein wenig zu. Auf eine mögliche Quelle für Dürer fällt der Blick jedoch erst dann, wenn man sich auf die Geschichte der Christus-Darstellung konzentriert und hier innerhalb der von Dürer gewählten Gattung Tafelbild und verwandte Entsprechungen bleibt. Man stößt dann auf die berühmte byzantinische Mosaik-Ikone aus der Zeit um 1100, die heute in der Skulpturengalerie der Frühchristlich-Byzantinischen Sammlung der Staatlichen Museen Preußischer Kulturbesitz in Westberlin aufbewahrt wird. Diese Ikone, über deren Geschichte nichts bekannt ist, wurde 1904 erworben. Sie hat die Maße: Höhe 74, 5 cm, Breite 52, 5 cm. Dürers Selbstbildnis hat fast dieselbe Größe, es mißt in der Höhe 67 cm und in der Breite 49. Die Ikone zeigt genau das Kompositionsschema des Dürer-Bildnisses. Christus wird als Brustbild gegeben mit angewinkelten Armen, wobei die rechte Hand mit auffälliger Geste vor die Brust gelegt ist. Ein vergleichender Blick auf die Handgesten ergibt, daß man eine auffällige Übereinstimmung in der Haltung von Daumen und Zeigefinger gewahr wird. Darüber hinaus sieht man, daß wie bei Dürer die in den Christusbeschreibungen verlangte Spaltung des Kinnbartes nur angedeutet und der Mittelscheitel des Haares nicht in die strenge Symmetrie eingepaßt ist. Rechts und links neben dem Kopf der Ikone erblickt man eine griechische Inschrift, die den dargestellten Heiland als Erbarmer bezeichnet. Nicht die Zeilenführung, aber die Stelle der Anbringung entspricht dem Dürer-Bildnis.

Mit diesen Hinweisen soll die Berliner Mosaik-Ikone nicht zur direkten Quelle Dürers erklärt werden, die er gekannt haben könnte. Es soll jedoch die Vermutung zum Ausdruck kommen, daß Dürer eine Ikone dieses Typs, von dem nur noch ein zweites ca. 1150 entstandenes Exemplar im Museo Nazionale zu Florenz die Zeiten überdauert hat, als bildliche Anregung benutzt haben dürfte. Möglicherweise nahm man zu Dürers Zeit an, daß solche Ikonen aus der ältesten Zeit des Christentums stammten. So hätten wir in der Wiederbelebung dieses Bildzeugnisses in der Gestalt Dürers einen echten Renaissancevorgang zu sehen. Wenn es berechtigt ist im Hinblick auf den Schmerzensmann Dürers, der heute in der Kunsthalle Karlsruhe hängt, die Benutzung einer Ikone als Vorbild anzunehmen, so hätten wir nun den zweiten Fall, in dem Dürer auf die byzantinische Ikonen-Kunst zurückgreift. Damit rückt die bisher wohl insgesamt zu wenig erforschte Frage nach dem Einfluß der byzantinitschen Kunst auf die Kunst der Renaissance erneut fordernd in den Blick.

Im Vergleich mit der Ikone läßt sich gut studieren, wodurch Dürer die Annäherung an Christus zum Ausdruck bringt und wodurch er einen bestimmten Grad der Annäherung nicht überschreitet: Er übernimmt das Kompositionsschema und den würdevollen Ernst des Ausdrucks. Mit Blick auf das Vorbild verzichtet er darauf, den Haarscheitel in die strenge Symmetrie einzubeziehen und diese weiterhin durch einen deutlich geteilten Kinnbart zu markieren. Anders als auf dem Madrider Selbstbildnis des Jahres 1498 hält er die Stirn von Haaren frei und erlaubt lediglich drei kleinen Haarsträhnen den Weg in die Stirn, so wie das Vorbild mit zahlreichen anderen Christusdarstellungen es bietet. Er übernimmt die Lage der rechten Hand und die Zuordnung von Daumen und Zeigefinger. Vor allem die Zitierung solcher 'Nebensächlichkeiten' wie der Haarsträhnen und der Fingerhaltung sollte uns ein wichtiges Indiz sein.

Dürer begrenzt die Annäherung dadurch, daß er nicht nur den Kreuznimbus wegläßt, sondern auch über dem Scheitel auf jedes Bildelement verzichtet, daß als eine Erinnerung an den Kreuzarm des Vorbildes gedeutet werden könnte. In der Inschrift spricht er nur von sich, wie auch seine Gesichtszüge bei aller Stilisierung auf ein Ideal hin als individuell bezeichnet werden müssen. Sein Gewand ist eine weltliche Pelzschaube. Wie jeder Hinweis auf die Heilige Schrift fehlt, die der Christus der Ikone im linken Arm trägt, ist auch die Geste der rechten Hand verändert, indem er hier die beiden Mittefinger nicht eingeknickt sein läßt. Somit hat er »den Gestus des in der Wahrheit des Wortes sich offenbarenden und von sich zeugenden Gottessohnes« umgeformt in einen Gestus des auf sich selbst Weisens und die Hand als eines künstlerischen Organs Demonstrierens.

Andererseits hat Dürer durch die horizontale Anbringung der Inschrift in Augenhöhe und durch die Kreuzreflexe in den Pupillen neue, im Vorbild nicht angelegte Annäherungen geschaffen, so daß sein Bildnis gleichsam zum Betrachter spricht: »vivo in cruce«. Nimmt man die der schriftlichen Quelle entlehnten Bildzitate hinzu, ergibt sich ein hoher Grad der Anwesenheit Christi in Dürers Selbstbildnis. Die Annäherung hält an jener Grenze inne, an der den führenden Zeitgenossen das Bildnis als Blasphemie hätte erscheinen können.

Wenn wir nach der zeitgenössischen, aus dem Umfeld kommenden Fundierung und Stützung des Selbstbewußtseins Ausschau halten, das in Dürers Gemälde sich ausdrückt, dann stoßen wir nicht auf Pirckheimer, sondern auf Celtis. Dieser hatte vor einigen Jahren die Werke der Gandersheimer Nonne Hrotsvitha aufgefunden, ein Umstand, der in deutschem Humanistenkreisen enthusiastische Freude auslöste. Man feierte die Nonne als deutsche Sappho. Im Jahre 1501 endlich konnte Celtis ihre Werke in Nürnberg herausbringen. Er widmete die Ausgabe seinem alten Gönner Friedrich dem Weisen, um die Bande enger zu knüpfen und zu demonstrieren, welche politische Rolle er den außergewöhnlich begabten

und begnadeten Wissenschaftlern und Künstlern zudachte. Auch Dürer
war mit dem Projekt der Ausgabe befaßt: Er gehörte zu den Künstlern, die
Holzschnitt-Illustrationen beisteuerten. Celtis schreibt in dem Widmungsbrief an den sächsischen Kurfürsten aus dem Hause Pirckheimers
in Nürnberg neben anderen, äußerst interessanten programmatischen
Sätzen die folgenden, für unseren Zusammenhang wichtigen: »Du machst
es wie Kaiser Sigismund, der über den Hofadel diejenigen stellte, die in Begabung und besondere Kunstfähigkeit die übrigen Menschen übertreffen.
Gefragt, warum er dies tue und die von Geburt Adligen verachte, soll er gesagt haben: Mit Recht verehre und ziehe ich den anderen Menschen vor
jene, die die Mutter Natur und Gott mit einzigartiger Begabung ausgestattet haben, und er fügte hinzu: denn sie allein, die Natur und Gott könnten
schöpferisch tätig sein; in seine Macht aber sei es gestellt, von Zeit zu Zeit
durch Titel und Geschenke zu adeln.« Hier wird also den schöpferisch
Hochbegabten aller Wissenschaften und Künste ein alle übrigen Menschen übertreffender Rang eingeräumt. Sie erscheinen als die einzig ad-
aequate Umgebung des Herrschers. Es ist nicht unwichtig zu bemerken, daß
diese Auffassung seit 1487 in den Werken des Celtis und im Diplom seiner
in Nürnberg erfolgten Dichterkrönung sich vorbereitet, anfangs noch allein auf die Rolle des Dichters bezogen. Daß Dürer diese Gedanken nicht
fremd geblieben sind, können wir aus den Entwürfen vom Jahre 1512 zur
Einleitung in das Lehrbuch der Malerei schließen. Hier gibt es sogar einige
Sätze, die sich wie eine Celtis-Reminiszenz lesen, wenn Dürer schreibt:
»Dẏ gros kunst der molereẏ ist vor vill hundert joren peẏ den mechtigen
künigen jn grosser achtparkeit gewesen, dan sẏ machten dy vürtrefflichen
künstner reich, hiltens wẏrdig, dann sy achteten solche sinreichikeit ein ge-
leich formig geschopff noch got.« Es folgt als Begründung jener vielzi-
tierte Satz: »Dan ein guter maler ist jnwendig voller vigur, vnd obs müg-
lich wer, daz er ewiglich lebte, so het er aws den jnneren jdeen, do von
Plato schreibt, albeg ettwas news durch dy werck aws zw gissen.« Für diese,
den Vorrang der Malerei betonende Haltung gibt es nicht nur Leonardos
Traktat über die Malerei als Vorbild, sondern auch und besonders das bisher zu wenig beachtete Sendschreiben Jacopo de' Barbaris *De la ecelentia
de pitura.* De'Barbari hielt sich von 1500 bis 1502 in Nürnberg auf. Er
dürfte nach 1500 oder aber 1501 das im Tenor dem Widmungsbrief des
Celtis verwandte Schreiben dem persönlich in Nürnberg anwesenden
Kurfürsten Friedrich dem Weisen überreicht haben. Wieder befinden wir
uns im selben Umkreis: Nürnberg, die Jahre um 1500, Friedrich der Weise.
Es gibt also Dokumente, die zeitlich und räumlich an die Entstehungszeit
des Münchener Selbstbildnisses heranführen und es zur Gewißheit ma-

chen: In Nürnberg, das damals als Sitz des Reichsregiments Mittelpunkt des Reiches war, wurde um 1500 in den Kreisen der Celtis und Dürer so über den begnadeten Künstler gedacht wie Dürers Selbstbildnis es noch *vor* allen schriftlichen Auslassungen bildnerisch gestaltet demonstriert: Er ist Majestät, gleichrangig den führenden Herrscher-Majestäten. Und es gibt kein einziges Zeugnis Friedrichs des Weisen oder Maximilians aus dem hervorginge, daß diese Herrscher solcher Auffassung widersprochen hätten.

Ein weiterer aufregender Aspekt öffnet sich unserer Untersuchung, wenn wir uns der Jahreszahl 1500 bei Dürer zuwenden und fragen, wer von den deutschen bildenden Künstlern und Dichtern der Zeit zu diesem säkularen und Halbjahrtausend-Ereignis auf die Errichtung eines vergleichbaren Monuments der Selbstvollendung und des geistigen Führertums wie Führungsanspruchs hingearbeitet hat. Antwort: Celtis.

Celtis hatte 1487 in Nürnberg von Kaiser Friedrich III. den Dichterlorbeer aufs Haupt gesetzt bekommen. Schaut man sich an, was Celtis 1486 und in den Jahren danach bis 1499 als Druck oder Handschrift publiziert hat, ein paar Gedichte sowie etwas Literaturtheoretisches und Programmatisches, dann fragt man sich, wann denn dieser Dichter einmal mit einem Werk hervortreten wollte, das die Dichterkrönung und seinen Anspruch, die Musen nach langer Verbannung nach Deutschland zurückgeführt und eine einzigartige Literaturblüte herbeigeführt zu haben, nun tatsächlich rechtfertigte und ihn als den Poeten der Zeit erwies. Studiert man mit dieser Frage die Zeugnisse, die sich erhalten haben, dann sieht man, daß ihm irgendwann nach 1487 — eine nähere Datierung fehlt mir noch — der Gedanke gekommen sein muß, das Jahr 1500 zum nächstbedeutenden, ja ungleich bedeutenderen Celtis-Jahr zu machen. Bis 1499 stellt er vier Bücher Oden, ein Buch Epoden, und das Carmen Saeculare fertig: Horaznachfolge, vier Bücher Elegien: Ovidnachfolge, viereinhalb Bücher Epigramme: Martialnachfolge. Bis zum Jahr 1500 legt er letzte Hand an seine Werke und füllt zum Beispiel die Epigramme noch auf, so daß er jetzt ganze fünf Bücher bekommt. Und da Epigramme etwas leichter aus der Feder fließen dürfen als andere lyrische Gedichte, erlaubt er sich eine sehr gezielte Zahlenkomposition: Er legt fünf Bücher zu je hundert Epigrammen vor, also insgesamt 500 Epigramme. Daß ihn dazu die 500 in der Jahreszahl 1500 mit veranlaßt hat, läßt sich bis jetzt nicht beweisen, scheint mir aber gewiß.

Es ist rekonstruierbar, daß im Jahre 1500 eine dreibändige Reinschrift dieser Werke von Johannes Rosenperger, dem Schreiber des Celtis, fertiggestellt worden ist. Das entscheidende Beweismittel ist die Kasseler Celtis-

Handschrift. Sie enthält die Reinschrift der zu ihrer Zeit offenbar nicht zum Druck gelangten fünf Bücher Epigramme. In der ersten Fassung ihrer Schlußschrift heißt es, sie sei im Jahre 1500 in der kaiserlichen Stadt Wien vollendet worden. Von den Elegien, die nach dem Titel der Druckausgabe des Jahres 1502 stets *Amores* genannt werden, hat immerhin ein Fragment in der österreichischen Nationalbibliothek zu Wien die Zeiten überdauert. Dies Fragment deutet auf eine Handschrift, die der Kasseler Epigrammhandschrift vollkommen entsprochen hat. Da die *Amores* Anfang 1502 in Nürnberg im Druck erschienen und die erhaltene vorläufige Reinschrift der *Amores* auf das Jahr 1500 datiert ist, gehört das Fragment also in den engen Zeitrahmen der Jahre 1500 bis 1501. Die Reinschrift der Oden, Epoden und des Carmen Saeculare ist verloren, doch befindet sich die vorläufige Reinschrift, auf das Jahr 1500 datiert, in derselben Handschrift der Stadtbibliothek zu Nürnberg, die auch die vorläufige Reinschrift der *Amores* enthält. Die Anlage dieser Nürnberger Handschrift, die die Dichtungen des Celtis sammelt, die Anfang 1500 vollendet waren, verweist ebenfalls auf die Absicht des Dichters, alle seine Dichtungen zu einem Zeitpunkt herauszugeben. Eventuell darf man ein in der Nürnberger Handschrift befindliches Inhaltsverzeichnis, zu dem der tatsächliche Inhalt dieser Handschrift nur teilweise paßt, so deuten, daß Celtis zu 1500 bis 1501 eine Gesamtausgabe aller seiner Werke beabsichtigte.

Dies ist nun immer noch nicht alles, was im Hinblick auf Celtis und das Jahr 1500 registriert werden kann: Die von Rosenperger geschriebene Reinschrift der von Celtis verfaßten griechischen Grammatik ist auf das Jahr 1500 datiert. Der Codex epistolaris reicht zwar über das Jahr 1500 hinaus, weist aber eine deutliche Betonung des Jahres 1500 auf, so als hätte er damals eigentlich abgeschlossen werden sollen. Das *Carmen Saeculare* ließ Celtis im Jahre 1500 zusammen mit der Cusanus-Schrift *De Li non aliud* im Druck erscheinen, ferner gab er im selben Jahr die kleine Sammelschrift mit den *Septenaria sodalitas litteraria Germanie,* den *Sententie septem sapientum* sowie dem *De ludo septem sapientum* des Ausonius und der *Epistola Sancti Hieronymi de legendis et audiendis poetis* heraus. Von den Inkunabel-Spezialisten werden auch seine Ausgabe der *Germania* des Tacitus, und die Auswahl eigener Epigramme mit dem Titel *Economia* und das Flugblatt mit dem *Protrepticus ingeniorum puerorum* auf 1500 datiert. Auf eine besondere Überraschung macht Eckart Schäfer aufmerksam: Durch Hartmann Schedel ist die Abschrift einer Celtis-Vita auf uns gekommen, die Celtis im Jahre 1500 gestorben sein läßt. Hier heißt es nämlich am Ende: »Er lebte 42 Jahre bis zum Jahre des Herrn 1500.« Damit wiederum korrespondieren eine Elegie und eine Ode, die nach den Plänen des Jahres 1500 jeweils am Ende des vierten Buches und damit am jeweiligen Werkende stehen sollten. In der Elegie wendet sich der Dichter als bereits Verstorbener aus dem Elysium an die Iuventus Germanica, die Ode richtet er an Merkur, er möge ihn, den Verstorbenen, sanft ins Elysium geleiten.

Die rekonstruierbare dreibändige Reinschrift bedeutete natürlich für den kleinen Kreis der Eingeweihten bereits eine Gesamtausgabe der Dichtungen, war sie doch auf gefälligen Eindruck und auf Dauer hin angelegt: Vom Schreiber sorgfältig in Humanistenkursive geschrieben, die Titel und Überschriften in Capitalis, mit Buchschmuck, Zierinitialen und Randleisten versehen, das alles nicht etwa auf Papier, sondern auf dem dauerhaften Pergament; die Nürnberger Handschrift mit der vorläufigen Reinschrift ist noch auf Papier geschrieben. Hatte doch 1492 der Celtis-Freund, Abt Johannes Trithemius, gesagt: »Die Schrift, wenn sie auf Pergament geschrieben wird, vermag tausend Jahre zu überdauern.« Vom Papier hielt er wenig in bezug auf die Dauer. Wie bei Dürer die Farbzubereitung, sollte hier also das Pergament die Dauerhaftigkeit verbürgen. Auf den vorderen inneren Buchdeckeln stand jeweils: »Ich gehöre dem gekrönten Dichter Conrad Celtis Protucius und seinen Freunden« (»Conradi Celtis Protucii Poetae Laureati sum et amicorum«). Aus der Formulierung »und seinen Freunden« ersieht man den Öffentlichkeitscharakter der Reinschrift; den beschränkten Öffentlichkeitscharakter, wie Dürers Selbstbildnis ihn hatte. Aber die Freunde wollten doch eine weitere Verbreitung der Schriften ihres geistigen Oberhauptes, eine breitgestreute zeitgenössische Wirkung, das pergamentene Monument der Dauer genügte ihnen nicht ganz. Und selbstverständlich wollte Celtis dies auch. Janus Tolhopfus war am 16. Juli 1499 der erste, der vom bevorstehenden Druck der »lyrica carmina« spricht. Jener Sebald Schreyer aber, der uns oben schon beschäftigt hat, war der erste, der am 1. März 1500 die Bitte ganz dringend macht; danach erschallt der Ruf von allen Enden und Ecken. Aber Drucken war teuer damals, zeitgenössische Werke verkauften sich nicht sehr gut, und es war wohl von vornherein klar, daß selbst Celtis-Werke keine Bestseller werden würden. So verzögerte sich die Drucklegung des Ganzen, und zwei Jahre später, als Kaiser Maximilian, dem das Werk gewidmet werden sollte, endlich einen Zuschuß bewilligte, da ließ sich nur eine Teilausgabe bewerkstelligen, die Ausgabe der Elegien unter dem sprechenden Titel *Amores*. Für diese Ausgabe schuf Dürer zwei Holzschnitte, das Buchwidmungsbild und den Holzschnitt der Philosophia.

Philosophie heißt für Celtis Aufgeschlossenheit für alles Wißbare, heißt Teilnahme an theoretischer Besinnung über den inneren Zusammenhang alles Geschaffenen mit dem Schöpfer. Man vergleiche zum Beispiel das

Epigramm unten auf dem Philosophia-Holzschnitt. Wie Dürer 1500 mit
einer höchst anschaulichen Demonstration seines kunsttheoretischen
Wissens, seiner schöpferischen, naturwissenschaftlichen und praktischen
Bemühungen, seines Bildes vom schöpferischen Künstler und dessen Verhältnis zu Gott, in dem Gott und Gesetz der Schönheit zusammenzufinden,
hervortrat, indem er sich als ein gottähnlicher Schöpfer im Bilde Gottes erschuf, so legte Celtis Zeugnis von der Fülle seiner Erfahrungen ab, von seiner Fähigkeit, frühere kunsttheoretische Äußerungen nun in vorbildliche
poetische Praxis umzusetzen und vor allem davon, daß er das Weltgesetz
gefunden hatte. Er sah es in der allesbewegenden Liebe, der Liebe Gottes
zu den Menschen, der Menschen zu Gott, der Menschen untereinander, der
Menschen zu allem Geschaffenen. Es ist, als hätten beide darum gerungen,
das folgende Postulat des Pico in größtmöglichem Umfange zu erfüllen:
»Ein heiliger Ehrgeiz sollte uns ergreifen, uns nicht mit dem Mittelmäßi-
gen zu begnügen, sondern uns unter Anspannung aller Kraft anzustren-
gen — denn wir vermögen es, wenn wir wollen —, das Höchste zu erreichen.«

Jeder verfügt über die eigenen Ausdrucksmittel: Dürer über die malerischen, aber das Wort ist wesentlicher Teil der Malerei, Celtis über die
sprachlichen, aber das zugefügte Bild ist wesentlicher Bestandteil der
Dichtung und in einem Worte treffen, vereinigen sich beide: in »fingere«
— »effingere«. Beide sind in das Gesetz schaffend- erschaffend- schöpferischen Menschentums gestellt. Und während Dürer sein Selbstbildnis bereits fertig hat und nun an den von Celtis so besonders dringend erbetenen
Holzschnitt der Philosphia geht und der Philosophia dieselbe Frontalsicht
gibt — eben das philosophische Gesicht — wie sich selbst kurz zuvor auf
dem Selbstbildnis, da geht Celtis als erster deutscher Dichter daran, Dürer
in die Literatur einzuführen. Doch das ist viel zu schwach gesagt. Er drückt
ihm das höchste Gütesiegel auf, das ein Poet damals einem Bildkünstler
aufdrücken konnte. Er ruft ihn zum neuen Phidias und Apelles aus. Um die
Berechtigung dazu unerschütterlich zu machen, fügt er eine rührende Geschichte an, deren Wahrheit man nicht zu bezweifeln braucht, auch wenn
es literarische Vorbilder dafür gibt: Als Dürer sich kürzlich mit idealisier-
tem Gesicht gemalt habe und die ganze Gestalt schon fertig gewesen sei, da
sei der Haushund des Malers gekommen, habe das Bild für den lebendigen
Herrn gehalten und es liebkost. Solche täuschende Naturnachahmung zu
erreichen, galt in der Antike nach Plinius als höchste künstlerische Vollendung. Natürlich war den Nürnberger Humanisten diese Plinius-Stelle bekannt. Dürer hatte damit für sie sichtbar den Gleichstand mit den größten
Meistern der Antike erreicht. Diesen von Celtis literarisch befestigten

Sieg, die Erreichung dieses Gleichstands mit der Antike, praktisch und theoretisch, hält das Münchener Selbstbildnis fest. Daß Dürer sich dessen bewußt war, drückt nicht nur das Bild selbst aus, sondern auch die Tatsache, daß er die Spur, die ein Küßchen des Hundes in seinem Gesicht hinterlassen hatte, keineswegs retouchierte. Wir wissen aus der zuverlässigen Quelle des Christoph Scheurl, daß diese Spur noch nach Jahren zu sehen war und von Dürer unter Hinweis auf das Erlebnis gezeigt wurde.

Aber der Sieg, den dieses Bild bekundet, meint nicht nur Gleichstand mit der Antike, er meint Übertrumpfung in der Tiefe des Gehaltes: Die antiken Apelles und Phidias, die Exempla, sind in dem neuen Apelles und Phidias, der in der Nachfolge Christi steht, überwunden.

Um es auf einen Begriff zu bringen: Der Mann des Münchener Selbstbildnisses ist Dürer, der Humanist. Er erreicht hier und sagt hier mit den Mitteln seiner Kunst in der Konzentration auf ein Werk, was Celtis mit den Mitteln seiner Kunst nur in größerer Quantität erreichen konnte. Der neue Apelles und Phidias, der die Kunstfertigkeit des größten Bildenden Künstlers des Altertums erreicht hat, steht neben dem neuen Horaz, Ovid und Martial, der die Kunstfertigkeit der größten römischen Dichter des Altertums erreicht hat.

An der Schwelle des neuen Saekulums, das zugleich ein neues Halbjahrtausend einleitet, verkünden und legitimieren sie ihren Anspruch auf geistige Führerschaft in Denken, Kunst und Sittlichkeit. Keiner der Bereiche ist vom anderen zu trennen: das Bildnis Dürers drückt es symbolhaft verdichtet aus. Schauplatz ist in erster Linie Dürers Nürnberg, die heimliche Hauptstadt des Reiches, daneben Wien. In Wien vollendet Celtis die Werke, aber in Nürnberg, wo er seine treuesten Sodalen hatte, sollten sie gedruckt werden. Die Bekundungen der beiden Großen aus dem Bereiche der bildenden Kunst und der Poesie geschehen vor dem engeren Kreis derer, von denen sie Verständnis erhoffen konnten, und zu diesem Kreis gehörten auch die mächtigsten Herrscher des Reiches, Kurfürst Friedrich der Weise und König Maximilian. Dürer hatte es erst viel später zu Papier gebracht, aber Celtis hat es — nach Vorbereitungen seit 1487 — unüberhörbar 1501 programmatisch drucken lassen, wohin nach seiner Meinung der begnadete Künstler gehört: In die unmittelbare Nähe des Herrschers. Es verbirgt sich dahinter der Anspruch, zusammen mit dem Politiker den Weg in die neue Zeit zu weisen, die eine Zeit des Friedens und der Harmonie unter den Menschen und daher eine Zeit der Versöhnung mit Gott sein sollte. Die politischen Umstände sahen um 1500 zwar nicht rosig, doch auch keineswegs so aus, daß man mit solchem Anspruch und mit solcher Hoffnung nicht in das neue Halbjahrtausend gehen konnte. Denn auch das ist wichtig: Von den Sternen her drohte keinesfalls schlimmstes Unheil. Die unheilvolle Planetenkonjunktion des Jahres 1484, auf die man das Aufkommen der Syphilis als epidemischer Krankheit zurückführte, hatte man überstanden; die nächstschreckliche Konjunktion stand für das Jahr 1524 bevor.

Es ist daher wohl nicht berechtigt, wenn einige Autoren behaupten, man habe für 1500 das Ende der Zeiten erwartet. Wir dürfen den Gedanken nicht überbetonen, Endzeitfurcht hätte Dürer und Celtis zu ihren Leistungen beflügelt, um so ihr vollkommenes Bild für die Ewigkeit zu retten. Nein, es ging vorrangig um das Hier und Jetzt, in Ehrfurcht und unter Anspannung der edelsten Kräfte des Bildens, Denkens und Wollens durch sittliche Vervollkommnung des Menschen Mensch und Gott zu versöhnen. Die Poesie und die bildende Kunst wurden als die wichtigsten Medien angesehen, dies zu leisten, und die wichtigsten Anregungen fand man in der Begegnung mit den Werken der klassischen Antike, der Kirchenväter und auch der eigenen, nationalen Antike. Die Selbstdarstellung der Dürer und Celtis gerade zum Jahr 1500 dokumentiert den Anspruch sittlich und künstlerisch geläuterten schöpferischen Menschentums auf Sieg über die Kräfte des Unheils.

Unzweifelhaft war dies ein anderer Weg der Versöhnung zwischen Mensch und Gott, als im neuen Jahrhundert Luther ihn vorschlagen sollte. Es war der Weg optimistischen Vertrauens auf die guten Kräfte des Menschen — ein Weg, den wohl jede Menschenbildung gehen muß und den auch die Reformatoren aus der Nachbarschaft Luthers, wie Melanchthon, gingen —, wobei dieser Optimismus aus der Begegnung mit dem Menschentum der antiken Geistesfürsten wesentlich sich nährte, deren Gedankengut mit dem christlichen in Einklang zu bringen, die größten denkerischen Impulse auslöste. Optimismus meint hier nicht Mitreißen-Wollen zu einem schrankenlosen, gottlosen Individualismus, ein altes Renaissanceklischee.

Wie steht doch auf Griechisch in die Thronwangen der von Dürer geschaffenen Celtis-Philosophia eingeschrieben? »Vor allem ehre Gott, allem anderen widme das rechte Maß deines Interesses.« Und mehr als einmal hat Celtis, den man noch immer wegen seines Wanderlebens und wegen seiner Liebschaften so gern denunziert, in seine Handschriften und gedruckten Bücher die Devise eintragen lassen oder selbst eingetragen: »Πάρεσῖο φρόνεσις«, Einsicht, Weisheit sei dabei! Diese Männer wollten in erster Linie Lehrer sein, so wie Wolfgang Stechow Dürer 1971 in Nürnberg bei Eröffnung der Dürer-Ausstellung darstellte. Phronesis, Sapientia, Weisheit war ihnen das wichtigste Wort, Weisheit, die besonnen nach Aktivität drängt, nicht sich abschließt, ihr wichtigstes Anliegen. Das von Cicero entlehnte Wort »Virtutis cuiuslibet laus in actione consistit« war eine ihrer Devisen. Man schaue in diesen Dürer-Blick, der von der conformitas Christi nicht ohne Demut spricht, und man spürt die gebündelte, auf Wirkung bedachte und zur maßvollen Wirksamkeit drängende Energie, die zum Mitdenken zwingt.

Wie gemacht zur nachträglichen Bestätigung für alle unsere Überlegungen besitzen wir aus dem Jahre 1508 wenigstens ein Bildnis, das Dürer und Celtis vereint zeigt. Dürer hat den Poeten und sich, nach dessen Tode im Jahre 1508, in der Mitte der »Marter der zehntausend Christen« dargestellt. Das Bild, das er im Auftrage Friedrichs des Weisen malte, befindet sich heute im Kunsthistorischen Museum zu Wien. Friedrich war der Mann, wir erinnern uns, dem Celtis die Hrotsvitha-Ausgabe gewidmet hatte. Man hat in dem Begleiter Dürers meist Pirckheimer erblicken wollen, bis Panofsky ihn erstmals mit Celtis identifizierte. Nachdem neuerdings mit überzeugendem Argument Anzelewsky der These Panofskys beipflichtet, sollte es auch für uns keinen Zweifel mehr geben, im Gegenteil: all die Funde und Überlegungen zu Dürers Selbstbildnis dürften das gedankliche Fundament für Panofskys Studie erweitern, die vor allem die physiognomischen Argumente zusammenträgt. Hier treffen wir also die beiden Humanisten einträchtig nebeneinander, Freunde, und wir sehen unsere früheren Überlegungen bestätigt: Sie stellen sich mitten in die christliche Welt. Auf diesem Bild ist es die Welt der Marter und Schrecken, die dem Christen die äußerste Standhaftigkeit abverlangt. Dürer, wegen der Trauer um den gerade verstorbenen Dichter in Schwarz gekleidet, zieht die Blicke der Betrachter in seinen Blick, die dann übergleiten zu dem in seiner schwarzen pelzbesetzten Berufskleidung dargestellten Celtis. Dieser darf nach dem Willen des Künstlers (ob auch des Auftraggebers?) ein letztes Mal seine Aufgabe als Lehrer wahrnehmen, der Zeigegestus seiner Rechten macht es deutlich. Er verweist auf den linken Bildmittelgrund, in dem wir zwei Kreuze aufgerichtet sehen und ein drittes am Boden liegen, in dessen Nähe eine dornengekrönte Gestalt am Boden kniet. Müssen wir dies nicht als Hinweis darauf deuten, daß er dem christlichen Betrachter sagen will, sei auch du bereit, dein Kreuz auf dich zu nehmen, einen anderen Weg als den der Nachahmung Christi gibt es nicht, Erlösung zu finden? Es ist, wie wenn Celtis die Aussage jetzt nachholte, die Dürer bereits im Jahre 1500 mit seinem Selbstbildnis machte. Vor Friedrich dem Weisen durfte Dürer Celtis und sich in den Mittelpunkt dieses Gemäldes setzen. Denn Friedrich hatte es in Auftrag gegeben, Celtis war Zeit seines Lebens sein Schützling, und Dürer hätte er nur zu gern als Hofmaler gewonnen. Dies vom Kurfürsten gewünschte und akzeptierte Bild bestätigt die Führerschaft, die er dem bedeutendsten Maler und dem bedeutendsten Dichter seiner Zeit zubilligte.

Während Dürer mit seinem Selbstbildnis sagte »vivo in cruce« und Celtis auf der »Marter der zehntausend Christen« die Aufforderung »vivite in cruce« ausspricht, scheint ein entsprechendes Selbstbekenntnis des Celtis zu fehlen. Doch dies scheint nur so. Daß man das entsprechende Zeugnis bisher übersehen beziehungsweise in einem anderen Sinne gedeutet hat, liegt an dem bereits zitierten Celtis-Klischee, das den Dichter eher als den typischen ruhmsüchtigen Renaissancepoeten und gottlosen Gesellen versteht. Dies Klischee findet dann seinerseits wieder eine starke Stütze in dem festsitzenden Klischee, das die Grundtendenz des Renaissance-Humanismus auf Säkularisation festlegt. Das letzte Wort, das Celtis zu seiner Mit- und Nachwelt spricht, steht auf seinem von ihm selbst entworfenen Grabmal am Wiener Stephansdom und lautet »VIVO«. Aber das Wort ist eingeschrieben in eine Kreuz $\frac{V|I}{V|O}$, und dies verlangt, den Wortlaut von Wort und Bild zusammenzulesen, und dann ergibt sich die Aussage: »VIVO IN CRVCE«. Diese Aussage ist so eindeutig kompositorisch hervorgehoben, daß sie als die zentrale Mitteilung des Grabmales verstanden werden muß. Der Hinweis auf die Werke des Celtis, den das Grabmal ebenfalls bringt, ist demgegenüber sekundär. So spannt sich ein Bogen von Dürers Selbstbildnis zum Grabmal des Celtis und wir verstehen, daß die gemeinsame Grundanschauung Dürer die Legitimation gab, den Dichter und sich als Freunde auf der »Marter der zehntausend Christen« ins Bild zu bringen.

Indem das Selbstbildnis des Jahres 1500 die Befindlichkeit eines bestimmten historischen Augenblicks wiedergibt — es enthält das Wesen einer wichtigen Richtung des deutschen Humanismus um 1500 in ihrem theologisch *und* naturwissenschaftlich akzentuiert zu verstehenden Streben nach dem Weltgesetz, der höheren Ordnung, nach dem Zur-Deckungbringen-Wollen von Mikrokosmos und Makrokosmos —, spricht es doch auch über die Zeiten hinweg. Es ist ein Dokument für ein Menschenbild, auf dessen Verwirklichung alle Zeiten hoffen müssen. Es enthält die Hoffnung, der Mensch könne, wenn er guten Willens ist, im Glauben an Gott zu seiner Selbstvervollkommnung und moralisch engagiert mit denkerischer Schöpfertat zu einer menschenwürdigen Welt beitragen. Es ist ein Kunstgebilde von der Art, daß es heute unmittelbar zu uns zu sprechen vermag. Dies trennt es von der Kunst des Celtis. So ist es nicht ohne geschichtliche Gerechtigkeit, wenn wir zwar Dürers Bild alle kennen, die Werke des Celtis aber nicht. Doch brauchen wir die Kenntnis des Celtis, wenn wir Dürer in der historischen Situation verstehen und den überzeitlichen Gehalt seines Selbstbildnisses nicht in falscher Richtung suchen wollen.

*

Vergegenwärtigen wir uns abschließend die wichtigsten sachlichen und methodischen Ergebnisse der Erörterung:

1. Die Inschrift hat, worauf Peter Strieder schon hinwies, eine große Bedeutung für das Verständnis von Gehalt und Gestalt des Bildes. Die Gehaltsbedeutung bestätigt den Röntgenbefund: Die Inschrift gehört in das Jahr 1500. Insgesamt zeigt sich erneut, daß man methodisch richtig beraten ist, das Wort im Bild und zum Bild so ernst zu nehmen wie das Bild selbst. Noch allgemeiner gesagt: In der Zeit, in der wir uns hier bewegen, sind Wort und Bild gleich wichtig zu nehmende Faktoren.

2. Das Bild, bisher weitgehend als Ausdruck eines mit sich selbst beschäftigten Künstlers, als autonomes Künstlerselbstbildnis gesehen, konnte in Funktionszusammenhänge gestellt werden: Es war Schauobjekt in der Werkstatt, das dem potentiellen Besteller vom Können des Meisters den höchstmöglichen Eindruck vermittelte; es war ein gemaltes Lehrbuch der Malerei, vor dem Dürer seine Malerknaben in die tiefsten Gesetze des Kunstschaffens und der Ästhetik einführen konnte; den Humanistenfreunden war es das Bekenntnis zu der neuen Richtung und zugleich die Legitimierung der Führung, die sie dem Meister zuerkannten. Wegen der Dauerhaftigkeit konnte es noch späteren Lehrlingsgenerationen dienen und das Andenken seines Schöpfers wachhalten. Darüber hinaus bleibt es natürlich das hervorragendste Dokument der Aussprache des Meisters mit sich selbst, der unvergleichliche Selbstentwurf eines Künstlers. Wir haben das Bild also aus seiner Isolierung in der Münchener Pinakothek geholt und versucht, es in die Lebensbezüge hineinzustellen durch wissenschaftliche Rekonstruktion, aus denen es stammt. Wir versuchten zu zeigen, daß in es Entscheidungen, Auseinandersetzungen, Wünsche, freundschaftliche Gespräche, Absichten eingegangen sind. Dies Leben hätten wir ihm im Rahmen einer Kunstwerkgeschichte nicht geben können, in der ausschließlich Kunstwerke untereinander in Beziehung gesetzt werden, also die Kunstgeschichte sich von den anderen Bereichen der Geschichte gleichsam isoliert. Aus demselben Grund, nicht um es ästhetisch zu neutralisieren, durften wir uns nicht scheuen, Werke geringerer Qualität neben es zu stellen.

3. Im Rückgriff auf verschiedene Bild- und Gedankentraditionen bereichert es die Kunst als Kunst um eine neue Majestätsformel zur Inbild-

setzung des göttlich begnadeten Künstlers. Die von bestimmten ästhetischen Normvorstellungen geleiteten Hervorbringungen Dürers und des Celtis offenbaren die große Bedeutung der ästhetischen Komponente nicht nur für die Theorie, sondern auch für die Praxis des deutschen Renaissance-Humanismus.

4. Es konnte erstmals die Bedeutung, die Celtis für Dürer um 1500 hatte, schärfer beleuchtet werden.

5. Dürer erweist sich in dem Bild als Humanist, kongenial im Willen zu Selbstdarstellung, Führungsanspruch, theoretischer, ästhetischer und sittlicher Reife seinem Freunde Celtis verbunden. Diese Verbundenheit dokumentiert sich auch in der Wahl des Jahres 1500. Dürers Verhältnis zum Humanismus lediglich dahingehend bestimmt zu sehen, daß er humanistische Bücher schmückte, Humanisten portraitierte oder unter ihrer Anleitung Werke schuf, erscheint nicht haltbar.

6. Damit kommt die übliche Begriffsverteilung: hier Renaissance für bildende Kunst, dort Humanismus für Literatur, ins Wanken. Das Problem sollte neu durchdacht werden. Ebenso kommt die Trennung von geisteswissenschaftlichem und naturwissenschaftlichem Humanismus ins Wanken.

7. Das Bild und auf etwas anderer Stufe die Kasseler Celtis-Handschrift sind wahrscheinlich Dokumente von epochaler Bedeutung. Wenn sich diese Meinung bewährt, machen sie das Jahr 1500 für die Geschichte der deutschen Literatur und bildenden Kunst zum Epochenjahr und verlangen, mit ihren Implikationen womöglich gar von den Historikern der politischen Geschichte für eine richtigere Einschätzung der Situation um 1500 beachtet zu werden. Sprechen diese Dokumente doch von dem planvollen Versuch, im Bündnis mit den christlichen Herrschern eine Utopie konkret werden zu lassen. Hätte Luther den Erfolg, den er hatte, haben können ohne solche gedankliche Vorarbeit?

ZWEITER TEIL

Diskussionsbeiträge

Luthers Bedeutung als Gelehrter und Denker für den anthropologischen Realismus

Diskussionsleitung

DANIEL OLIVIER
Paris

DANIEL OLIVIER/Paris

Mit seinem Vortrag hat Herr Professor Spitz zwei wichtige Leitgedanken für unsere Arbeit geliefert: den Blick auf Luther und sein Verhältnis zur *ratio,* also seine Vorstellungen von der *ratio,* und seine Vorstellungen vom Menschen, dem Menschen als *totus homo.* Es ist ziemlich einleuchtend, daß Luthers Aussagen über die *ratio* einerseits zum Idealismus führten. Auf der anderen Seite aber zielte das, was Luther über den ganzen Menschen sagte, eigentlich zum Realismus hin.

Ich darf diese Ausführungen kurz aus französischer Sicht weiterführen. In Frankreich stehen gewisse kulturelle Kreise Luther im allgemeinen ablehnend gegenüber. Maritain schrieb zum Beispiel in seinem Buch »Drei Reformatoren«, daß drei Denker den Beginn der modernen Welt bestimmten: Luther, Descartes und Rousseau. Descartes und Rousseau erscheinen ihm als die bedeutenderen. Über Luther heißt es, indem er von der Definition der Intelligenz der Scholastiker ausgegangen sei, habe ihm »das gefehlt, was die Intelligenz ausmache«. Luther war also nicht intelligent! In der Zeit des französischen Nationalismus hieß es dann, Luther sei ein deutsches Phänomen und erkläre alles, was bei den Deutschen schlecht sei (Henri Massis). Aber der Versuch, Luther als kulturelle Kraft zu negieren, ist vergeblich. Andererseits stößt man bei der Frage, wie weit sich der Einfluß Luthers erstreckte, auf ein methodisches Problem. Im einzelnen läßt sich derartiges nur schwer ausführen. Selbst wenn ein Denker Gedanken anderer aufnimmt, kann er aus eigener Initiative über ähnliche Erkenntnisse verfügen. Als ich Herrn Spitz' Angaben über die einzelnen Denker zur Kenntnis nahm, hatte ich immer wieder das Bedürfnis, näher zu überprüfen, was da eigentlich geschehen ist. Das gleiche empfinde ich in bezug auf die Theologie Luthers, wenn ich scheinbare Gemeinsamkeiten feststelle: Das findet sich sicherlich bei Luther — wie steht es damit aber bei Kant, bei Hegel und anderen? Wir sollten die Diskussion offen lassen und versuchen, weiterzukommen.

*

Meiner Meinung nach bestand anfangs eine deutliche Verbindung zwischen Luther und dem Humanismus, indem Luther religiöse Themen des Humanismus — zum Beispiel Christusideal, Bibelrenaissance — aufnahm und verbreitete. Er stützte sich auf sie und machte sie wirksam. Insofern steht er nicht neben der humanistischen Bewegung, sondern war ein Teil von ihr, wenn auch in seiner eigenen Art. Theologisch schlug er wohl zu einem bestimmten Zeitpunkt einen anderen Weg ein. Gegen Erasmus, der den Menschen entwickeln und vervollkommnen und seine Kräfte für das geistliche Leben fruchtbar machen wollte, meinte Luther, der Mensch sei *coram Deo* nichts, könne nichts. Das zeigt sich bereits im Jahre 1517. Luther gehörte also zu einem Teil dem Humanismus an, aber innerhalb dieser Bewegung eines ganzen Jahrhunderts traf er seine eigene Wahl und siegte. Der Humanismus wirkte im Katholizismus fort und setzte sich in ihm durch, denn die katholische Theologie baute auf dieser Vorstellung von der Entwicklungsfähigkeit des Menschen weiter auf. Die Jesuiten verkörpern den Sieg des Humanismus im Katholizismus und im 16. Jahrhundert. — Bei dem Studium von Luthers Glauben erscheint sein *ratio*-Begriff sehr stark von der Logik beeinflußt zu sein. Denn zur *ratio* gehört ja nicht nur die Erkenntnis der Natur, die Bearbeitung der natürlichen Erfahrungen, er ist nicht nur die Wurzel des Subjektivismus, der Autonomie des Subjekts. Zur *ratio* gehört auch die Fähigkeit zur logischen Konstruktion. Und gerade diese finde ich in Luthers Denken deutlich ausgeprägt. Auf ihr beruht ein wesentliches Element seiner Überzeugungskraft. Ich finde Luther-Texte beeindruckend logisch — selbst wenn die Aussagen vielleicht nicht ganz stimmen. Sein Glaube benutzt also die *ratio* in umfassendem Maße, wenn auch nicht nach allen Richtungen und in alle Deutungen.

Die Verbindung zwischen Luther und dem deutschen Idealismus bleibt für mich ein Problem. Luther fußte im mittelalterlichen Realismus. Das war der Ort seines Denkens. Doch formal war er schon modern. Bei den deutschen Idealisten findet man eine Denkform, die an Luther erinnert und vielleicht mit Luther ansetzte. Dort ist aber der mittelalterliche Realismus nicht mehr vorhanden. Diese Feststellung trägt zumindest dazu bei, die Eigenart beider Phänomene besser zu begreifen.

PETER GAY/New Haven

Ich habe grundsätzliche methodologische Zweifel — nicht als Materialist, sondern als reformierter Geistesgeschichtler —, die — sollte ich recht behalten — die Thesen von Lewis Spitz möglicherweise etwas ins Wanken bringen würden. Der erste betrifft das Lutherbild selbst, der zweite den Einfluß Luthers. Meiner Meinung nach stammen beide Schwierigkeiten aus der gleichen Quelle, nämlich einer Methode, die sich darauf beschränkt, einfach Zitate zu zitieren, sie zu interpretieren und dann so zu sortieren, als ob sie irgendwie die Bedeutung einer bestimmten Position beweisen könnten. Die Vorstellung von Luther als einem Rationalisten ist ja, wenn ich nicht irre, von Lewis Spitz selbst durch den Hinweis widerlegt worden, das Denken sei weniger wichtig, als die Erfahrung. Alles wird dann wunderbar einfach, Luther wird zum Pessimisten usw., und dem könnte man dann weitere Eigenschaften hinzufügen, zum Beispiel seinen Chiliasmus, seinen Glauben an den Untergang der Welt, wie Frau Andersson bemerkt hat. Selbst wenn man seinen Endzeitglauben anführt, den er ja äußert, wenn er von der *ratio,* auch von der wiedergeborenen *ratio,* spricht, erscheint mir Luther der Rationalist eine unhistorische Konstruktion zu sein, die lediglich auf ein paar Stellen basiert, die man bei Luther — der viele, viele Tausende von Worten gesprochen und geschrieben hat — sehr leicht herausfinden kann. Entsprechendes bestimmt, wie ich meine, auch das Problem des Einflusses. Allgemein läßt sich festhalten, daß ein sogenannter Schüler oder Nachfolger seinen Lehrer immer mißbraucht, indem er sich bestimmte Ideen aussucht. Wenn sie von der Aufklärung oder der Philosophie sprechen, dann muß ich ehrlich zugeben, daß Luther mir für die Aufklärung im 18. Jahrhundert als nicht sehr wichtig erscheint. Erasmus vielleicht, aber nicht Luther. Und selbst wenn man Erasmus betrachtet, kann jeder erkennen, wie der erwähnte Mißbrauch vor sich geht. Voltaire oder Wieland suchen sich zum Beispiel einige Stellen bei Erasmus heraus und übergehen einfach die anderen. So geschieht das allgemein, und ich habe das Gefühl — ich beziehe mich hier auf eine methodologische

Einstellung, die ich vor vielen Jahren bei Ernst Cassirer gelernt habe —,
daß man sich nicht einfach ein paar Zitate aussuchen kann, um dann zu sagen, »also sogar Nietzsche hat Luther bewundert«, oder feststellen, daß
eine Stelle ganz ähnlich lautet, um dann — ohne zu wissen, ob Luther benutzt worden ist — einfach eine Benutzung zu suggerieren. Man muß sich
doch fragen: »Wie wichtig waren die lutherischen Lehren — um im Beispiel zu bleiben — für Nietzsche?« Erstens war Luther natürlich nicht der
einzige, bei dem sich bestimmte Ideen, von denen Lewis Spitz sprach,
nachweisen lassen. Und zweitens hatte Luther nicht nur die Ideen, von denen Lewis Spitz sprach. Das sind bereits zwei große Einschränkungen.
Schließlich ist es ja eigenartig, daß Luther in dem Vortrag zum Vater des
modernen Rationalismus, zum Vater des modernen Existentialismus und
auch zum Vater der modernen systematischen Philosophie — vielleicht
auch zum Großvater gestempelt wurde. Das ist natürlich nicht unmöglich,
man kann ja auch behaupten, daß bei Plato alles zu finden ist, was ihn entweder zum ersten Demokraten oder zum ersten Faschisten macht. Ich
glaube aber doch, daß man — sobald genau geprüft wird, welche Wichtigkeit gewisse Stellen und gewisse Ideen für die späteren Jahrhunderte hatten — nachweisen kann, daß Luther gar nicht so deutlich im Vordergrund
steht, wie von Lewis Spitz behauptet wird. Ich möchte diese Überzeugung
dahingehend zusammenfassen, daß ich sehr starke Zweifel gegenüber einem Vortrag habe, in dem eine so gerade Linie gezogen und alles andere
beiseite geschoben wird, daß man letztlich auf die Idee kommen könnte,
die Aufklärung sei sehr lutherisch gewesen. Denkt man zum Beispiel an
die deutsche Aufklärung, dann erscheint das sehr unwahrscheinlich. Gewiß könnte man feststellen, daß Kant von Luther gelernt hat. Das trifft zu;
doch wenn man Kant studieren will, dann müßte man auch beachten, daß
er von Hume und Newton mehr gelernt hat; daß es vielleicht wichtiger
wäre, ihn als Newtonianer, denn als Lutheraner zu bezeichnen, obwohl er
natürlich weder das eine noch das andere war.

Für wenig aufschlußreich halte ich die Trennung in eine katholische und
eine protestantische, evangelische Seite. Vielleicht sollte man das Problem
aus historischer Sicht angehen. Ich selbst bin ja weder Katholik noch Protestant. Deshalb ist dies für mich etwas schwieriger; vielleicht fällt es mir
aber auch leichter. Die Entscheidung muß ich Ihnen überlassen. Natürlich
bin ich nicht gegen Zitate und gegen das Zitieren; wir zitieren alle. Nur
spreche ich hier — wobei ich meinem alten Bekannten Lewis Spitz nicht
zu nahe treten möchte — von einer gewissen bequemen Herausklauberei
von Zitaten. Die Frage ist doch immer, welches Gewicht kommt einer be-

stimmten Meinung im Gesamtwerk eines bestimmten Denkers zu. Natürlich ergeben sich hier für uns alle Schwierigkeiten. Was ich sagen wollte, war vor allem, daß man — zum Beispiel wenn man sich mit der deutschen Aufklärung beschäftigt — erst einmal fragen muß: »Was ist die deutsche Aufklärung?« Ich weiß, daß die meisten deutschen Aufklärer natürlich Theologen waren beziehungsweise mit der Theologie begonnen haben. Von Lessing haben wir noch nicht gesprochen. Ich nenne außerdem nur die theologischen Jugendschriften von Hegel. Wenn ich jemanden wie Kant betrachte, der ja zur Anthropologie Stellung nahm und im hohen Alter selbst eine philosophische Anthropologie verfaßte und der eben auch über Religion schrieb, dann würde ich meinen, daß zu seinem Verständnis die deutsche Reformation nicht so wichtig ist wie etwa die wissenschaftliche Revolution vor dem »Enlightenment« des 18. Jahrhunderts, solange man dafür das Wort Aufklärung nicht benutzt.

*

Else Lasker-Schüler war auch von der lutherischen Lehre geprägt. Deutsche Germanisten, wie Martini, haben über ihren Orientalismus, über ihr jüdisches Wesen usw. viel Unsinn geschrieben. Man kann Else Lasker-Schüler zweifellos als Lutheranerin verstehen.

ULRICH MICHAEL KREMER/Wittlich

Dem Zweifel an der Form des Zitierens möchte ich die These entgegenhalten: »Ohne Zitieren geht es nicht«, beziehungsweise: »Es geht nicht anders.« Ich möchte an das berühmte Buch *Luther im Spiegel der deutschen Geistesgeschichte* als Beweis dafür erinnern, daß man Zitate aus unterschiedlichen Epochen, Bezüge zu Luther, so verarbeiten kann, daß ein Zusammenhang hergestellt wird, was ja auch im Referat versucht wurde. Das eigentliche Problem dabei ist natürlich die Frage nach der Relevanz: Welche Zitate sind die zutreffenden? Zur Kritik von Herrn Gay an der Problematik von Luthers Urheberschaft an Rationalismus und Aufklärung, die davon ausging, man dürfe Luther nicht überschätzen, Kant könne ebenso gut als Newtonianer usw. begriffen werden, möchte ich an die katholische Historiographie der Reformation erinnern. In ihr ist unbestritten, daß Luther der Ahnherr des Rationalismus im schlechten Sinne ist. Es ist also meines Erachtens eine ökumenische Leistung des Referenten gewesen, diesen Ansatz aufzuspüren und sozusagen von evangelischer Seite

her zu relativieren und in Frage zu stellen, gleichzeitig aber auch die These
zu übernehmen und auszubauen.

HEIKO A. OBERMAN/Tübingen

Auf deutschem Boden, wo Luther gern als völlig irrelevant oder schlimmer noch, als verantwortlicher Initiator einer Linie über Bismarck zu Hitler herausgestellt wird, ist es erfreulich, einem Versuch zu begegnen, der Luthers unterschwellige oder auch deutlich erhebbare positive Rolle in der deutschen Philosophiegeschichte zeichnet. Es ist ernstzunehmen, daß viele Christen und insbesondere auch diejenigen, die im Tübinger Stift ausgebildet worden sind, mit dem Katechismus Luthers erzogen wurden und mit diesem auch gelebt haben. Doch die 'Einflußgeschichte' hat ihre eigenen Probleme. Die Forschung, selbst im amerikanischen Raum, hat lange Zeit versucht, Geistesgeschichte als Ideengeschichte so zu betreiben, daß man den Spuren von Gedanken fast naturwissenschaftlich nachspürte, um nachzuweisen, daß Personen nur deshalb in bestimmten Bahnen gedacht oder gehandelt haben, weil sie von diesem oder jenem ihrer Vorgänger 'gelernt' hatten. Wir kennen alle diese hochinteressanten Bemühungen, Cusanus, Luther oder wen auch immer in eine Denkschule hineinzuzwängen. Das hat, wie ich meine, auch seinen Sinn, jedoch nur dann, wenn man zugleich die Frage stellt, wie denn durch die Rezeption eines Denkers sein eigentliches Wollen und Denken auch verzerrt und überdeckt wurde.

Aus dem Vortrag von Herrn Spitz habe ich die These herausgehört, daß Luther weder von den 'Realisten' noch von den 'Idealisten' wirklich verstanden worden sei. Mit diesem Aspekt des Vortrages bin ich grundsätzlich einverstanden. Man wird allerdings auch die weitergehende Frage stellen müssen, warum Luther von den deutschen Philosophen des 17. und 18. Jahrhunderts nicht verstanden oder mißverstanden wurde. Hier scheint es mir nun notwendig, auf ein Denkschema zurückzugreifen, das nicht der Neuzeit, sondern dem scholastischen Mittelalter entstammt. Luther war Nominalist! Man wird viel stärker als bisher diese Feststellung mit der Tatsache konfrontieren müssen, daß eine Überzahl der neuzeitlichen deutschen Philosophen in der Gedankenwelt der mittelalterlichen *via antiqua* verwurzelt waren. Hier setzt meine Überlegung an: Beginnen wir dort, wo man es am allerwenigsten erwartet, nämlich in Worms, als Luther vor Kaiser und Reich im Jahre 1521 bekannte, daß sein Gewissen in der Heiligen Schrift gefangen sei und er sich deshalb nur durch die Schrift überführen oder durch die *ratio* überzeugen lasse. Was ist mit dieser *ratio* gemeint? Die *ratio evidens* bezieht sich auf die Fähigkeit des Menschen, nach klaren logischen Regeln einen Sachverhalt, einen Begriff oder einen Text zu analysieren, zu definieren oder zu deuten, von überfremdender Spekulation zu befreien und den Aussagegehalt anhand scharf umrissener *termini* zu erheben. Von hier aus weitet sich der Horizont vom gern verlachten oder auch heftig kritisierten 'logizistischen' Schulbetrieb der *moderni* zum Erfahrungsbezug nominalistischen Weltverständnisses. Rationales Wissen ist bezogen auf die Erfahrung eines jeden Menschen, die unabhängig von jeweiligen Glaubensvoraussetzungen als überprüfbar auf den Tisch gelegt werden kann. Diese Erfahrung ist profane Erfahrung und als solche die Hauptquelle, um die Welt als Welt, das heißt: abgesehen von Gottes Offenbarung, zu verstehen. Im Bereich dieser Welterfahrung ist 'Vernunft' für Luther die *dominatrix omnium*. Nur mit dieser *ratio* wird — um ein Beispiel anzuführen — ein guter Architekt auch das beste Haus bauen können. Er benötigt dazu viel Übung; er muß viele Häuser bauen, um ein guter Architekt zu werden und erst dann wird auch das beste Haus entstehen. Hier gilt der aristotelische Satz aus der Ethik, daß das *operari* dem *esse* vorausgeht. Anders ist es im Bereich des Glaubens. Hier sind wir an Gottes Selbstoffenbarung und deshalb an die Heilige Schrift gebunden, um zum Glauben zu kommen und in Liebe tätig zu sein. In diesem Bereich geht das Sein dem Handeln voraus. Von den 'Realisten' wie auch von den 'Idealisten' wurde dieser Satz, der nur im Bereich des Glaubens gilt, als Freibrief für eine spekulative Ontologie mißbraucht, daß allererst eine Typologie des Seins vorzulegen sei, um eine Verbindung zwischen Gott und Mensch zu erstellen. Noch eine Bemerkung sei mir erlaubt: Es ist Herrn Spitz zwar recht zu geben, wenn er sagt, die *cognitio dei et hominis* sei bei Luther enger verbunden als bei Calvin oder Erasmus. Doch im Reich der Welt ist dieses Integral zu entkoppeln, damit die Schöpfung wirklich als Welt ernstgenommen und der Erfahrung in der Welt zu ihrem Recht verholfen werden kann. So ist es zu verstehen, daß Luther, um die Welterfahrung zu 'entheiligen', immer wieder auf die 'Einfachen', auf das Volk, ja sogar auf die Türken, die nie vom christlichen Glauben gehört haben, verweisen kann.

*

In einer Nebenbemerkung ist hier darauf hingewiesen worden, daß Luther auf dem Gegensatz von Glauben und Vernunft bestanden habe. Es ist nicht zu bezweifeln, daß es diesen Gegensatz zwischen Welterfahrung und Glaubenserfahrung gibt. Doch damit ist Luthers Ratio-Verständnis noch nicht insgesamt umgriffen. Seit dem Jahre 1971 haben wir — ein Wendepunkt in der Begriffsgeschichte — für den Terminus *ratio* eine totale Er-

fassung der Aussagen Luthers vorliegen (*Luther: Sol, Ratio, Erudio, Ari-*
stoteles. Probeartikel zum Sachregister der Weimarer Lutherausgabe
[Abt. Schriften], in: *Archiv für Begriffsgeschichte*, Bd. 14/2 [1970], S.
172—265; Bd. 15/1[1971], S. 7—93; separat: Institut für Spätmittelalter
und Reformation, Tübingen 1971). Aus der Gesamtheit der Luthertexte —
und nicht mehr nur des jungen Luther — wird deutlich, daß Glaube und
Vernunft einerseits wohl einander bekämpfen, wird doch in der Welt des
Glaubens die Vernunft uns immer überzeugen wollen, daß wir zuerst etwas zu leisten haben, bevor wir glauben können. Doch im Bereich der
Welterfahrung ist die *ratio* nicht nur eine legitime, sondern sogar die einzige *dominatrix* und als solche eben das größte Geschenk Gottes an den
Menschen.

MARTIN SCHMIDT/Heidelberg

Zur Frage der Methodologie möchte ich mir einige Bemerkungen erlauben: Die Gefahr einer isolierten Beweisführung und infolgedessen nicht
stichhaltigen Begründung durch bloße Zitate ist immer gegeben, auf der
anderen Seite aber wies ja auch Herr Gay darauf hin, daß wir bei unseren
Bemühungen gar nicht anders vorgehen können. Im Vortrag von Herrn
Spitz dominierte allerdings, wie ich meine, das Ganze so stark, daß die Gefahr einer isolierten Verwendung von Zitaten gebannt war.

Inwieweit Luther als Ahnherr, als Vorbereiter für den anthropologischen Realismus oder eine realistische Anthropologie als Gesamthaltung
verwendet werden darf, wird vermutlich immer eine kontroverse Frage
bleiben, und zwar aus einem Grunde, der bisher noch nicht zur Sprache gekommen ist. Welchen Begriff von *experientia,* von Erfahrung, hat Luther,
verwendet Luther? Erfahrung ist ihm kein autonomes Gebilde und infolgedessen auch keine Beweisbasis, sondern *experientia* kommt immer vor
im Gegenspiel von Ergänzung und Korrektur zur Schrift.

Die Autorität der *scriptura* als der *viva vox dei* ist auf alle Fälle größer
und stärker, und etwa in der Erbsündenlehre, die für Luther zentral ist und
die etwa der Historiker Rudolf Krämer — ein politischer Historiker und
Sozialhistoriker — 1932 insofern als realistisch ansprach, als in der Sün-
denlehre die Wurzel zu Luthers Realismus gesehen werden kann, gerade
da ist sie nicht Erfahrungsdatum, sondern ist sie aus diesem Gegeneinan-
derhalten, aus diesem Gespräch zwischen Schrift und Erfahrung gewonnen. Das Widereinander und Miteinander von Schrift und Erfahrung bestimmt die Position Luthers, und hier liegt nun ein entscheidender Unter-

schied zu dem späteren Realismus seit der Aufklärung vor. Hier stimme ich Herrn Gay zu: Die innere Verpflichtung und Verbundenheit der Aufklärungsdenker mit Luther und der Reformation ist doch wohl geringer, als es hier erschien. Das gilt, wie ich meine, auch für Kant, obwohl er eben mit seiner Lehre vom intelligiblen Ich, von der intelligiblen Welt, den Gesetzesbegriff Luthers stärker zur Darstellung bringt. Vor vielen Jahren (*Lutherjahrbuch 1924/25*) versuchte ja Karl Hirsch, Luthers Rechtfertigungslehre bei Kant nachzuweisen, und zog eine Linie von Luther zu Nietzsche. Inwieweit Melanchthons Verpflichtung gegenüber der *ratio* nun auf Luther einwirkte, Luthers *ratio*-Begriff veredelte, steigerte, zuspitzte, ist bisher tatsächlich nicht untersucht worden, wie ja Melanchthon immer in Luthers Schatten gesehen worden ist, ganz im Gegensatz zu seiner eigenen Einschätzung des jüngeren Kollegen und Mitarbeiters. Hier stellen sich noch viele Fragen.

Zu prüfen wäre weiter, ob der moderne Begriff von Erfahrung, vor allem so, wie ihn die Naturwissenschaft verwendet, wirklich aus der Wahrnehmung stammt. Das setzen wir, glaube ich, zu schnell voraus. In Wirklichkeit ist er sehr stark am Sollcharakter der Mathematik und des mathematischen Denkens orientiert, und es wäre dieser *experientia*-Begriff, den ein Breslauer Theologe, Johann Kaspar Neumann, als methodisches Desiderat in seinem Briefwechsel mit Leibniz 1698 proklamierte, es wäre dieser neue Erfahrungsbegriff weiter auf seine Genesis zu untersuchen. Dabei dürfte sich wahrscheinlich zeigen, daß die Warnung der deutschen Idealisten vor einem bloßen primitiven Empirismus, einem geistlosen Empirismus, wie sie überspitzt formulierten, jedenfalls nicht dem modernen Erfahrungsbegriff und seiner Stringenz und Bedeutung für das gesamte mathematisch-naturwissenschaftliche Leben und Denken entspricht.

Eine weitere Frage stellt sich in diesem Zusammenhang. Herr Olivier hat darauf hingewiesen, daß von Luthers *ratio*-Begriff vielleicht eine direkte Linie zum deutschen Idealismus gezogen werden könnte. Das finde ich kühn und nachdenkenswert; das müßte auf seine Verifizierbarkeit überprüft werden. Was das Verhältnis zwischen Luther und Feuerbach betrifft, möchte ich auf die Studie von Sass hinweisen, der gezeigt hat, daß nicht Karl Marx Feuerbach als Eideshelfer mit den Luther-Zitaten diente, sondern Feuerbach dies selbst tat und sich des Namens von Karl Marx nur aus Freundschaft bediente. Feuerbach sammelte also selbst dieses Material bei Luther und machte damit einen echten Eindruck. Es trifft zu, daß er sich bei vielen seiner Feststellungen auf Luther berufen konnte. Ein wesentlicher Punkt bleibt hier allerdings bestehen: Was Feuerbach bietet, ist eine Phänomenologie des Religiösen, dargestellt am Christentum. Was

aber dient ihm als Einstieg in die christliche Aussage? Nicht die Erfahrung, nicht die Schrift — also die beiden Größen, die für Luther zentral waren —, sondern als Schüler Daubs und im Banne Hegels und des Rechtshe-
gelianismus benutzt er das Dogma. Er meinte, man müsse das Dogma anthropologisch interpretieren, um auf das Wesen des Christentums zu stoßen. Also hier geht es schon um sehr verschiedene Dinge. Auf das Ganze
gesehen könnte man Herrn Spitz in vielem zustimmen, im einzelnen wäre
aber doch sehr viel stärker zu differenzieren, um die wirkliche, die tatsächliche Einwirkung Luthers auf das moderne Denken in Richtung auf den
Realismus dieser oder jener Art zu verifizieren.

WOLFRAM FISCHER/Berlin

Als Außenseiter auf dieser Konferenz, der die Geistesgeschichte in einem sehr frühen Stadium seines Lebens verlassen hat und sich anderen
Dingen zuwandte, möchte ich noch einmal auf die Frage der Methode zurückkommen. Viele Wissenschaften versuchen solche Fragen zu lösen, indem sie Schritt um Schritt vorgehen und vor allem, indem sie versuchen,
Aussagen auf nachweisbaren, möglichst meßbaren Tatsachen aufzubauen.
Meine Frage lautet: Kann man die feststellbaren Einflüsse gewichten oder
messen? Literarhistorisch kann das an Motiven, an Worten, an Formen,
Redewendungen und allen möglichen Indizien einigermaßen festgestellt
werden. Auch Kunsthistoriker haben die Möglichkeit, zum Beispiel Motive oder auch Techniken nach ihrer Häufigkeit und ihrer Wichtigkeit zu
ordnen. In meiner eigenen Wissenschaft, der Wirtschaftsgeschichte, versuchen wir natürlich auch zu quantifizieren, und ich wundere mich ein wenig, daß die Geistesgeschichte immer noch keine Methoden entwickelt
hat, solche Einflüsse etwas präziser in den Griff zu bekommen. Ich kann
hier keinen Vorschlag machen, ich frage nur, ob ein solches Verfahren
nicht möglich ist. Dabei ginge es also darum, das Gewicht genau zu bestimmen, das ein bestimmter Denker in seinem Einfluß auf andere hat.

Ich möchte eine weitere Frage an Herrn Spitz anfügen. Mir erscheint es
sehr einleuchtend, daß alle deutschen Denker und Gelehrten, die prote-
stantisch erzogen wurden, *eo ipso* durch ihre — wie wir heute sagen — So-
zialisation sehr stark von Luther beeinflußt worden sind; für Hegel ist das
sicher eindeutig. Ich möchte aber weiter fragen, wie war es bei Leibniz, bei
Christian Wolff und überhaupt im Deutschland des 17. und 18. Jahrhunderts? Ist dieser lutherische Einfluß durch die protestantische Erziehung
eindeutig durch die Jahrhunderte zu verfolgen? Mir scheint dann ganz

wichtig zu sein festzustellen, wer etwas von diesem Einfluß im späteren Leben aufgibt.

Abschließend möchte ich, meine Unwissenheit gestehend, fragen, ob man wirklich, wie Herr Oberman und andere es heute getan haben, Luther als den einzigen deutschen Nominalisten bezeichnen kann. Danach hätten alle anderen deutschen Philosophen in einer realistischen Tradition gestanden. Wenn dem so ist, also wenn ich nichts mißverstanden habe, möchte ich wissen, wie das kommt. Denn ich finde es nicht ganz einleuchtend.

OTTO BÜSCH/Berlin

Die Frage nach Luthers Anteil an der Entwicklung der deutschen Geistesgeschichte, seiner Wirkung auf deren Träger, die »Denker«, ist gewiß bestimmt durch das, was Professor Spitz gesagt hat, nämlich daß es nicht nur darauf ankommt, was »die Menschen mit den Ideen tun«, sondern auch, was »die Ideen mit den Menschen tun« — in dem Sinne, daß Ideen schlechterdings tradiert sind und ganz einfach im Bildungsgut eines jeden Denkers auftauchen. Die Grundthese, daß die deutsche Geistesgeschichte und — nebenbei gesagt — doch auch die Geistesgeschichte anderer Nationen seit Luther von ihm beeinflußt sind, dürfte unstrittig sein. Die Frage ist, wie die Relation zwischen dem Anteil des Einflusses Luthers im Gedankenwerk einzelner Philosophen zu bemessen ist im Verhältnis zu dem Anteil, den andere »geistige Ahnen« eines Denkers an ihm haben? Dieses muß — *horribile dictu* — »gemessen« werden. Nur so könnte man sich, wie ich meine, diesem Problem methodisch nähern.

*

Gerhard Ritter hat in seiner großen Darstellung der Neugestaltung Deutschlands und Europas im 16. Jahrhundert an einer Stelle etwa so gesagt: Für die Lutheraner sei der Humanismus im Grunde genommen nur eine philosophisch-historische Wissenschaft, ein Hilfsmittel der Theologie; unter keinen Umständen würden Lutheraner anerkennen, daß Humanismus eine Art Lebensgesinnung, Grundlage eines Menschenbildes sein dürfe. Wenn das meinetwegen für die »Lutheraner« gilt, gilt es auch für Luther selbst? Muß man wirklich sagen, daß für Luther — etwa in seinem Verhältnis zu Melanchthon — »Humanismus« nur instrumentalen Charakter gehabt habe? Oder war Luther nicht in einem bestimmten Sinne selber auch ein »Humanist«?

DIETER WUTTKE/Bamberg

Ich wollte, veranlaßt durch Ihre letzte Äußerung, Herr Büsch, sagen, daß mich das Referat von Herrn Spitz und die nachfolgende Diskussion außerordentlich angeregt und belehrt haben. Als Germanist, der im Felde des 16. Jahrhunderts forscht, frage ich natürlich auch immer nach dem Luther-Bild der Forschung und nach dem wirklichen Luther. Mir ist jetzt ziemlich klar geworden, daß in der Forschung zwei sehr divergierende Richtungen vertreten werden: die eine, die Luther auf *einen* Begriff bringen will, und die andere, die unter Ihrer Führung, Herr Spitz, eine Differenzierung des Luther-Bildes anstrebt. Wenn ich richtig sehe, Herr Oberman, arbeiten Sie selbst ebenfalls seit vielen Jahren an der Differenzierung, indem Sie die vorreformatorischen Voraussetzungen sehr intensiv herausarbeiten. Die heute vorgelegten Forschungen von Herrn Spitz laufen wohl letztlich darauf hinaus zu fragen, wann eigentlich dieses Bild des rigiden, eigensinnigen Luther aufgekommen ist und von wann ab sich dieses Bild so absolut verfestigt hat, daß es gleichsam forschungsbestimmend wurde. Wahrscheinlich wird sich im 19. Jahrhundert in dieser Hinsicht Entscheidendes getan haben, doch scheint die genaue Klärung noch offen zu sein, und ich selber könnte im Augenblick nichts dazu beitragen. Das Problem stellt sich ja schon im 16. Jahrhundert, wenn man das Verhältnis der Luther-Nachfolger zu Luther anschaut! Ich habe mit Ihnen immer wieder gefunden, daß die Luther-Nachfolger wesentlich katholischer sind als Luther, beziehungsweise in bestimmten Aspekten in der vorlutherischen Tradition stehen bleiben. Bei den Zeitgenossen Luthers spielte die Frage eine Rolle, ob man denn nun alles vorlutherische Christentum als minderwertig ansehen müsse, und sodann die Frage, was vom vorlutherischen Christentum zu retten sei. Man konnte sich einfach mit dem Gedanken nicht anfreunden, die Vorfahren wären keine wertvollen christlichen Zeitgenossen gewesen. Nach meinem Eindruck muß sich ein ähnliches Problem ergeben haben, wie zu der Zeit, als Antike und Christentum aufeinanderstießen. Ich frage mich — ich weiß keine Studie —, ob es bereits eine Arbeit gibt, die einmal versucht herauszubekommen, wie in der Umgebung Luthers und auch im weiteren Umfeld, besonders bei einfacheren Leuten, die altvertraute kirchliche Tradition bewahrt wurde und welche Bewegungen im Gange waren, das Frühere mit dem Neuen, das Luther gebracht hat, in Einklang zu bringen, genauso wie die christlichen Denker viele Jahrhunderte hindurch immer wieder neu sich bemüht haben, Antike und Christentum in Einklang zu bringen, ein Thema, das später für die Humanisten zentral wurde. (Einiges Material findet man in meiner Rekonstruktion der Biographie des Nürnberger Humanisten Pangratz Bernhaubt gen. Schwenter, Köln-Graz 1964).

Nun noch zu der Methodenfrage. Ich glaube, daß die Spezialwörterbücher zu einem Autor Instrumente sind, die Hilfestellung leisten können. Wortschatzuntersuchungen sind geeignet, weltanschaulichen Wandel und weltanschauliche Konstanz zu klären. Man sollte daher postulieren: keine Edition ohne einen *Index verborum*. Und man sollte daher die Fertigstellung des Luther-Wörterbuches beschleunigen; es wäre doch eben *das* Instrument, das man brauchte. Zu fördern wären auch solche Studien, die wie Ernst Robert Curtius *Europäische Literatur und lateinisches Mittelalter* ein Raster entwerfen wollen, mit dessen Hilfe man dann Einzelbeispiele zutreffender charakterisieren kann in ihrem dia- wie synchronen Stellenwert. Wenn ich mich nicht täusche, hat die Kunstgeschichte mit der Ikonologie oder auch der Ikonographie Hilfsmittel erstellt für den, der eine bestimmte Gestalt oder ein bestimmtes Phänomen historisch sorgfältig analysieren will. Es gibt ferner eine methodische Forderung, die man leider nur annäherungsweise erfüllen kann: Selbst, wenn man sich mit dem Spezialproblem bei einem Autor beschäftigt, muß man von dem Postulat ausgehen, den ganzen Autor zu kennen. Wenn also interessiert, welchen Einfluß Luther auf Hegel hatte, müssen der *ganze* Hegel und der *ganze* Luther gekannt sein und dann außerdem noch die Umfeldbedingungen. Bei solchen Größen wie Luther kann das immer nur annäherungsweise erreicht werden, und es gibt dann Erfahrungswerte. Im Hinblick darauf möchte ich sagen, daß Sie, Herr Spitz, in allen Lutherfragen eine derartige Erfahrung angesammelt haben, so daß Ihr differenziertes Bild von Luther und seinen Folgen mir plausibler erscheint, als jenes des einsinnigen Luther. Ihr Lutherbild ist eben nicht das des Konfessionspolitikers, sondern das des Historikers.

HANS ROSENBERG/Freiburg i. Br.

Bezugnehmend auf die Worte von Herrn Wuttke darf ich vielleicht noch hinzufügen, daß ich — und das gilt sowohl für die Diskussion als auch für das Referat — den generellen Eindruck hatte, daß hinsichtlich der Argumentations- und Demonstrationsebene zwischen dem wirklichen und dem angeblichen Luther und zwischen Luther und dem Luthertum sowie dem hier gegebenen großen Variationsreichtum über ein halbes Jahrtausend hinweg nicht ausreichend unterschieden worden ist. Auch bei dem Gebrauch von Begriffen wie Rationalismus und Rationalität dürfte es angebracht sein, an das Wort von Max Weber zu erinnern, daß es wenige Begriffe gibt, die eine derartige Welt von Gegensätzen einschließen wie die eben genannten.

SCHLUSSWORT des Referenten (L. W. Spitz)

Als erstes möchte ich zu der Frage Stellung nehmen, ob Luther wirklich ein Rationalist war. Man kann das bezweifeln, ich meine aber, daß bei Luther starke Schwankungen festzustellen sind. 1519 war er, in einer allgemein guten Stimmung, partiell auch in Übereinstimmung mit den Humanisten, auch mit Melanchthon, sehr humanistisch eingestellt, nannte sich selbst *eulutherius*. 1525 hingegen war diese Tendenz an einem Tiefpunkt angelangt, um dann wieder — mit der *disputatio de homine* im Jahre 1536 — erneut anzusteigen. Wieder stand Luther auf einer Woge von Vertrauen zur Vernunft. Ich will das jetzt nicht vereinfachen, und die Zeit ist auch begrenzt, ich meine aber doch, daß Luther in die Tradition des christlichen Rationalismus einzuordnen ist, die von dem Wort Augustins ausgeht, der die Vernunft als *opus magnum et admirabile* bezeichnete. Luther zitiert Augustin wiederholt ebenso wie die Worte Bernhards von Clairvaux: *ratio sel sequitur in compositatum majestate.* Auf beide Zitate kommt Luther öfter zurück, im festen Glauben, daß es in der ganzen Kreatur nichts besseres als die menschliche Vernunft gebe. Insofern muß er als Rationalist betrachtet werden. Hier kann ich — im Umkreis der Probleme um die *disputatio* — nicht nachgeben, sondern muß darauf bestehen, daß Luther in dieser Tradition als Rationalist zu betrachten ist. Hinsichtlich der natürlichen Dinge betrachtete er die Vernunft wirklich als das Beste auf der Erde. Dazu ließen sich viele Belege anführen, aber um die Kontinuität dieser Einstellung bis zu seinem Ende zu unterstreichen, verweise ich nur auf seinen Genesis-Kommentar, wo er 1545 die Vernunft erneut als das Beste in der ganzen Kreatur bezeichnete. Trotz dieser Schwankungen blieb er allerdings immer innerhalb der Grenzen eines *christlichen* Rationalisten, dem als solchem die Vernunft in bestimmter Weise begrenzt erschien. Mein Versuch, Luther in diese Tradition einzuordnen, wird weiter durch zahlreiche Nachfolger gestützt, die ihn so begriffen haben. So kompliziert die Einflußprobleme auch sind, die begrenzte Zeit fordert zu einer Auswahl auf, auch wenn man, etwa bei Voltaire, andere Meinungen nachweisen könnte. Ich wollte ferner betonen, daß die Deutschen Luther im Rahmen der Aufklärung, im Gegensatz zum Enlightenment, überwiegend freundlich aufgenommen haben. Selbst Goethe ging, wie das Zitat aus der *Frank-*

furter Anzeige verrät, von einem Gegensatz zwischen Aufklärung und Enlightenment aus, der sich insbesondere auf die Theologie bezog. Die meisten hatten ja in ihrer Jugend Luthers Katechismus intensiv studiert; Hegel zum Beispiel kannte ihn fast auswendig. Darauf stützt sich unter anderem meine Überzeugung von Luthers Einfluß auf die gesamte deutsche Tradition. Der erste Band der Hegelschen Schriften (in der Ausgabe der University of Chicago) enthält fast nur Theologisches; auch später ist das immer wieder zu erkennen. Das gilt ebenfalls für die anthropologischen Realisten. Wenn sich auch, wie ich zugeben muß, bei jedem einzelnen, nicht nur bei Luther, verschiedene Einflüsse nachweisen lassen, erscheint es mir doch sehr wichtig, daß die meisten Gedanken von Luther und Kant her als bekannt angesehen werden dürften. Ich verweise hier nur auf Kratzers Arbeit über Luther und Kant. In meiner umfassenden Beschäftigung mit Luther und den Idealisten überraschte mich — als ich der Sache nachging —, daß sich die Auffassung allgemein nicht durchgesetzt hat, daß Luther für die Vernunft und für die Freiheit eingetreten ist. Das findet sich aber immer wieder, nicht nur bei den Literaten, sondern auch bei den Philosophen, daß Luthers großes Wort aus Worms bekannt ist. Alle verweisen darauf, nicht nur weil Luther es sagte, sondern weil sie von Vernunft, *ratio*, Evidenz überzeugt waren.

Es hat mich erstaunt, daß diese ganz subtilen theologischen Fragen sogar von den anthropologischen Realisten angesprochen wurden. Sie verwiesen auf Luthers Römerbrief-Zitat von der Erfahrung vor der Vernunft und der Erfahrung an der Vernunft. Ich finde es erstaunlich, daß sie gerade diesen Satz bewußt herausstellten, dieses ganz innerliche theologische Verstehen im Umkreis ihres Realismus verwendeten. Wir stimmen wohl darin überein, daß dies nicht deshalb geschah, weil man von Luther so überzeugt war, sondern in Rücksicht auf das Publikum wurde Luther so »mißbraucht«. Das bedeutet für mich aber nicht, daß Luther einen direkten linearen Einfluß auf diese Denker hatte, doch ist der Vorgang immer nachweisbar. Um auf den Einwand einzugehen, ich überschätzte Luthers Einfluß, will ich noch einmal darauf hinweisen, wie überraschend wichtig Luther für die Kernideen von Feuerbach, Nietzsche und Schopenhauer geworden ist.

*

Wünschenswert erschiene mir eine Arbeit, die das Verhältnis von Vernunft und Naturgesetz bei Luther untersuchte. Herr Oberman hat ja einmal auf Luthers Ausspruch hingewiesen, daß ein kluger Türke ein besserer

Fürst sein würde als ein dummer Christ. In diesem Zusammenhang unterstreicht Luther immer wieder die Bedeutung der Vernunft. Eigentlich sollte sie die gesamte Welt regieren. Die Vernunft wurde von ihm niemals geschmälert oder verkleinert. Meiner Meinung nach ist Luther hier gar nicht so weit von den Scholastikern entfernt, auch nicht von Thomas von Aquin, wenn es um solche Fragen geht. Herr Olivier arbeitet gerade abschließend an einem Buch über Luthers Glauben. Vielleicht könnte er über die Beziehungen zwischen Luther und den Scholastikern berichten und feststellen, wo sie die Grenze ziehen, an der die Vernunft aufhört und der Glaube beginnt.

*

Auch ein Mensch wie Hegel war für lutherische Gedanken sehr empfänglich. Sie bestimmten seine Umgebung und wurden von ihm in der Jugend aufgenommen, gehörten zu seinem eigentlichen Wesen. Ich glaube, entsprechendes gilt für viele Menschen im 18. und 19. Jahrhundert, die mehr von Luther geerbt haben, als sie zugeben wollten. Mögen es auch mitunter, wie bei Nietzsche, nur einige gelegentliche Bezüge und Zitate sein, so hat Nietzsche Luther doch ziemlich genau verstanden — besser als die meisten seiner Zeitgenossen. Ich wollte auf diesen Sachverhalt nur hinweisen, um festzustellen, daß wir trotz der Kompliziertheit der Frage nicht so weit voneinander entfernt stehen.

*

Luthers Einfluß auf Melanchthon und dem Verhältnis von Humanismus und Reformation bei Melanchthon gelten viele Arbeiten. Zu wünschen wäre eine Untersuchung, die den Einfluß Melanchthons auf Luther hinsichtlich seiner Auffassung von Vernunft verfolgt. Dieser Prozeß, der in beiden Richtungen zu verfolgen wäre, erscheint mir sehr wichtig.

*

Professor Van Austin Harvey, vormals Direktor des religionswissenschaftlichen Instituts der Pennsylvania University und jetzt in Stanford, arbeitet im Rahmen einer Untersuchung über Feuerbach an einem Kapitel, das sich mit dem Verhältnis von Feuerbach und Luther beschäftigt.

*

Ich würde sagen, die neueren Forschungen zeigen sogar, daß die humanistischen Werte von evangelischer Seite aufgegriffen und dann in der Schule und im Bildungswesen bis ins 17. Jahrhundert hinein weitergegeben und noch verstärkt worden sind. Als eigentlichen Bruch in der deutschen Geistesgeschichte würde ich den Dreißigjährigen Krieg bezeichnen. Er bildete eine entscheidende Zäsur, danach mußte neu begonnen werden.

*

Zu der Frage, wie man in der Geistesgeschichte messen kann — das ist ja ein Hauptproblem —, meine ich, daß von Zeit zu Zeit eine Idee von einem einzelnen Menschen hervorgebracht wird, die die Geschichte bewegt und alles verändern kann. Doch das ist nicht voraussehbar und fast nicht zu messen. Die Geisteshistoriker unter uns haben ihre eigene Meinung, ich glaube nicht, daß wir jemals so messen können, wie Herr Fischer es vorgeschlagen hat.

*

Die Analysen über Luthers Vertrautheit mit den Klassikern, die weitgehend aus dem 19. Jahrhundert stammen, erscheinen mir überaltert und müßten neu geschrieben werden. Quirinus Breen, der ein für seine Zeit hervorragendes Buch über Calvin und den französischen Humanismus geschrieben hat, sagte einige Monate vor seinem Tode, daß er — sollten ihm weitere zehn Jahre gegeben sein — sein erstes Buch, eben diese Arbeit über Calvin und den Humanismus, noch einmal schreiben würde. Entsprechendes gilt für den Themenkreis »Luther und die Klassiker«. Hier könnte man heute vieles besser machen.

DISKUSSIONSBEITRÄGE

zum Referat von

CHRISTIANE D. ANDERSSON

Religiöse Bilder Cranachs im Dienste der Reformation

Diskussionsleitung

DANIEL OLIVIER
Paris

DANIEL OLIVIER/Paris

Im Vortrag von Frau Professor Andersson, den ich hinsichtlich der Bilderauswahl und der Methode als beispielhaft empfunden habe, zählte ich acht Themenkreise, die uns ein deutliches Bild davon vermitteln, wie sich die Reformation im Volke durchsetzte, und die wir nun zu diskutieren haben. Die Nichtgebildeten lasen ja kaum theologische Bücher, aber die *Bilder* sahen sie täglich — zu Hause und in den Kirchen. In dieser Weise wurden offensichtlich viele für die neue Lehre gewonnen. Das Studium der Bilder der Reformationszeit führt die historische beziehungsweise theologische Reformationsforschung weiter, und das allein schon in methodischer Hinsicht.

DIETRICH KURZE/Berlin

Mich würde interessieren, wo die einzelnen Referenten und Fragesteller eigentlich stehen. Soweit ich verstanden habe, ging Herr Spitz davon aus, bei Luther seien unterschiedliche Phasen festzustellen: Phasen, in denen die Kraft der Rationalität stärker betont wird, und Phasen in denen sie weniger zum Vorschein kommt. In der Diskussion sprach er dann von Wellenbewegungen, während andere Diskussionsbeiträge eher einen grundsätzlichen Unterschied zwischen Luthers Einstellung zur *ratio* (etwa im Türkenproblem) und zum Glauben herausstellten. Die zwei von Frau Andersson ausgewählten Bildtypen scheinen mir nun geradezu ideal auf dieses Gespräch hin ausgesucht zu sein. Als ersten Typ zeigt sie die Kinder, die lernen sollen, und als zweiten Typ die Wendung gegen die Wiedertäufer, wo die Kinder als diejenigen, die noch nichts gelernt haben, auch schon getauft werden dürfen. Das wurde dann in eine Verbindung mit verschiedenen Daten aus der Lutherbiographie gestellt, und ich möchte wissen, ob ich mich täusche oder ob das nicht vielleicht doch etwas mit der angesprochenen Wellenbewegung im lutherschen Denken zu tun hat. Hat nicht Cranach einmal diesen Bildtypus zur Propagierung der lutherschen Lehre benutzt, um dann auf der anderen Seite — in der Wendung gegen die Wiedertäufer — ein ganz anderes Motiv herauszustellen?

VIRGINIA DEMARCE/Fairfax, Va.

In diesem Zusammenhang möchte ich — entsprechend der Differenzierung von Herrn Olivier zwischen *ratio* und Theologie bei Luther — auf Loewenichs Feststellung hinweisen: »Hätte Luther theologisch logisch gedacht, so wäre auch er ein Wiedertäufer geworden.« Das bedeutet doch, daß es eigentlich im Luthertum keine vernünftigen Gründe für die Kindertaufe gibt. Luther bezieht sich hier nur auf die Schrift und führt diese als Begründung an. Vom logischen Standpunkt her, bezogen auf seine Auffassung vom Unterricht und dessen Herausstellung, hätte er auf der Seite der Wiedertäufer stehen müssen.

OTTO VON SIMSON/Berlin

An den überaus interessanten Vortrag von Frau Andersson möchte ich einige Fragen anschließen. Wird man dieser erstaunlichen Umdeutung des Annenkultbildes als Propaganda für das Melanchthonsche Erziehungsthema ganz gerecht, wenn man diese Fragen jetzt in einen direkten Zusammenhang stellt? Mir scheint doch, daß Folgendes zu beachten ist: In Wittenberg bestand ein sehr lebendiger Annenkult, der in wenigen Jahren total umfunktioniert worden ist. Es gab zahlreiche Versuche, diesen Annenkult pädagogisch zu nutzen, indem man ihn von allem entblößte, was seitens Luthers abzulehnen war, um ihn dann eben mit dem persönlichen Anliegen Melanchthons zu verbinden. Ich fürchte, es könnte eine Überinterpretation sein, wenn man das, was ich das Umfunktionieren des Bildes nannte, jetzt direkt in den angesprochenen geistesgeschichtlichen Zusammenhang stellen wollte. Es handelt sich hier um die Illustration der gegen die Wiedertäufer gerichteten Haltung und Lehre Luthers. Ich möchte aber unterstreichen, daß ich es sehr interessant fand, daß klargemacht wurde, wie dieses Bild hier plötzlich bei Luther in einer ganz neuen Funktion auftritt.

OTTO BÜSCH/Berlin

Zu dem dankenswerten und instruktiven Vortrag von Frau Andersson hätte ich gern folgende Frage gestellt: Gibt es im Lichte dessen, was wir hier gehört und diskutiert haben über den Einfluß pädagogischer Gedanken in den Bildern Cranachs, die wir vorgestellt bekommen haben, oder in anderen Bildern seines Werkes eigentlich auch einen Niederschlag des humanistischen Menschenbildes? Das Thema des Vortrages von Frau Andersson war freilich »Reformation und Renaissance-Kunst«, so daß meine Frage an einen Grenzbereich rührt, aber in der hier gebotenen Darstellung scheint sie mir doch auch angeklungen zu sein. Also: Ist hier nicht auch ein humanistisches Menschenbild mit eingeflossen und kann man nicht vielleicht sagen, daß Reformation, insoweit sie sich im Werke Cranachs darstellt, eben doch auch ein humanistisches Menschen- und Weltbild stark aufnimmt, und insofern daraus folgern, daß der Gegensatz zwischen Humanismus und Reformation, der oft genug konstruiert wird, sich von daher weitgehend auflöst? Mir ginge es sehr um eine Aufklärung dieses in der Literatur für mein Verständnis viel zu sehr hochgespielten Gegensatzes.

PETER GAY/New Haven

Man kann vielleicht — um auch auf die vorherige Diskussion zurückzugreifen — Einflüsse der hier besprochenen Art nicht »messen«. Was wir aber wirklich brauchten, wäre eine Phänomenologie des Einflusses. Es lassen sich ganz verschiedene Dinge mit den gleichen Worten oder den gleichen Bildern ausdrücken, ebenso wie sich gleiche Dinge mit sehr verschiedenen Bildern beziehungsweise sehr verschiedenen Ausdrücken darstellen

lassen. Und deshalb meine ich, daß, wenn man »Einfluß« schon nicht
»messen« kann, man sich aber doch immer kritisch fragen muß, wozu gewisse Elemente gebraucht oder mißbraucht wurden. Manchmal ist es nur
ein Hauch, eine Ahnung. Manchmal ist es nur eine Form, die weiterbe-
steht. Manchmal wird aber auch einfach die Substanz übernommen, wie es
heute in den Bildbeispielen ganz klar erkennbar wurde. Eine katholische
Heilige Anna wird auf einmal als eine protestantische übernommen. Es
handelt sich dabei, wie der Kunstgeschichte ja besonders bekannt ist, um
das gleiche Bild.

SCHLUSSWORT der Referentin (Ch. D. Andersson)

Ich möchte nur noch einmal betonen, daß der Text zum Sippenholzschnitt von Melanchthon, die Auslegung der Kindersegnung aber von Luther stammt. In den ersten Jahren der Reformation — also nach 1518, als
die späteren Auflagen des Sippenholzschnittes erschienen — war das Analphabetentum eines der größten Hindernisse, die der Verbreitung des
neuen Glaubens entgegenstanden. Zwanzig Jahre später, als Cranach die
Kindersegnung Christi malte, drohte von seiten der Wiedertäufer eine
ganz andere Gefahr. Abgesehen davon, daß zwei verschiedene Reformatoren am Werk waren, zeigen die anscheinend widersprüchlichen Aussagen
der beiden Bilder, wie polemische Kunst immer auf dem Hintergrund der
gerade gegebenen Herausforderung gesehen werden muß. Die zeitlich
weit auseinanderliegenden Bilder spiegeln zwei ganz verschiedene Situationen wider. Der Sippenholzschnitt berührt ein soziales Problem; die
Kindersegnung hingegen weist einen Angriff in Glaubensfragen zurück,
denn sie verteidigt eines der von Luther anerkannten Sakramente. Die Bedeutung des Unterrichts steht hier in zwei verschiedenen Zusammenhän-
gen, die in ihrer politischen Resonanz kaum vergleichbar sind.

Im übrigen danke ich für die interessanten Anregungen, die diese Tagung und die Diskussion ergeben. Manche Frage bleibt unbeantwortet,
aber die Forschung geht weiter.

DISKUSSIONSBEITRÄGE

zum Referat von

HEIKO A. OBERMAN

Stadtreformation und Fürstenreformation als idealtypische Alternativen

Diskussionsleitung

HANS ROSENBERG
Freiburg i. Br.

HANS ROSENBERG/Freiburg i. Br.

Aus der regionalen Begrenzung der gedanklichen Struktur des Referates ergeben sich doch, wie mir scheint, gewisse unbefriedigende Grenzlinien — insbesondere vom Gesichtswinkel des Sozialhistorikers, wenn lediglich zwischen Städtereformation und Fürstenreformation als *ideal*typischen Alternativen unterschieden wird. Richtet sich der Blick auf idealtypische Alternativen, so sollte im Prinzip doch auch die sogenannte Volksreformation à la M. M. Smirin nicht übersehen werden, zumal sie von DDR-Reformationshistorikern rezipiert und von ihnen später kolossal hochgespielt worden ist. Zudem wäre auch auf *real*typische regionale Differenzierungen aufmerksam zu machen, insbesondere wenn man die sozialen Träger der reformatorischen Bewegung und ihre organisatorischen Institutionalisierungen gebührend in Rechnung stellt. Hier ist vor allem an gewisse Territorien des nordostdeutschen Bereichs zu denken. Das sogenannte Herzogtum Preußen, also der östliche Teil des früheren Ordenslandes, das 1525 durch illegale Akte als ein säkularisiertes Herzogtum konstituiert wurde, ist *realiter* im Verlauf des 16. Jahrhunderts zu einer Adelsrepublik mit fürstlicher Spitze geworden. Und hier könnte man im Hinblick auf ihre sozialen Hauptträger und ihre sozialen Anhängsel durchaus von einer

Adelsreformation sprechen, einem Umbruchsprozeß, der jedenfalls meines Wissens mit der von Herrn Oberman so starkt betonten Wirkungskraft der Universitätsreform nur wenig zu tun hat. Insofern möchte ich meinen, daß in dem zur Diskussion stehenden, von oberdeutschen Verhältnissen abstrahierenden Referat der ungewöhnlich hohe Erklärungswert, der in generalisierender Argumentation der Universitätsreform zugeschrieben worden ist, wohl doch der Einschränkung bedarf.

MARTIN SCHMIDT/Heidelberg

Genügt es, von Städtereformation und Fürstenreformation als den einzigen idealtypischen Alternativen zu sprechen? Es scheint doch als dritte mindestens eine *reformatio universitatis, reformatio studiorum* im Raume zu stehen. Es ist vielleicht etwas übertrieben ausgedrückt worden, und Karl Bauer machte das im Jahre 1925 zum Thema seines Buches, daß die Wittenberger Reformation auf alle Fälle als eine universitätstheologische Bewegung begonnen hat und darin weitgehend ihren Kern besaß. Der junge Melanchthon hat Ähnliches gedacht, vielleicht auch Erasmus, und auf Spalatin hat der Referent ja selbst vorhin hingewiesen. Meine Frage also: Stellt das nicht eine dritte Möglichkeit dar? Ich selbst habe einen Aufsatz über den Reformationsbegriff, über Luthers charismatischen Reformationsbegriff im Unterschied zu dem programmatischen Reformationsbegriff des späten Mittelalters, geschrieben und würde sagen, daß gerade in diesem, von Luther an mehreren Stellen herausgearbeiteten charismatischen Moment ein weiteres neues Moment eines Reformationstypus liegt. Ich bin also der Meinung, daß wir mit diesen beiden organisatorischen Urhebern oder Trägern der Reformation — »Stadt und Fürsten« — nicht auskommen; die ganze Sache ist differenzierter.

DIETER WUTTKE/Bamberg

Ich frage, was diese Universitätsreform anbetrifft, mit großer Unsicherheit. Ich habe eher den Eindruck, daß sich bestimmte Tendenzen vorher und dann wieder nachher andeuteten. Denkt man zum Beispiel an die Ziele, die in Wien mit dem Kollegium der Poeten und Mathematiker unter der Führung von Celtis angestrebt wurden, dann muß man feststellen, daß dort etwas grundsätzlich Neues intendiert wurde. Das ist dann aber nicht durchgedrungen. Fortgesetzt wurden diesen Bestrebungen erst später, als vom Ausland der Akademiegedanke eingedrungen war, den dann die Sprachgesellschaften im 17. Jahrhundert aufgriffen. Ich weiß nicht, ob man das so sehen sollte.

MICHAEL ERBE/Berlin

Der Begriff *refomatio universitatis* ist vorbelastet, weil die *reformatio universitatis* später zum Mittel der Durchsetzung obrigkeitlicher Reformen wurde. Ich denke an das Beispiel Heidelberg. In den fünfziger Jahren wurde in der kurzen Amts- und Regierungszeit von Kurfürst Ottheinrich mit Melanchthons Hilfe eine Reformation der Universität mit dem Ziel einer humanistischen Erneuerung des Lehrprogramms durchgeführt, um die Reformation im Territorium der Pfalz zu festigen. Ausgangspunkt war der Gedanke, daß hier Landesbeamte als Juristen sowie Pfarrer ausgebildet wurden, die auf dem Lande im Sinne der Reformation wirken sollten. Nur wenn man ihre Ausbildung entsprechend regelte, konnte die Durchführung der Reformation gewährleistet werden. Ich frage mich also, ob man den Begriff *reformatio universitatis* überhaupt in diesem Sinne idealtypisch wählen kann oder ob man dabei nicht auf Irrwege gerät.

KASPAR VON GREYERZ/Mainz

Haben nicht gerade in Basel verschiedene Angehörige der Universität zum Teil erheblichen Widerstand gegen die zunehmenden reformatorischen Bestrebungen innerhalb der Stadtgemeinde geleistet? Meines Erachtens deutet dieser Umstand auf eine gänzlich andere Sachlage hin, als sie hier geschildert worden ist.

*

Die Colmarer Situation unterschied sich vom hier diskutierten Reformationstypus vor allem dadurch, daß in dieser elsässischen Reichsstadt die Reformation erst 1575 eingeführt wurde und daher als Spätreformation zu bezeichnen ist. Die Erscheinungsformen der städtischen Spätreformation sind in vielerlei Hinsicht andere als diejenigen des »Normalfalls« der Stadtreformation der ersten Hälfte des 16. Jahrhunderts. (Dazu jetzt: Kaspar von Greyerz, *The Late City Reformation in Germany: The Case of Colmar, 1522—1628* [= Veröffentlichungen des Instituts für Europäische Geschichte Mainz, Bd. 98], Wiesbaden 1980.

Bei dem reformationsgeschichtlichen Symposion über »Stadt und Kirche im 16. Jahrhundert« in Reinhausen hat Karlheinz Blaschke vor kurzem darauf hingewiesen, daß auch in Mitteldeutschland die Grenzen zwischen Stadt- und Fürstenreformation als fließend anzusehen sind. In Sachsen und Thüringen wurde die spätere Fürstenreformation durch die Stadtreformation in zum Teil entscheidender Weise vorbereitet. Dies war — wie Blaschke gezeigt hat — insbesondere auch im albertinischen Sachsen der Fall, wo die territoriale Reformation erst im Anschluß an den Tod Herzog Georgs im Jahre 1539 vollzogen werden konnte. (Vgl. Karlheinz Blaschke, *Die Auswirkungen der Reformation auf die städtische Kirchenreformation in Sachsen,* in: *Stadt und Kirche im 16. Jahrhundert,* hrsg. von Bernd Moeller [= Schriften des Vereins für Reformationsgeschichte, Nr. 190], Gütersloh 1978, S. 162—167.)

*

Ich möchte schließlich noch etwas aus der Sicht meiner gegenwärtigen Arbeit über die Reformation in Colmar und die städtische Spätreformation in Deutschland nachtragen. Ich habe bereits darauf hingewiesen, daß es sich bei der Colmarer Reformation um eine Spätreformation handelte. Weitere Spätreformationen, das heißt: städtische Reformationen, deren jeweilige, offizielle Einführung nach dem Augsburger Religionsfrieden von 1555 vollzogen wurde, fanden in Essen (1563), Hagenau (1565), Dortmund (1570), Aalen (1575) und Aachen (1581) statt. Im Zusammenhang mit diesen Spätreformationen, insbesondere des oberdeutschen Raumes (Colmar, Hagenau, Aalen), möchte ich die Schlußthese des Referates etwas differenzieren. Diese läuft auf die Folgerung hinaus, daß die reformatorische Erneuerung der Kirche im oberdeutschen Raum ziemlich ungebrochen verlief, in den sozialen Raum der Gemeinde überging und von der Gemeinde aufgenommen wurde. Diese Folgerung — ich sagte es schon — kann meines Erachtens allein auf die städtische Reformation der ersten Hälfte des 16. Jahrhunderts angewandt werden, weil bei der städtischen Spätreformation der von Bernd Moeller beschriebene, korporativ-kommunale Anstoß zur Reformation weitgehend fehlte und somit die städtische Gemeinde am Vollzug der Reformation keinen entscheidendn Anteil hatte. (Vgl. Bernd Moeller, *Reichsstadt und Reformation* [= Schriften des Vereins für Reformationsgeschichte, Nr. 180], Gütersloh 1962. Zur ausführlichen Darlegung der hier vorgetragenen These siehe auch meine oben zitierte Arbeit, bes. Kapitel VI.)

DIETRICH KURZE/Berlin

Ich darf aus der Universitätsfrage aussteigen und möchte zunächst sagen, daß ich von dem Versuch, zwar nicht *den* Generalschlüssel, aber doch einen sehr wichtigen Schlüssel zum Verständnis der ganzen Problematik neu anzusetzen, sehr beeindruckt bin. Deshalb möchte ich fragen, ob Herr Oberman beabsichtigt, die Gegenprobe zu machen, das heißt: diesen selben Schlüssel in den Städten und Fürstentümern anzusetzen, die bewußt keine Reformation gehabt haben. Mir sind Städte bekannt, die bereits im Mittelalter durchaus kirchenherrschaftlich geprägt waren und deren Oberschicht sich, und entsprechendes gilt für die Fürsten, zunächst gegen die Einführung der Reformation gewandt hat. Zu fragen wäre also, ob dieser hier neu eingebrachte Ansatz auch durch die Gegenprobe bewahrheitet wird. Das ist meine erste Frage, die man in einem Punkte auch auf andere Felder übertragen könnte. Ich fand die Darstellung der doppelten Sicht, in die Luther geraten ist — auf der einen Seite »der Mann der Endzeit«, auf der anderen Seite derjenige, der die Neuzeit herauführt und eine neue Epoche eröffnet — sehr einleuchtend. Doch müßte man auch nach dem Gegenbild fragen. Ich erinnere mich an die Arbeit von Preuß über *Luther als Prophet*. Auch im katholischen Lager gibt es den Punkt, wo Luther *endzeitlich* interpretiert wird: als der erwartete Antichrist. In einer ganzen Reihe von Flugschriften und ähnlichem wird er so dargestellt. Das zu der Frage nach der Prüfung der nichtreformatorischen Gegebenheiten der Zeit.

Eine weitere Frage schließt sich an: Kann man den Unterschied zwischen Fürstenreformation und Städtereformation mittels der Art oder Begründung aufweisen, warum und in welcher Form beide Kräfte dann doch visitiert haben? Es ist also die Frage nach dem Visitationsproblem. Soweit ich mich erinnere, wurde die Visitationspraxis doch zum großen Teil daraus abgeleitet, daß die Fürsten sich gewissermaßen als Notbischöfe verstanden und von daher Visitationskommissionen einsetzten. Ließe sich nun gerade bei diesen Städten feststellen, daß eine anti-episkopalische Richtung durchdrang, wäre zu fragen, wie sie — ich denke beispielsweise an Straßburg — es begründeten, daß sie auch visitiert haben und damit eigentlich quasi-episkopale Rechte wahrnahmen.

*

Mein Eindruck ist, daß der Gegensatz zwischen der Entwicklung der südwestdeutschen Städte und deren Verhältnis zur Kirche gegenüber den hier im nördlichen Deutschland befindlichen Städten zu stark gezeichnet worden ist. Aus der Perspektive meiner Arbeit über die Pfarrerwahlen kann ich eigentlich nur feststellen, daß die Grundstrukturen vergleichbarer Städte ganz ähnlich sind. Lübeck ist genauso stolz wie Augsburg. Und wenn man sich die umfangreiche Literatur über Städte und Kirchen ansieht, dann ist die Lage in Göttingen oder in Lüneburg, Braunschweig und anderen vergleichbaren Orten letztlich doch nicht so anders als in Südwestdeutschland. Von daher möchte ich einer Erklärung, warum Luther an bestimmte Städte so viel oder nur weniger schreiben mußte, nicht ganz folgen.

GERD HEINRICH/Berlin

Ich empfinde das Gegensatzpaar Städtereformation — Fürstenreformation für den norddeutschen Bereich als wenig hilfreich. Es deckt sich nicht mit dem, was die Quellen — etwa die Visitationsakten — hergeben. Das zeigt sich nicht nur in Brandenburg, sondern auch in anderen Bereichen. Ich finde, hier ist etwas gesagt worden, was vom südwestdeutschen Raum, von den größeren Städten dort, den Reichsstädten usw., her konzipiert sein dürfte, was auf den ganzen nordostdeutschen Bereich aber nicht anwendbar zu sein scheint.

Ich möchte einige Worte zu diesem Problem sagen und es noch zuspitzen. Man muß schärfer nach den Potenzen und nach den Gewichtungen in diesem Prozeß fragen. Es dürfte, wie ja auch hier mehrfach anklang, außer Zweifel stehen, daß die lutherischen Initialzündungen bei den Städten lagen und daß die Reformatoren mit ihren Briefen und Botschaften versuchten, diesen Prozeß zu fördern, wo immer sie konnten. Doch die Potenzen, die dann den Ausschlag gaben, daß es zum reformatorischen Neubeginn — etwa in der verbrämten Form einer neuen Kirchenordnung — kam, sind meistens größere Städte und adlige Herren gewesen. Wir haben eine Quelle aus Berlin-Spandau, eine Art Erinnerungsprotokoll eines Teltower Adligen, der uns über die »Teltower' Einigung« (18. 4. 1539) berichtet. Dort haben sich mehrere Adlige, man könnte sie als kleinere Ständepolitiker bezeichnen, mit dem Bischof von Brandenburg zusammengetan, die Annahme der »reinen göttlichen Lehre« beraten und beschlossen und verabredet, daß der hochverschuldete Landesfürst, Joachim II., aufgefordert werde, den reformatorischen Prozeß und die Einführung der Kirchenordnung freizugeben. Dazu ist es dann gekommen. Man kann an diesem Indiz erkennen, daß innerhalb der Stände die adlige Gruppe und dort wieder die

Obergruppe der professionellen Landtagspolitiker den Prozeß in Gang
setzt. Dies geschah auf der Basis einer längeren Entwicklung vor allem in
den Städten. Ähnliches läßt sich auch in Pommern und anderen Territorien beobachten. Die Erwiderung von Herrn Oberman, in der er auf das
Subjektive hinweist, nämlich daß Luther und andere die Entwicklung im
südwestdeutschen Raum sehr intensiv beachteten und als entscheidend betrachteten, überzeugt mich nicht, denn wo sind, so ist zu fragen, letztlich
die Entscheidungen gefallen? Das geschah auf den Reichstagen, wo dem
Kaiser die starke Phalanx der mittel- und ostdeutschen Landesfürsten mit
ihren reformatorisch gesinnten adligen und bürgerlichen Amtsträgern ge-
genüberstand.

LEWIS W. SPITZ/Stanford

Wie war das in der Schweiz? Man kann vielleicht auf ein Beispiel verweisen. Eine eigene Reformation kam aus Zürich; und Basel, der Sitz der
einzigen Schweizer Universität der Zeit, trat dann die Nachfolge dessen
an, was in Zürich geschah. Das gilt zumindest, solange man von einer echten Reformation spricht.

*

Zu Herrn Heinrichs Hinweis möchte ich anführen, daß es eine ganze
Reihe von Briefen Luthers an Stadträte gibt, in denen diese ermuntert und
angestachelt werden sollen. Die angesprochenen Städte liegen aber im
Nordosten. Deshalb kann man nicht so eindeutig von einer aristokrati-
schen oder fürstlichen Reformation im Bereich des Nordostens sprechen,
denn die Städte waren dort ebenfalls sehr tätig.

MARK U. EDWARDS JR./Wellesley

Zuerst möchte ich auf die Arbeiten von Karl Trüdinger, Eike Wolgast
und Hermann Kunst hinweisen, insbesondere auf Trüdingers Analyse der
Briefe Luthers an verschiedene Obrigkeiten.
  Im Verlauf meiner eigenen Untersuchungen habe ich fünf norddeutsche
Fürstentümer untersucht, die die Reformation bald nach 1532 angenom-
men haben. Dabei stellte ich fest, daß in jedem Fall zuerst die Städte die
Reformation annahmen; mitunter drängten sie den Fürsten sogar dazu.
Die Fürsten wiederum fürchteten, daß die Städte, wenn sie die Reforma-

tion nicht annehmen würden, ihre Freiheit von ihm zu erringen trachten könnten. Die Herzöge von Pommern zum Beispiel hatten die Reformation wesentlich früher durchgeführt, als sie es eigentlich wollten, denn die Städte eilten voraus, und die Fürsten fürchteten, sie könnten eine Allianz mit den anderen Städten bilden und sich so von den Fürsten lossagen.

SCHLUSSWORT des Referenten (H. A. Oberman)

Ich möchte zunächst im Rahmen der diskutierten *reformatorischen Alternativen* über das *institutionelle Potential* sprechen. 'Reformatio' durch die Universitäten war im 16. Jahrhundert eine echte Möglichkeit, die sich in der Realität aber nicht entfaltet hat. Der Gegensatz zwischen städtischer Reformation und Fürstenreformation basiert auf politischen Frontstellungen, die sich schon vor dem Zeitalter der Reformation bei den konkurrierenden Mächten herausgebildet hatten. Es wäre denkbar gewesen, daß die Universitäten auf diesen Wettkampf einen stärkeren Einfluß hätten erringen können. Sie haben aber erst sehr spät und dann auch nur mit Zögern etwa zur Luthersache Stellung bezogen. Geht man der Universitätsgeschichte in der vorreformatorischen Zeit nach, so muß man feststellen, daß diese abwartende Haltung nicht überraschend und nicht neu ist. Das öffentliche Wirken der Universitäten, wie es sich in ihren Gutachten spiegelt, war schon längst zurückgegangen. Selbst zu so brisanten Fragen wie zum Zinsproblem war es bereits vor der Reformation kaum noch möglich, die Universitäten zu Stellungnahmen zu bewegen. In der Regel ließen sich nur noch einzelne, besonders Juristen, für eine gutachterliche Tätigkeit gewinnen. Die Fakultäten-Universitäten verstanden sich hingegen immer weniger als geschlossenes Corpus mit gemeinsam zu tragender Verantwortung. Johannes Janssen hat in seiner materialreichen und noch immer lesenswerten Darstellung die Bildungsmisere des 16. Jahrhunderts als Folge der Reformation auszuweisen versucht. Ich hingegen betrachte diese Bildungsmisere als längst in der vorreformatorischen Entwicklung angelegt. Die Autorität der Professoren war unter dem Stichwort *magistri nostri,* wie es so beißend in den Dunkelmännerbriefen eingesetzt wurde, relativiert worden. Der Kampf gegen die *viri obscuri* richtete sich nicht nur gegen die Kölner Dominikaner, sondern übergoß die universitäre Welt insgesamt mit Hohn und Spott. Auch wer kein Latein beherrschte, vermochte mit dem Wort *magister noster* selbst in Stadtratssitzungen noch einen wohlgezielten Treffer gegen die Universitäten zu landen.

Die Reform durch die Universitäten lag im Bereich des Möglichen, aber nur unter der Bedingung einer Neuorganisation durch den Stadtrat oder Fürstenrat. Die 'Stadtuniversität' bildet, wie ich meine, keinen neuen Typus gegenüber der Fürstenuniversität, sondern die sich hier abzeichnenden Alternativen sind eher als verschieden genutzte Instrumente zu betrachten im Machtkampf zwischen Fürsten- und Stadtreformation, das heißt: der aus Stadtsicht erhofften Möglichkeit einer 'demokratischen' Gestaltung des Landes.

Die 'Volksreformation' kann nur insofern als politisch realisierbare Möglichkeit gelten, als, wie wir heute zu sehen meinen, der 'Bauernkrieg' nicht auf dem Gegensatz zwischen Stadt und Land basiert, sondern eher darauf zielte, eben die Städte zu mobilisieren. Wir bezeichnen zwar diese Bewegung heute noch als 'Bauernkrieg', doch seine Träger entstammten zum erheblichen Teil den nichtzünftigen Schichten der städtischen Gesellschaft. Der Kampf der sogenannten Volksreformation scheint mir insofern grundsätzlich auf der gleichen politischen Ebene zu liegen, wie die Vorstöße aus dem Bereich der Städte gegen die Fürstenreformation. Es lag aber im Möglichkeitsbereich der Städte als politischer Machtfaktoren, die hier begonnene Form der Reformation auch zu Ende zu führen.

Kritisch mag man einwenden, daß die Reformausstrahlung der Städte ebenfalls gering war, hatten sie doch keine Ideologie aufzuweisen, die gleicherweise getragen wurde sowohl von der Patrizierschicht als auch von den 'kleinen Leuten', die nicht zerrieben im Gegeneinander von allen Gliedern des Gemeinwesens anerkannt worden wäre. Ich verweise in diesem Zusammenhang auf das Buch von Thomas A. Brady Jr., *Ruling Class, Regime and Reformation at Strasbourg, 1520—1555* (Leiden 1978), der aufzeigt, daß es in Straßburg keine Ansätze zum 'Klassenkampf' zwischen Patriziern und Zünften gab. Patrizier und Zünfte waren so eng miteinander verwachsen, daß sie gemeinsam als Oberschicht die Stadt organisierten. Wenn man von Straßburg auf die Städte im allgemeinen schließen darf, sollte man sich hüten, diese Ausformung der Reformation als 'demokratisch' hochstilisieren zu wollen. Schließlich ist darauf hinzuweisen, daß die Vitalität der Stadtreformation — mit einzelnen Ausnahmen (Colmar) — gegen Ende der zwanziger Jahre nahezu gebrochen ist. Das Vier-Städte-Bündnis zwischen Konstanz, Memmingen, Lindau und Straßburg vermochte sich im Jahre 1530 zwar noch eine eigenständige *Confessio* zu geben, der reformatorischen Entwicklung insgesamt jedoch keine dauerhaften Impulse mehr zu verleihen.

Lassen Sie mich als nächstes von den *Achsen der Reformation* sprechen. Auch im Norden gibt es Städte! Doch wenn wir die Reformation aus dem

Blickwinkel Wittenbergs betrachten — also eines Raumes, der dem Norden näher als dem Süden liegt — dann ist es überraschend zu sehen, wie die Gruppe um Luther ihre politischen Gewichte einsetzt. Beschäftigt mit der Sorge um die Sache der Reformation in Europa, befassen sich die nicht auf Sachsen bezogenen Briefe mehrheitlich nicht mit Problemen des Nordens oder Ostens, sondern mit denjenigen Oberdeutschlands. So wenig der Reformation im Norden und Osten Deutschlands die Aufmerksamkeit verweigert werden kann, so wenig darf übersehen werden, daß die Entscheidung über die politische Zukunft der Reformation im Dreieck von Elsaß, Schweiz und Süddeutschland gefällt wurde. In der kursächsischen politischen Zentrale Torgau wurde rechtzeitig verstanden, wo die Zukunft der Reformation lag. Selbst wenn man das Gewicht der oberdeutschen Reichsstädte erheblich relativiert, für ihre politische Zukunft war die Entscheidung für oder gegen die Reformation von vitalem Gewicht, zumal wenn es darum ging, Städteeinigungen, überregionale Verträge oder Allianzen mit auswärtigen Mächten zu schließen. Im Westen lag das erstarkte Frankreich, das die süddeutsche Entwicklung aufmerksam verfolgte, bereit, sich mit allen Mächten zu alliieren, welche willens waren, der habsburgischen Übermacht entgegenzutreten. Denn hier im deutschen Süden und Südwesten lag die Hauptachse habsburgischer Reichs- und Europapolitik und eben nicht im Gebiet des Nordens und Nordostens.

Wir haben uns sodann zuzuwenden dem *städtischen Selbstbewußtsein*, der *alternativen Durchsetzung* der Reformation. In Oberdeutschland wird deutlich, daß die Städte nicht allein die Reformation eingeführt, sondern selber auch die Exekutive gestellt haben, um die neuen Kirchenordnungen zu verabschieden. Es gab keine höhere, den Städten direkt vorgeschaltete Vollzugsmacht. Wie sich diese Struktur auswirkt, kann an einer Reihe von Briefen aus Wittenberg an Städte und Stadträte zu Fragen von Kloster- und Schulreform aufgezeigt werden. Diese Briefe zeigen, daß in den Städten Sachsens und Thüringens andere Verhältnisse herrschten als in Oberdeutschland. Oberdeutsche Reichsstädte konnten ihre Entscheidungen über Reformfragen selbst treffen, ohne vorher Rat in Wittenberg einzuholen. Bekannt ist von diesen Städten die lange vorreformatorische Tradition, mit den einzelnen Bistümern oder Orden um die Fragen der Schulbildung, der Armensorge oder der Predigttätigkeit zu ringen. Wenden wir uns zum Vergleich zurück nach Wittenberg: Je weiter man in die Vorgänge der Wittenberger Wirren eindringt, um so deutlicher wird, daß der Streit nicht allein zwischen Luther, den Augustinern, Karlstadt und dem zögernden Melanchthon schwelte, sondern daß der Stadtrat und insbesondere auch die Bürgermeister von Wittenberg eine ganz eigentümliche Rolle

spielten. Sie agierten nicht als souveräne Exekutoren, sondern als befehls-
abhängige Beamte. So wie die Reformation nach Anweisungen Karlstadts
geplant wurde, so wurde sie nach Anweisung des Kurfürsten und Spalatins
einerseits und Luthers andererseits auch wieder zurückgenommen. Dieser
Vorgang ist nicht nur für Wittenberg, sondern für die ganze Umgebung
mitsamt ihren Städten typisch. So gab es wohl Möglichkeiten, um Anträge
zu stellen, Vorschläge zu machen und Gutachten zu erbitten. Doch die
Antworten, soweit sie von Wittenberg an einzelne Stadträte und Bürgermeister im mitteldeutschen Raum versandt wurden, begnügen sich nicht
nur mit Empfehlungen, sondern dringen bereits auf bestimmte er-
wünschte Beschlüsse.

Ich wende mich nun dem *politischen Wiederaufschwung* der Reformation zu. Es ist nicht zu übersehen, daß während der ganzen Reformationsgeschichte von Speyer bis Augsburg alle wichtigen Entscheidungen auf
den Reichstagen getroffen worden sind und die Städte immer weniger in
der Lage waren, eigenständige reichspolitische Beiträge zu leisten. Dazu
muß man sich aber auch daran erinnern, daß seit dem Jahre 1529 die Moral
der reformatorischen Stände insgesamt auf ein Minimum zurückgefallen
ist. Die allgemeine Stimmung bei allen Reformatoren und evangelischen
Ständen ist mit dem Gefühl 'wir schaffen es nicht' zu beschreiben. Der
Friede zwischen Kaiser und Frankreich zeichnete sich ab, bald kam es zum
Friedensschluß mit dem Papst. Die reformatorische Sache schien verloren.
Als es dann im Jahre 1534 zur Rückgewinnung Württembergs kommt,
wird erkennbar, daß die Reformation offenbar nicht nur in der Innerlichkeit zweifelnder Menschen bestehen, sondern auch zur politischen Realität werden kann. Damit war der politischen Reformation in Deutschland
ein neues Aufgabengebiet erschlossen, im Verein mit Territorien und
Städten die frühen Errungenschaften zu verteidigen und zu festigen.

Wir dürfen sodann die verschiedenen *Reformalternativen* in der *Ge-
meindepraxis* nicht übersehen. Die reformatorische Hochstimmung im
Gefühl einer *gemeinsam* zu vertretenden Sache fand in Württemberg ihren sichtbaren Ausdruck in der Verfügung des restituierten Herzogs Ulrich, sein Territorium durch einen lutherischen Theologen und durch einen Reformator aus dem Kreis der städtischen Reformation, von Ambrosius Blarer aus Konstanz, reformieren zu lassen. Die gegensätzlichen Re-
formkonzeptionen — von Blarer im Sinne eines Kirchenaufbaus von
unten und von Herzog Ulrich zugunsten der fürstlichen Reformation —
sind deutlich in den Visitationsprotokollen sichtbar, in denen umfangrei-
ches Material vor und nach dem Jahre 1536 leicht zugänglich ist. Blarer
überprüft auf seinen Visitationsritten, ob ein Priester übernommen wer-

den kann, ob er in der Lage ist, evangelisch zu predigen. Kirchenorganisatorisch wurden, bevor die Visitationen stattfanden, Synoden gebildet, die von den Lokalgemeinden gewählt werden sollten. So wenigstens hatte es Blarer geplant und die Realisierung des Plans in Württemberg bereits begonnen, als der Herzog sein Halt setzte. Zunächst wurden dem Konstanzer Reformator fürstliche 'Attendenten' beigestellt, deren Interesse der Säkularisierung des Kirchenguts galt. Nach der Entlassung Blarers sind Visitationen nur noch dazu da, die goldenen und silbernen Schätze in den einzelnen Gemeinden zu 'erfassen'. Als abgeschlossen galt die Überprüfung, wenn die Besitzverhältnisse der Kirchenschätze im Sinne des Herzogs geklärt waren. Auch der Synode wurde keine andere Funktion mehr zugebilligt als die Entgegennahme der von den Hoftheologen ausgearbeiteten Instruktionen. Der Übergang vom stadtreformatorischen Konzept zum Fürstenprogramm einer Organisation der Kirche von oben ist hier handgreiflich zu erkennen.

Lassen Sie mich abschließend noch einmal zurückkommen auf das Verhältnis von *Reformation* und *Universität*. Die Verschiebung der Reformkonzepte, wie sie in Württemberg feststellbar ist, bietet ein wahrhaft gutes Argument für alle modernen Anwälte der Stadtreformation, welche hier die eigentliche Kraft zur Erneuerung der Kirche entdecken wollen im Gegensatz zur nur auf Stabilität ausgerichteten 'sterilen Fürstenreformation'. Im Gegensatz zur Sicht der Reformationsgeschichte als einer Zwei-Phasen-Reformation habe ich am Beispiel der Universitätsgeschichte aufzuzeigen versucht, daß diese Wertung zu einseitig ist und ganze Bereiche der reformatorischen Wirksamkeit ausblendet. Die Universitätsgeschichte während der Reformationszeit legt den Blick durch ein Prisma frei, der von ganz anderer als von sozialer oder politischer Seite her entdecken kann, was geschieht, wenn die städtische Reformation gesiegt hätte und der stabilisierende Arm der Fürsten zerschlagen worden wäre. Reformationsgeschichte aus dem Blickwinkel der Universität zu schreiben, erfordert aber zugleich die Rückfrage nach den der Universität aus eigenen Kräften erwachsenen Reformimpulsen vor allem im Vergleich zum humanistischen Bildungsideal. In Wien war das Zusammenwirken von 'neuer Bildung' und Universität weit gediehen, in Erfurt hingegen ist ein entsprechender Versuch von Mutian, sich an der Universität anzusiedeln, gescheitert. Ähnliches gilt für Tübingen. Der offizielle Rhetor der Universität, Heinrich Bebel, wird in den deutschen Darstellungen als humanistischer Bahnbrecher weitaus überbewertet. Realistisch betrachtet ist er kein humanistischer Bahnbrecher, sondern ein Versifikator, ein Zeilenzimmerer, der die so bedeutende Rolle, welche ihm angedient wird, gar nicht spielen kann. Es gab zwar auch in Tübingen einen Humanistenkreis, aber nicht an der Universität, sondern an der Druckoffizin des Thomas Anshelm. Doch Anshelms kleine Akademie zeigt den unter Humanisten so gespaltenen Geist, welcher die Symbiose von Humanismus und Universität als organisatorisch langfristig gesicherte Möglichkeit zweifelhaft werden läßt. Einerseits möchte man sich in der Universität ansiedeln, klagt aber gleichzeitig darüber, daß man den Anfängern im Propädeutikum die Grundregeln der Grammatik vermitteln muß. Einerseits will man der Welt die Quellen echter Bildung bringen und träumt andererseits von einer Existenz, die weit weg von dieser Welt im gelehrten Konvivium gleichgesinnter Freunde ruht. Wir kennen diese Traumbilder, die auch von Erasmus immer wieder dargestellt werden: Der liebliche Garten, in dem man sitzt, miteinander parliert, weit weg vom Universitätsgetriebe. Demgegenüber steht die nüchterne Realität. Die Universitäten waren alles andere als liebliche Orte; sie waren Anstalten der Landesherren mit dem Auftrag, Beamte auszubilden — überall aus den Quellen ersichtlich, auch wenn man die Gründungsurkunden der hohen Schulen gerne mit schöneren Idealen verziert. Außerdem soll die Universität so billig wie möglich sein. Nach Tübingen wurden zum Beispiel die Fraterherren geschickt, sie kosten nichts und fleißig sind sie obendrein. Fragt man dagegen nach echten Kandidaten, die eine Alternative zum scholastischen Magister darstellten und eine Erneuerung der landesherrlichen Institution hätten bewirken können, dann wird man sich klar machen müssen, wie oft etwa Erasmus nach Ingolstadt berufen worden ist, jeweils ohne Erfolg. Endlich läßt sich Reuchlin in seinen späten Jahren erweichen und findet nicht einmal bei seinem Neffen Melanchthon Verständnis für diesen Schritt, wohl nicht nur aus dem Grunde, weil die Universität in Ingolstadt lag. Erasmus wurde später nach Freiburg berufen, ging auch hin und wünscht sich nach seinen Erfahrungen dort, lieber unter den Türken zu leben. Es ist nicht nur scholastische 'Ignoranz', welche ihm das Leben schwer macht. Sein eigentliches Ideal ist, frei zu sein von allen Bindungen. Diejenigen, die aus humanistischer Sicht die Universitäten hätten erneuern können, legten sich die akademischen Ketten nur ungern an. Karl Bauer (*Die Wittenberger Universitätstheologie und die Anfänge der deutschen Reformation*, Tübingen 1928) hat wohl damit recht, daß Luther mit der Neuordnung der Theologie zugleich eine *reformatio universitatis* bezweckte. Diese Neuordnung erwächst aber aus der mittelalterlichen Universität heraus, so daß die Universität der Reformation nicht einen eigenen, dritten Typ neben humanistischer Akademie und *scholastischem studium generale* darstellt.

Einen neuen Typ von Bildungsinstitution sehen wir in der Koalition von Lateinschule und Stadtprädikatur, die ein wirksames Sprungbrett für die Verbreitung und Sicherung der Reformation bildete. Es liegt uns bereits eine Karte der spätmittelalterlichen Lateinschulen vor. Sie dokumentiert entlang des Rheins und im Elsaß die Verbreitung dieser Institution mit abnehmender Dichte nach Norden und Osten. Fertigte man eine entsprechende Karte der Stadtprädikaturen an, ergäbe sich in etwa das gleiche Ballungsverhältnis. Diese Beobachtungen zeigen nicht nur den Vorsprung Oberdeutschlands an Institutionen der Bildung auf mittlerer Ebene, sondern auch das bereits im Spätmittelalter angelegte Potential, auf das die reformatorischen Prädikanten in ihren Städten zurückgreifen konnten, um sich auf der Ebene der Bildung im entwickelnden Gymnasium eine Waffe zu schmieden gegen die alte Kirche.

Ich habe mir erlaubt, die von den Diskussionsrednern dankenswerterweise zu meinem Referat vorgebrachten Bemerkungen in geschlossener Form zu beantworten, und hoffe, wie wir alle, daß dieses Treffen weitere Klarheit in die vorliegende Problematik gebracht hat.

MARTIN SCHMIDT

Die Reformation im Freiberger Ländchen (im Albertinischen Sachsen) 1537 und ihre prototypische Bedeutung

Diskussionsleitung

DIETRICH KURZE
Berlin

DIETRICH KURZE/Berlin

Am Anfang des Vortrags wurde ich an ein Wort meines Lehrers erinnert, der die Geschichte gern als *»mundus in gutta«* begreifen wollte. Ich habe den Eindruck, daß Herr Schmidt es genau umgekehrt machen wollte, nämlich *»gutta in mundo«* uns den großen Rahmen zu geben, um dann die Ereignisse an ihrem Ort einzupassen. Jetzt wird zu überlegen sein, ob die These von dem prototypischen Charakter dieser Reformation in Freiberg und der umliegenden Gegend zutreffend ist.

Wenn ich diese These recht verstehe, liegt die prototypische Rolle Freibergs darin, daß die Anregungen aus Wittenberg hier in besonders reiner Form durchgeführt wurden. Unter dem Stichwort »geistiges und inneres Leben« wurde aber unterstrichen, daß hier trotz der Wittenberger Einflüsse ein echtes und eigenständiges geistiges Leben anzutreffen war. Unter Hinweis auf die Berufung Wellers durch den Freiberger Rat stellt das Referat auch die einzigartige Stellung eines Professors heraus, der frei ist für die Lehre und die eigene Forschung, so daß ich von daher noch einmal nachfragen möchte, ob das Prototypische sich durch alle Erscheinungen hier in Freiberg durchgehend verfolgen läßt, zumal Herr Schmidt dann bei dem Problem der äußeren Institutionen zunächst sehr stark auf die Angleichung an das Wittenbergische Modell hingezielt hat. Angleichung paßt für mich aber nicht so sehr in das prototypische Modell hinein. Das Problem ist dann eigentlich nur bei der Ordinationsfrage verdeutlicht worden, weil das wirklich auch von der Zeit her ein prototypischer Vorgang gewesen sein könnte. Das sind meine direkten Fragen. Ich meine aber, daß auch das in diesem Kreise schon angesprochene Problem des Gegensatzes von *via antiqua* und *via moderna* hier hereinspielt.

Ganz am Schluß seines Referats wies Herr Schmidt darauf hin, daß zwischen Freiberg vor der Reformation und Freiberg nach der Reformation ein großer Unterschied festzustellen ist. Nun kann man ja davon ausgehen, daß das vorreformatorische Freiberg sehr stark von der bürgerschaftlichen Frömmigkeit geprägt wurde. Zu fragen wäre dann, wie sich gerade diese Bürgerschaft mitbeteiligt hat, das heißt: inwieweit und in welchem Umfang sie diesen Vereinheitlichungsprozeß, diese klaren Formen der Reformation nachvollzogen hat. Das hat ja in der Wirtschaftsgeschichte immer Folgen. Stiftungen werden gemacht und Rechte gehen verloren.

Ich habe sodann noch drei weitere, miteinander verbundene Fragen. Herr Schmidt hat erwähnt, daß ein Teil dieser Leute zunächst in Zwickau tätig war. Das führt zu der Frage, ob man aus dem Kreis der Zwickauer Reformatoren — und die Reformation in Zwickau hatte vorübergehend ein eigenes Gesicht — eine bewußte Auswahl vornahm und eben nur diejenigen nahm, die entsprechend dem Wittenberger Schema nun auch nach Freiberg passen würden. Oder hat sich das von selbst ergeben? Und noch einmal zurück zum Problem, ob hier ein Mischtypus aus Fürsten- und Stadtreformation vorliegt. Wir bekamen praktische Beispiele für die Tätigkeit der Fürsten und des Rates. Einleitend sagte Herr Schmidt aber, gerade dieser Fürst habe eine ausgesprochene Bürgernähe gehabt, er sei ins Bergwerk eingefahren usw. Ist hier Näheres über die Verhandlungen zwischen dem Rat und den Fürsten bekannt?

*

Die Professorengehälter im 16. Jahrhundert hat Peter Baumgart am Beispiel der Universität Helmstedt — etwa in seinem Artikel in der Festschrift für Richard Dietrich — unter anderem mit erfaßt.

*

Immer wieder wird deutlich, wie genau man auf den jeweiligen Zeitpunkt achten muß, zu dem die einzelnen Ereignisse abliefen. Von daher wird die Frage des Typus auf der einen Seite und seine ganze konkrete Hineinstellung in eine fast auf den Tag zu datierende Situation auf der anderen Seite erneut problematisch. Wir sollten in der Generaldebatte noch einmal darauf zurückkommen. Diese methodischen Probleme, die ja in diesem Referat — obwohl Herrn Schmidt *expressis verbis* nichts zur Methode sagte — in der Spannung zwischen dem stark personalisierten Akzent auf der einen und der großen Rahmengebung auf der anderen Seite erkennbar wurden, sollten hier angesprochen werden.

ULRICH MICHAEL KREMER/Wittlich

Ich darf gleich an die einleitenden Bemerkungen von Herrn Kurze anknüpfen und fragen, ob man Ihre Ausführungen, Herr Schmidt, Ihre Typologie mit dem in Zusammenhang bringen kann, was im Anschluß an Herrn Obermans Vortrag diskutiert wurde. Hat die Freiberger Reformation also insofern einen eigenen Charakter, als sie zwischen Fürsten- und Städtereformation zu stellen ist? So wie ich Sie verstanden habe, sind Elemente der fürstlichen Reformation im Anschluß an das große Vorbild zu sehen. Es zeigen sich aber auch Elemente, die das Aktivwerden städtischer Schichten belegen, Sie wiesen selbst darauf hin, vor allem auf diese eigenartige Professur. Da wäre zu fragen, ob hier — unter Ausschließung des Adelselementes, das gestern als ein dritter Faktor angesetzt wurde — ein Mischtypus vorliegt. Darüber wäre ich gern eingehender informiert. — Hinsichtlich des Annenkultes möchte ich gern wissen, wie es in Freiberg mit der Verehrung der Heiligen Anna als Patronin der Bergleute usw. stand.

OTTO BÜSCH/Berlin

Der Vortrag von Professor Schmidt über die Reformation in Freiberg hat bei mir den Eindruck entstehen lassen, daß darin als »prototypische« Durchführung der Reformation vor allem die »Fürstenreformation« angesehen worden ist. Meine Frage ist: Welche Elemente eines reformatorischen Vorganges — etwa gerade auch in einer Stadt — konstituieren diesen als »prototypisch«? Was und wieviel ist individuelle Ausprägung, welche Merkmale haben — auch und besonders im Sinne der Reformatoren, vor allem Luthers — als »prototypisch« zu gelten? Wenn die Freiberger Reformation sowohl Züge der »Fürstenreformation« als auch der »Städtereformation« trägt — inwiefern ist sie dann »prototypisch« zu nennen? Eine Klärung dieser Begriffe scheint mir für die Weiterführung der Forschung, besonders in sozialhistorischer Absicht, von Bedeutung zu sein.

HEIKO A. OBERMAN/Tübingen

Ausgehend von einigen Fragen zur Bedeutung Katharinas von Mecklenburg als Förderin der Reformation, sei das Problem herausgehoben, das sich dem Urteil über die innere Gesinnung von Fürsten in ihrer Haltung zur Reformation stellt. Wenn ich recht sehe, wird bereits seit den dreißiger Jahren dieses Jahrhunderts die Entscheidung für oder gegen die Reformation im allgemeinen auf politische und neuerdings zunehmend auch auf wirtschaftliche Gründe zurückgeführt. Ein Beispiel des Ringens um diese Frage bietet der Traktat von Hans Hillerbrand über Philipp von Hessen (*Landgrave Philipp of Hesse [1504—1567]. Religion and Politics in the Reformation* [= Reformation Essays and Studies 1], Saint Louis 1967). Hillerbrand versucht sehr vorsichtig, den politischen Faktoren, die auf Philipps Entscheidung eingewirkt haben, wie auch seinen wohl pubertären Widerstandsneigungen gegen die alte Kirche gerecht zu werden. Diese eher tastende Weise der Annäherung läßt ihm zuletzt die Vermutung berechtigt erscheinen, daß man bei Philipp auch mit einer religiösen Überzeugung zu rechnen habe. Die Frage der Glaubensüberzeugung wird, wie mir scheint, heutzutage weitgehend umgangen, obwohl sie eine ganze Reihe von geschichtlichen Konstellationen erhellt und am Thema 'Luther als Fürstenknecht' oder 'Reformation und Fürstenentscheidung' sogar äußerst brisant wird.

Herr Schmidt hat darauf hingewiesen, daß Katharina von Mecklenburg drei Hofdamen hatte, die heimlich Luther lasen. Andererseits hat er aber auch auf das Geltungsbedürfnis der hohen Dame abgehoben, was ich aber nicht forcieren würde. Es gilt, die Perspektiven zu beachten. Von der Warte der Reformatoren stellt sich die Glaubensüberzeugung der einzelnen Fürsten anders dar als aus der Sicht der Fürsten selbst und ihrer Höfe. Ein aufschlußreiches Beispiel für die Notwendigkeit, diese Doppelperspektive zu beachten, ist dem Briefwechsel Luthers mit dem Torgauer Hof zu entnehmen. Eine Reihe von Briefen zeigt, daß Spalatin auch im Namen des Kurfürsten nach Weise des Erasmus darauf drängt, die Reformation auf keinen Fall als Konflikt auszutragen. Alles, was den Frieden stört, wird von ihm als 'nicht evangelisch' bezeichnet. Das ist eine gewiß nicht religiös gleichgültige oder glaubensneutrale fürstliche Einstellung zur Reformation der Kirche. Ganz anders sieht die Dinge aber Luther. Er reagiert mit sehr heftigen Briefen, die gar nicht in das Bild des Fürstenknechts hineinpassen. Aus seiner Sicht hatte man in Torgau vom Evangelium überhaupt nichts verstanden, wenn allein der Friede die Klammer sein sollte, innerhalb derer die Reformation durchzuführen sei. In diese Linie reiht sich auch Luthers Entschluß, trotz ausdrücklichem Verbot durch den Kurfürsten nach Wittenberg zurückzukehren: Ich bin Pastor und verantwortlich für die Gemeinde in Wittenberg. Ich komme von der Wartburg zurück, auch wenn das für den Kurfürsten vor dem Reichskammergericht kompromittierende Folgen haben könnte. So Luthers Auffassung von seinem Amt als Doktor und Pastor: ein im übrigen deutliches Indiz gegen das übliche Lutherbild vom Fürstenknecht. Zugleich ist von Luther aber immer auch das Amt der Obrigkeit gestärkt worden, den Frieden und die Sicherheit im Lande zu wahren, ohne daß dies von ihm als fürstliches Zweckdenken verdammt worden wäre.

EBERHARD BOHM/Berlin

Es interessiert mich, ob Herzog Georg Versuche unternommen hat, über die Bürgerschaft gegen die Reformation in Freiberg einzuwirken und dort Einfluß zu gewinnen. Weiter wäre es aufschlußreich zu wissen, ob die Freiberger Reformation Anziehungskraft auf die umliegenden Gebiete des Herzogs Georg ausübte und ob es von seiner Seite Verbote gegeben hat, falls eine solche Anziehungskraft tatsächlich feststellbar ist. Wie stellte sich der Bischof von Meissen zur Reformation in Freiberg?

LEWIS W. SPITZ/Stanford

Bei der Analyse des Selbstverständnisses Luthers gegenüber der württembergischen und der freibergischen Reformation und zur Bestimmung seiner Beziehungen zu diesen Bewegungen bieten zeitgenössische Quellen eine große Hilfe. In der Newberry-Library in Chicago befindet sich eine umfassende Sammlung von Katechismen — es dürften etwa zweihundert sein — sowie sie begleitender Briefe. Heinz Bluhm hat diesen Bestand durchgearbeitet und dabei auf Luthers integre Stellung hingewiesen. Zwar hat Luther seinen eigenen Katechismus geschrieben, doch wie zum Beispiel der Fall Wittenberg zeigt, äußerte er sich immer wieder dahingehend, daß man — unter Berücksichtigung der Gewöhnung der Menschen an den Brenz-Katechismus — all das, was »vorreformatorisch und anständig« ist, weiter verwenden solle. Man dürfe den Menschen den Luther-Katechismus nicht aufzwingen. Diese Briefe gehören zu den besten Luthers. In ihnen spiegelt sich sein wahres Verständnis der Reformation. Sie spiegeln seine Einstellung, reformatorische Strömungen, die vor seiner Reformation oder parallel dazu verliefen, weiter bestehen zu lassen. Er wollte den Menschen dort, wo er nicht mit Verständnis rechnen konnte, seine eigene Sache nicht aufdrängen.

KASPAR VON GREYERZ/Mainz

In bezug auf die Kontakte Luthers mit verschiedenen städtischen Obrigkeiten möchte ich auf die neuere, allerdings recht knapp gehaltene Arbeit von Karl Trüdinger hinweisen. Trüdinger untersucht *Luthers Briefe und Gutachten an weltliche Obrigkeiten zur Durchführung der Reformation* (= Reformationsgeschichtliche Studien und Texte, Nr. 111), Münster 1975.

DANIEL OLIVIER/Paris

Meine Frage betrifft den Katholizismus, das heißt: die alte Religion. Angesichts der vorgetragenen Beispiele möchte ich gerne wissen, ob es in dieser alten Religion eigentlich nichts Neues gab, ob das Neue nur aus Wittenberg und der Reformation stammte. Anders ausgedrückt: War die alte Religion ganz unfähig, etwas Neues für die Menschen hervorzubringen oder waren ihre treuen Anhänger zufrieden und brauchten keine Neuerungen? Bestand also die Wahl, das Alte zu bewahren und aufrechtzuerhalten oder zu den Wittenbergischen Neuerungen zu greifen?

*

Um Luthers Haltung zu bestimmen, ist man immer auf die jeweiligen Zeitverhältnisse angewiesen. Die Situation in Wittenberg 1520 unterscheidet sich grundlegend von der des Jahres 1537 nach den Schmalkaldischen Artikeln. Die Fronten waren verschieden. Bei den ersten Wittenberger Unruhen war eigentlich noch nichts geschehen, und über die weitere Entwicklung in der Kirche war möglicherweise noch nicht entschieden. Wie würde der Streit Luthers mit der römischen Kurie ausgehen? Dann aber kamen die zehn entscheidenden Jahre von 1520 bis 1530, in denen Luther auch gegen seine ehemaligen Anhänger kämpfte, also die sogenannte linksradikale Reformation. Im Jahre 1530 fand der Augsburger Reichstag statt, auf dem ein Versuch gemacht wurde, die Gegenpositionen sozusagen miteinander zu versöhnen. Die Macht lag beim Kaiser, während Rom zu dieser Zeit nicht imstande war, etwas zu unternehmen. Nach 1537 verschlechterte sich die Lage entscheidend. Jetzt wurde die Hoffnung auf ein gemeinsames Konzil aufgegeben, man wurde exklusiv. Einerseits kam ein rein katholisches Konzil zustande, andererseits wurde Deutschland vom Schmalkaldischen Krieg überzogen. Es ist klar, daß Luther immer im Sinne der Reformation reagiert hat, doch die Interessen der Reformation waren zwischen 1520 und 1537 nicht dieselben. Luther behandelte die auftretenden Probleme nacheinander. Gegenüber den Katholiken, der Linksreformation und bei der unpolemischen Darstellung seiner eigenen Lehre sprach er nicht die gleiche Sprache. So sind Äußerungen Luthers aus verschiedenen Zeiten nicht ohne weiteres in Zusammenhang zu bringen, will man in sich widerspruchsfreie Ergebnisse erzielen.

SCHLUSSWORT des Referenten (M. Schmidt)

Was Katharina von Mecklenburg betrifft, so muß man festhalten, daß sie vierzehn Jahre jünger als der Herzog war. Körperlich seit ihrer Kindheit dauernd kränklich, ist sie wohl nie zu der unbefangenen Haltung dem Leben gegenüber gelangt, die für den Gesunden normal ist. Von daher erklärt sich, daß sie als eine hochmütige, herrschsüchtige und geizige Frau gewirkt hat, daß sie den zweiten Sohn August vor dem Erbprinzen Moritz auffallend bevorzugte, daß sie in Situationen — wo sie mütterlich hätte empfinden müssen — einen Vorteil für sich selbst herauszuschlagen versuchte. Auch ihr den Zeitgenossen etwas übertrieben erscheinender Kleider- und Haushaltsaufwand erklärt sich wohl aus diesem Geltungsbedürfnis ohne weiteres, und das legt die Vermutung nahe, auch ihre Zuneigung zur Reformation sei im Zusammenhang mit diesem Geltungsbedürfnis zu sehen. Immerhin gibt es aber auch positive Indizien. Drei ihrer Hofdamen lasen Schriften Luthers. Das dürfte ihr nicht unbekannt geblieben sein und setzt zumindest ihre stillschweigende Duldung voraus. Im Februar 1524, also dreizehn Jahre, bevor die Reformation zum Durchbruch kam, gehörte sie bereits selbst zum lutherischen Kreis in der Stadt. Sie wollte aber ihre Gesinnung geheimhalten und lehnte deshalb ab, als ihr der Zwickauer Pfarrer Stephan Roth seine Übersetzung von Luthers Auslegung des Fünften Psalms widmen wollte. Die Zuneigung zur lutherischen Bewegung bedeutete zugleich auch eine politische Stellungnahme, die sich im Verlauf der Zeit immer weniger geheimhalten ließ. Die drückende, insbesondere finanzielle Abhängigkeit des Freiberger Hofs von Dresden, der Heinrich und Katharina teilweise die Sorge um die heranwachsenden Kinder abnahm, wurde ihr immer lästiger, zumal Georg ihr Vorwürfe wegen der üppigen Haushaltung machte. Von daher suchte sie immer stärkeren, immer entschiedeneren Rückhalt am Hofe in Torgau und bemühte sich generell, die evangelischen Fürsten für sich und Heinrich zu gewinnen. In diese Richtung deutete auch die Vermählung ihrer Tochter mit einem der charaktervollsten jungen Fürsten der Reformation, dem Markgrafen Georg von Brandenburg-Ansbach am 13. August 1532. Damit erregte sie natürlich den Unwillen ihres Schwagers. 1526 vermochte sie dann ihren Gatten zu einer Reise nach Torgau zu bewegen, wo er Luther predigen hörte. Das gleiche geschah dann in den Jahren 1531 und 1534, wobei im letzten Jahr der Kurfürst Johann Friedrich persönlich nach Freiberg kam. In gleichem Maße versuchte Georg von Dresden aus, den entgegengesetzten katholischen Einfluß geltend zu machen. Es scheint sich ein regelrechter Kleinkrieg zwischen ihm und Katharina entwickelt zu haben. Soviel zu den Fragen von Herrn Oberman und Herrn Bohm. Selbstverständlich versuchte Georg, dort Gegenwirkungen Platz greifen zu lassen.

Der eigentliche Motor der Reformation im Freiberger Ländchen scheint außer Katharina Anton von Schönberg gewesen zu sein. Als einer der führenden Adligen jenes Gebietes war er von Herzog Georg entlassen und vertrieben worden. Im Frühjahr 1536 kam er an den Freiberger Hof und rückte dort bald zu maßgebender Stellung auf. Ursprünglich mit der Verwaltung der väterlichen Güter in der Meißner Gegend — Gut Schönberg, Neukirchen, Joschfeld, Blankenstein und Burghardtswalde — beauftragt, nahm ihn 1516 der Hochmeister des Deutschen Ordens, Albrecht, in Preußen in Dienst, bis er zuletzt bei Herzog Georg mit Bergwerksangelegenheiten betraut wurde. Seine Zuneigung zur evangelischen Sache brachte ihm 1533 Entlassung und Enteignung ein. Zweieinhalb Jahre wirkte er als Amtmann des Kurfürsten Johann Friedrich in Grimma, im ernestinischen Sachsen, bevor er dann im Frühjahr 1536 nach Freiberg kam. Dieser Mann, Anton von Schönberg, verkörpert also das eigentliche Adelsmoment im Vorgang der Reformation, und er muß ein entschiedener Mann gewesen sein, denn er wirkte ganz offenkundig zusammen mit Katharina darauf hin, daß die Konfrontation mit Georg bewußt in Kauf genommen wurde. So kann man sagen, daß der polemische Akzent dieser Reformation — und die gleichzeitige notwendige Anlehnung an Wittenberg-Torgau — sich bereits aus den beiden agierenden Persönlichkeiten von selbst ergab. Georg war über die Reformation entsetzt. Zwar vermochte er sie nicht zu verhindern, denn er konnte an der reichsfürstlichen Stellung seines Bruders, an seiner autonomen Stellung, nichts ändern. Selbstverständlich versuchte er, um noch einmal auf die Frage von Herrn Bohm einzugehen, Gegenwirkungen in den umliegenden Gebieten hervorzurufen. Ebenso aber haben sich die Leute des Freiberger Ländchens mit denen aus den umliegenden albertinischen Gebieten, also Meißen und Dresden, verständigt und dadurch ist das Verlangen nach der Reformation im albertinischen Sachsen ungeheuer gesteigert worden. Als der Tod Georgs des Bärtigen 1539 den Weg freimachte, nun auch in Dresden, Meißen und Leipzig die Reformation einzuführen, herrschte in der Bevölkerung großer Jubel über diese Maßnahme Heinrichs. Man kann also sagen, daß diese ganzen Jahre von Polemiken über die Frage der Reformation erfüllt waren.

Die Reaktion des Bischofs von Meißen ist nicht so eindeutig zu bestimmen. Albrecht Lobeck, der im Krieg gefallen ist, hat über die Einführung der Reformation im Bistum Meißen gearbeitet. Seine Studien, die Archivalien einbezogen, kamen zu dem Schluß, daß der Bischof von Meißen viel weniger tätig wurde, als man hätte erwarten sollen. Seiner Pflicht zu energischem Handeln, sowohl in positiver als auch in negativer Hinsicht — eben der Hinderung des reformatorischen Geschehens — kam er nicht genügend nach.

*

Auch ich würde zustimmen, wenn gesagt wird, daß die Freiberger Reformation zwischen Fürsten- und Stadtreformation stand, wie Herr Kremer andeutete. Es handelt sich hier um einen Mischtypus, und vielleicht hat sie auch darin einen gewissen prototypischen Charakter. Die bürgerschaftliche Frömmigkeit bewegt sich in den Bahnen des Üblichen. Am Ende der katholischen Zeit herrschte ein außergewöhnlicher Stiftungseifer, den schon der Freiberger Dom belegt. Der romanisch begonnene Bau, man denke nur an die weltberühmte romanische Pforte, der dann gotisch beendet wurde, hat in der Höchstzahl 98 Altäre besessen. Neben dem Stiftungseifer war das Bruderschaftswesen stark ausgeprägt. Auf der anderen Seite standen dann die reformatorischen Bewegungen, doch sind diese ja immer sehr viel schwerer zu dokumentieren, weil es nicht so viele sichtbare Zeichen für die evangelische Frömmigkeit gibt. Hauptzeichen sind tatsächlich die erwähnenswerten Bergreihen, »Herzog Heinrichs Lied« und einige weitere Dichtungen. Insgesamt gesehen ist der polemische Charakter recht gering. Es wurde wenig über den katholischen Klerus gelästert. Eine Sache allerdings erregte ziemliches Mißfallen; der Streit zwischen den beiden Bettelordensklöstern, den Dominikanern und Franziskanern, sowie der Pfarrgeistlichkeit um die sogenannten »Butterbriefe«, das heißt: um das Recht, in der Fastenzeit statt Öl Butter verwenden zu dürfen. Das erweckte einen ziemlich negativen Eindruck. Aufs Ganze gesehen dürfte man die Bürgerschaft als fromm bezeichnen, erst spätmittelalterlich normal fromm und dann auch durchaus aufgeschlossen und eifrig im evangelischen Sinne.

*

Inwieweit sich in den 98 Dedukationen der Annenkult spiegelte, kann ich im Moment nicht sagen. Sie dürften aber kaum vom allgemeinen Charakter der Zeit abgewichen sein. Für den Annenkult selbst kann man im Erzgebirge noch die Widmung der Stadt Annaberg — der eigentlichen Hauptstadt des Erzgebirges, die 1491 gegründet wurde — geltend machen. Die Großeltern Jesu, Joachim und Anna, finden sich in den Ortsnamen Joachimsthal und Annaberg, weiter bezeichnen Josefstadt, Jöhstadt und Marienberg die Eltern Jesu; das vollzog sich um 1500.

Die Hauptfrage und der Anspruch meiner Darlegungen, daß hier ein prototypischer Charakter vorliegt, kann natürlich diskutiert werden, und ich stimme Herrn Kurze zu, daß die enge Anlehnung an Wittenberg-Torgau im Substantiellen eigentlich den Charakter des Prototypischen vereitelte, wenn man das Prototypische als Original faßt. Original könnte natürlich nur die Wittenberger Reformation heißen, auf der anderen Seite ist eben in der Wittenberger Reformation immer in Betracht zu ziehen, daß dort sehr viel mehr Rücksicht auf Friedrich den Weisen genommen werden mußte, so daß ja darüber gespottet wurde, Luther habe im eigenen Hause nicht durchführen können, was er für richtig hielt. Das alles entfiel hier in Freiberg. Nach Wittenberg, wo Konzessionen gemacht werden mußten, konnte hier in Freiberg eine »astreine« Reformation in Gang gesetzt werden. Das hatte ich im Auge, als ich wagte, den Charakter des Prototyps darauf anzuwenden.

*

In einer Studie, die ich zur Veröffentlichung vorbereiten wollte, habe ich sehr viel urkundliches Material aus dem ernestinischen Archiv in Weimar verwendet, das zwar weder den Charakter noch das Profil der Reformation

verändert, aber vieles substantiiert. Später, als ich in Berlin lebte und wir
von der Mauer unbehindert nach Ost-Berlin konnten, habe ich viele Monate im Ermeler-Haus die von Weimar übersandten Aktenbündel benutzt:
ein enormer Glücksfall, denn heute ist das ja sehr viel schwieriger oder sogar unmöglich. Ich meine, daß die Veröffentlichung dieser Arbeit und der
ganzen Dokumentation viel zur Vervollständigung unseres Gesamtbildes
von der Reformation an einem kleinen Ausschnitt beitragen könnte, kann
aber nicht sagen, ob es zu einer solchen noch kommen wird.

*

Zweifellos ist das kirchliche Leben, das römisch-katholische kirchliche
Leben des späten Mittelalters in Freiberg im allgemeinen gut gewesen. Ob
die Leute auf die Dauer damit zufrieden gewesen wären, nachdem die Reformation als solche im Raum stand, ist zu fragen. Wir evangelischen
Theologen sind natürlich geneigt, diese Frage zu verneinen, aber wissen
kann das keiner. Die andere Frage nach den Mißständen in der katholischen Welt und ob sie in der Lage gewesen wäre, sie zu überwinden oder etwas Neues zu schaffen, möchte ich mit einigen Hinweisen beantworten.
Unzufriedenheit mit dem Mönchstum war da. Eines der bedeutendsten Ereignisse in diesem kleinen Rahmen war die Flucht der Herzogin von Münsterberg — der schlesischen Grafschaft —, Ursula von Münsterberg, aus
dem Kloster in Freiberg nach Wittenberg. Sie wissen ja alle, daß die geflohenen Nonnen dann nach Wittenberg kamen und Luther dort einen blühenden Verein von Jungfrauen um sich versammelte, die er dann der
Reihe nach verheiraten mußte. Zu diesem Kreise gehörte auch Ursula von
Münsterberg. Sie hat eine Rechtfertigungsschrift für ihre Flucht aus dem
Kloster verfaßt, zu der Luther ein Vorwort schrieb. Diese Rechtfertigungsschrift arbeitete auf das genaueste mit Luthers Schrift *Devotis Monassis Disjudicium* von 1521/22. Das ist ein bedeutsamer Beweis für das
Vorhandensein selbständigen Denkens und zeigt, daß der katholische
Rahmen nicht genügte. Ein zweites sind die bereits kurz erwähnten Streitigkeiten zwischen Pfarrklerus und Ordensklerus, vor allem den Minderbrüdern, also den elementaren Pilgerorden, eben die üblichen Streitigkeiten, die in allen wirtschaftlich wichtigen und allen aufblühenden Städten
herrschten. Sie wissen sicher alle, daß Melanchthon in seiner Vorrede zur
Confessio Augustana die Streitigkeiten zwischen Weltklerus, Pfarrklerus
und Ordensklerus als eine der Hauptursachen der Reformation bezeichnete. Selbst wenn das angelegte Maß übertrieben erscheinen mag, ist es
doch interessant, daß sich hier ein Dokument für ein wirksames Argument

der damaligen Zeit bietet. In Freiberg ging der Streit einerseits um die Fastendisziplin, andererseits um die Zuwendung von kirchlichen und päpstlichen kurialen Mitteln beim Aufbau der Kirchen. Es war praktisch ein Geldneid, ein Brotneid. Der Dom war nämlich sehr großartig und üppig, und die Dominikanerkirche sollte dann etwas ähnliches werden.

*

Was die Verbindungen zwischen Zwickau und Freiberg betrifft, so ist es hier bei diesen persönlichen Fällen eindeutig so, daß es Freiberger Kinder waren. Dieses autochthone Element hat man einfach genutzt und damit Glück gehabt. Es waren eben auch wirklich die bedeutendsten Gestalten, Stephan Roth einmal ausgenommen. Für Herrn Spitz' Ergänzung bin ich außerordentlich dankbar. Man muß diese Dinge wirklich so ins Auge fassen, daß man das Verhältnis Luthers zu diesen Reformationen noch genauer auch von Luther her erforscht. Man könnte — und das ist nun wieder eine sehr zugespitzte These, die ich jetzt formuliere — zwei Typen unterscheiden: inklusives und exklusives Luthertum. Nach meinem Dafürhalten ist das Luthertum seinem Charakter nach inklusives Luthertum, das würde ich für die Wittenberger Reformation in Anspruch nehmen: »Quod bonum est tenebimus.« Das gilt gerade dort, wo es spätmittelalterliche oder von anderen verfaßte Katechismen gibt, deren Aussage überzeugend ist, echt ist. Die soll man verwenden: »Quod bonum est tenebimus«, also es ist hier zweimal an betonter Stelle ein von Luther proklamierter Grundsatz. Hier in Freiberg hingegen handelte es sich um exklusives Luthertum. Vielleicht wäre es, wenn ich damit recht habe und nicht übertreibe, eine sehr interessante Sache, daß man bereits so früh einen Sondertyp exklusiven Luthertums hat. Man könnte fragen, ob er sich fortgepflanzt hat, ob es weitere Reformationsbewegungen, etwa in Skandinavien, gab, die diesen dann weiterführten. Ich halte das für möglich.

Dürer und Celtis
Von der Bedeutung des Jahres 1500
für den deutschen Humanismus

Diskussionsleitung

ULRICH MICHAEL KREMER
Wittlich

ULRICH MICHAEL KREMER/Wittlich

Mir ist nicht ganz klar geworden, wie die Absichten beim Selbstbildnis
Dürers von 1500 endgültig zu verstehen sind. Den Ausführungen von
Herrn Wuttke habe ich entnommen, insbesondere der Geschichte mit dem
Hund und ihrer Aufnahme durch Dürer, daß die Absicht Naturtreue war.
Gleichzeitig haben Sie, Herr Wuttke, in Ihrer Analyse der Gesichtszüge
aber deutlich auf den Gesichtspunkt der Idealität hingewiesen, gleichzeitig
zum Beispiel auch in Ihrer Analyse der Schrifttypenorientierung an der
Antike. Wie ist nun diese Doppelabsicht, die dann vorgeherrscht haben
muß, in Einklang zu bringen? Wie steht es mit diesem Gegensatz Idealität
und Naturtreue schließlich, wenn man noch den Faktor Identität als einen
Gesichtspunkt der Renaissancekunst allgemein hinzuzieht? Fällt das hier
gar nicht ins Gewicht? Am Ende führten Sie überraschenderweise den Begriff »Renaissance-Humanismus« ein. Da dieser Ausdruck, wie ich meine,
von Ihnen eingangs bewußt vermieden beziehungsweise übergangen
wurde, dann aber doch noch hereinkam, möchte ich fragen: Wie steht es
denn schließlich noch mit dem Problem Identität, Treue zur nationalen
Vergangenheit als Ersatz für die fehlende klassische Antike? Das bezeich-

neten Sie ja im Zusammenhang mit Celtis ebenfalls als einen zu beachten-
den Gesichtspunkt.

Gleichzeitig sehe ich natürlich auch, daß gerade eine Einheit von Naturtreue und Idealität das ganz Besondere der unverwechselbaren Situation
der Jahre um 1500 bezeichnet.

ANDREAS GROTE/Berlin

Mich interessiert sehr der Durchgang über Pirkheimer zu Celtis als Phänomen der Übermittlung. Hier in diesem Selbstbildnis haben wir ja eigentlich einen bis zum Äußersten stilisierten Typus vor uns, das heißt:
eine Sehensweise und eine Auffassung, wie sie überhaupt erst durch den
engen Kontakt zu Celtis bedingt war. Dies hat Herr Wuttke ja auch sehr
anschaulich gemacht. Der humanistische Wissenschaftssinn bei Pirkheimer, der dazu führte, daß Dürer zuerst in Italien unter seiner Anleitung antike Inschriften sammelte, muß enzyklopädisch gewesen sein. Pirkheimer
sammelte Materialien (oder ließ sie sammeln), mit denen er in Deutschland »etwas anfangen« konnte, Ikonographien, Inschriften usf. Mit Celtis
wird dieses antike Material aber doch erst sublimiert, der Dichter setzt es
in einen neuen Lebensstil um. Das ist zwar sehr allgemein, doch ich meine,
diese Umsetzung ist das Faszinierende an diesem Selbstbildnis, und ich
stimme dem vollkommen zu, daß die Bedeutung von Celtis für die Kunst
seiner Zeit noch nicht erschöpfend gewürdigt worden ist, insbesondere
aber nicht seine Wirkung auf Dürer und dessen Wirkung auf ihn.

CHRISTIANE D. ANDERSSON/New York

Ich habe mich darüber gefreut, wie Sie, Herr Wuttke, das Dürersche
Selbstbildnis in einen größeren Zusammenhang gestellt haben; vieles von
Ihnen Gesagte war mir neu. Ich meine aber, daß man sich nach dem Ziehen
der großen Linien auch wieder dem Detail zuwenden und genau differenzieren sollte, welche Vorbilder uns ein besseres Verständnis von Dürers
Selbstbildnis vermitteln. Sie nannten die Möglichkeit eines Bezuges zur
vera icon, das heißt: zum Antlitz Christi. Andererseits drücke Dürer mit
der Inschrift zu beiden Seiten der Augen auf visuelle Art aus, was er über
die Bedeutung der Augen gesagt hat. Die *vera icon* bringt uns aber im Verständnis des Bildes nicht weiter, da sie nur eine Variation des Typus des
Salvator Mundi darstellt, der, wie bereits Panofsky festhielt, das ikonogra-

phische Vorbild zu Dürers Selbstbildnis lieferte. Außerdem zeigt die *vera icon* meistens ein von Schmerz gezeichnetes Gesicht, denn diese Form des Andachtsbildes diente der Meditation über die Passion. Gerade das leidende Antlitz paßt aber nicht in Dürers Selbstaussage. Die Inschrift neben den Augen hängt meiner Ansicht nach weniger mit den Lilien, die um den Kopf Christi der *vera icon* abgebildet sind, zusammen, als mit Dürers Schriften über die Bedeutung der Augen. Diese Bedeutung ist für Künstler offensichtlich; hinzu tritt noch Dürers besonderes wissenschaftliches Interesse an der Optik.

In ähnlichem Sinne müßte man wohl zwischen Ihren chronologischen Ausführungen differenzieren. Sie weisen sowohl auf das Alter von 28 Jahren als den Beginn der Volljährigkeit oder der *majorité,* als auch auf die Bedeutung der Jahreszahl 1500 hin. Man muß sich wohl auf das eine oder das andere festlegen. Mir scheint es überzeugend, daß Dürer sich bewußt in diesem Alter porträtieren wollte. Daß dies gerade im Jahre 1500 geschah, ist einfach dem Zufall zuzurechnen, daß der Künstler 1471 geboren wurde. Die Ausführungen Panofskys über die *imitatio christi* — Sie erwähnten die *conformitas christi* — bilden meines Erachtens nach wie vor die Grundlage für unser Verständnis von Dürers Selbstbildnis, das nun durch Ihre wertvollen Überlegungen erweitert worden ist.

DIETRICH KURZE/Berlin

Luther ist bekanntlich nach Meinung einiger Forscher eventuell auch früher geboren worden. Ich frage mich jetzt, aufgrund der vorgetragenen Spekulation, daß Dürer sich als Christus, also doch förmlich in Imitation oder wie auch immer darstellen wollte und daß dies alles so bewußt geschah, wie Sie, Herr Wuttke, voraussetzten, ob er dann nicht noch zwei oder fünf Jahre hätte warten sollen, um nun auch das Lebensalter Christi einzubeziehen. Das liegt doch nicht in der Ferne: entweder mit dreißig, wo er aktiv wird, oder dann eben mit dreiunddreißig, wo sich dann eben das Ende einstellte. Und das stimmt dann einfach nicht, dieser Punkt ist von Dürer — in Ihrer Deutung — nicht beachtet worden.

*

Sebastian Brant schreibt *De Origine* und setzt ein Titelbild davor, auf dem Maximilian als derjenige dargestellt wird, der nun auch das Heilige Land wieder erobert. Auf dem Titelbild ist Jerusalem abgebildet und weiter der dürre Baum — das ist ein prophetisches Motiv — an dem dann ein Schild hängt: »Und er gab Gott sein Schwert«, also nicht Aufbruchs- sondern Endzeitstimmung. Da findet man fast in eins den Widerspruch in den Erwartungen, die man hegt, und dem, was an diese Erwartungen anknüpft.

*

In bezug auf den Schild, der am Baum hängt, kommen wir vielleicht zu sehr ins Detail. Er ist etwas schwer zu erklären. Ich kann es mir nur auf der Grundlage des vorhandenen Topos erklären, der einfach da ist — mit dem Schild, den man an einen toten Baum hängt, der daraufhin wieder grünt. Der Endkaiser gibt Gott sein Schwert und erhält dafür eine Palme — gewissermaßen im Austausch. Das ist ein sehr alter prophetischer Topos. Ich nehme an, daß er hier dargestellt sein soll. Wenn er neu interpretiert wird, dann hätten Sie natürlich recht. Aus dem Bild allein ist das aber nicht zu entnehmen; man muß die Prophetie kennen, die dazu gehört. Vielleicht ist sie umgedeutet worden, das kann ich nicht ausschließen.

HEIKO A. OBERMAN/Tübingen

Lassen Sie mich bitte eine Anmerkung zu dem Problem von Bild und Abbild machen. Sie, Herr Wuttke, verwendeten im Zusammenhang mit dem Dürer-Selbstbildnis aus dem Jahre 1500 den Begriff *propriis coloribus* im Sinn von »ewige, bleibende Farben«. Wenn wir davon ausgehen, daß es sich tatsächlich um Dürers Ebenbild handelt, dann kann man sich fragen, ob Celtis mit seiner Bezeichnung *ficto ore* Kritik hat üben wollen an der Zuverlässigkeit des Bildes. Ist eine solche Begrifflichkeit in der Kunstgeschichte belegt? — Ein zweiter Punkt: Dem Celtis-Kreis in Nürnberg ist die *Sodalitas Staupitziana* nachgefolgt. Dürer und andere, möglich auch Pirckheimer, gehörten alle wieder diesem Kreis an. Es wäre zu bedenken, ob die Umbenennung nicht auch eine Neuorientierung signalisiert, die erläutern könnte, warum die großen Werke von Celtis nicht veröffentlicht wurden. Der Hinweis auf die Neuorientierung könnte die vorgeschlagene Erklärung des mangelnden Interesses inhaltlich füllen. — Drittens: Bei Staupitz findet sich im Jahre 1516 eine Bemerkung, die ich bisher nicht erläutern konnte, zu der Sie mir aber einen Schlüssel geboten haben. In seinen Nürnberger Adventspredigten kommt er auf das Verhältnis von Hören und Sehen zu sprechen. Besonders die mystischen Aspekte hervorhebend, betont er, daß alles, was mit dem Hören zu tun hat, authentischer ist als die Visionen und alles, was mit dem Sehen zusammenhängt. 'Wortmystik' wird bejaht, Visionen hingegen werden von vornherein angezweifelt. Hat diese Auffassung auch kunsthistorische Relevanz? — Ein vierter Punkt bezieht sich auf die Hervorhebung von Albertus Magnus als einem Vertreter der *sapientia Germanorum* gegenüber Plato und der griechischen Philosophie. Capito, später Reformator in Straßburg, hat 1502 die *Philosophia Naturalis* des Albertus herausgegeben. In seinem Widmungsschreiben rühmt Capito, daß selbst die alten Zeiten so etwas nicht hervorgebracht hätten, auch die *pristina aetas* nicht: Ein großes Lob für Albertus Magnus in einem noch sehr frühen Stadium. Im ersten Werk von Johannes Eck, dem 1514 in Augsburg erschienenen *Chrysopassus praedestinationis*, findet sich am Ende ein Verzeichnis der bedeutendsten Autoren. Hier findet sich der eigentliche Grund für das hohe Albertuslob. Er ist ein Schwabe wie Eck, sodann *germanus,* ja sogar *germanissimus,* also der deutsche Vertreter der wahren Wissenschaft. Er erscheint als ein Vertreter der Scholastik, dem in Deutschland mehr Sympathie entgegenschlägt als Thomas von Aquin, da dieser — im Umkreis einer frühen Nationalbegeisterung — kein Landsmann ist.

Geht dieser Nationalstolz zugleich mit einer Epochenwende einher? Ist das Jahr 1500 als Zäsur zu betrachten? Bis heute habe ich immer etwas gelacht, wenn Antiquare für die Inkunabeln bis 1500 einen sehr hohen Preis verlangten, die Frühdrucke nach 1500 aber billiger verkauften. Mir war es recht, so lange das Jahr 1500 nur als 'Kunstdatum' gehandelt wurde. Ich bemühe mich grundsätzlich, Spätmittelalter, Renaissance und Reformation nicht künstlich zu trennen. Ich würde mir wünschen, daß Sie dieses Kunstdatum noch einmal überdenken und dann die Akzente etwas anders zu setzen bereit wären.

MICHAEL ERBE/Berlin

In den Beiträgen von Herrn Oberman und in Herrn Wuttkes Stellungnahmen sind bereits einige Probleme angeschnitten worden, die über den rein kunsthistorischen Bereich hinausgehen und sich auf das bezogen, was am Ende des Referats als Herausforderung an die Historiker bezeichnet wurde. Ich bin in der Tat der Ansicht, daß wir vom Periodisierungsschema Mittelalter — Neuzeit (wobei das Alterum erst einmal beiseite gelassen werden soll) fortkommen müssen.

Ich stimme Ihnen vollkommen darin zu, daß man eine Großepoche feststellen kann, die sich etwa im 11./12. Jahrhundert herausgebildet hat, und zwar in mehrfacher Hinsicht. Zu dieser Zeit bildete sich die heutige Landschaft in Europa heraus, mit ihrer Ortsverteilung, Waldverbreitung und ähnlichem. Das sind handfeste, heute noch sichtbare Dinge, zumindest waren sie bis vor kurzen noch sichtbar. Erst im 18. Jahrhundert begann mit der Französischen Revolution und im Zuge der einsetzenden Industriellen Revolution eine neue Epoche. Das hindert uns natürlich nicht daran, diese Großepoche in kleinere Zeitabschnitt zu untergliedern. Darauf haben Sie sich bei Ihren Überlegungen zum Jahr 1500 konzentriert, und ich halte das — jedenfalls für bestimmte Kreise — für wichtig und bemerkenswert. Ich verstehe das, was Sie uns vorgetragen haben, eher als Quelle für eine gewisse Bewußtseinsstruktur in den Kreisen des Humanismus. Ganz zugespitzt könnte man das als eine Aufbruchsstimmung um 1500 bezeichnen und sollte also nicht von einer Untergangsstimmung her argumentieren. Diese gab es zwar auch, Herr Kurze hat auf die Prophetien hingewiesen, die sie belegen, und sie mag in bestimmten geistigen Schichten und gerade im Humanismus verbreitet gewesen sein. Aber ein Jahrzehnt später schrieb Hutten: »Es ist eine Lust zu leben.« Dies zeugt von gewaltigem Optimismus, der mit der Reichsreform, mit einer gewissen Klärung der politischen Fronten verbunden war und gerade in den humanistischen Kreisen das Gefühl wachwerden ließ, jetzt haben wir zu dem kulturellen Niveau Europas aufgeschlossen, wir sind dabei, die Antike nicht nur zu imitieren, sondern wir haben sie so aufgenommen, daß wir aus ihr heraus etwas ganz Neues schaffen können. Dies ist die Stimmung etwa im Reuchlin-Kreis, aus dem ja kein anderer als Melanchthon stammte.

Freilich ist die Grundhaltung nicht immer so optimistisch. In der gleichen Gruppe besteht auch manchmal das Bestreben, sich aus allem zurückzuziehen; fast alle machen eine Phase durch, in der sie Mönch werden wollen. Es haben also nicht alle um 1500 mit Hutten gejubelt, sondern auch Angst empfunden, daß das Neue vielleicht böse ausgehen könne. Die Aufbruchstimmung überwiegt aber, und sie rechtfertigt die Annahme, daß mit der Jahrhundertwende eine neue Zeit, wenn auch nicht die »Neuzeit« einsetzt.

Das beste Zeugnis dafür ist meines Erachtens das allerletzte Bild, das die beiden Humanisten inmitten einer christlichen Szene darstellt. Das Bestreben der Humanisten, nun auch an der Erneuerung des Christentums mitzuwirken, läßt sich kaum anders besser ausdrücken. Ich betrachte das Bild als ein Zeugnis für die Mentalität der Zeit. Sicherlich wird hier auch etwas Traditionelles dargestellt, doch warum werden die beiden genau in die Mitte gesetzt und nicht irgendwo seitwärts, wo man oft die Künstler zeigt, die eine Arbeit ausgeführt haben? Die Stellung genau im Zentrum besitzt große Aussagekraft.

DANIEL OLIVIER/Paris

Hinsichtlich der Problematik des Geburtstages bei Celtis, wenn noch keine Erklärung vorliegt, möchte ich sagen: Könnte man nicht an die damalige kulturelle Gewohnheit denken, die Daten nach den liturgischen Heiligenfesten anzugeben? (Siehe Luthers Briefe, auch das Verzeichnis bei Grotefend.) Der Festtag eines Heiligen war der Tag seines Todes, betrachtet als *dies natalis,* das heißt: Tag der himmlischen Geburt. Entsprechend war vielleicht Celtis sein Geburtstag deswegen wichtig, weil er davon bekanntlich meinte, »aus Phoebus« geboren zu sein.

Bei den Heiligen verhält es sich anders. Zwischen Christus und den Menschen besteht ein Unterschied. Doch bei den Heiligen war der *dies natalis* ja der Festtag der Vollendung ihres Lebenswerkes. Bei Celtis Geburtstag handelte es sich ebenfalls um eine gewisse Vollendung seines Werkes beziehungsweise seiner »Berufung«.

REIMER HANSEN/Berlin

Zu den Ausführungen von Herrn Erbe möchte ich anmerken, daß es sich bei der Frage nach der Epochengrenze zwischen »Mittelalter« und »Neuzeit« doch weniger um einen sachlichen Widerspruch als vielmehr um unterschiedliche Kriterien der historischen Periodisierung handelt: Zum einen ist das Zeit- und Selbstverständnis der Humanisten, zum anderen das moderne strukturgeschichtliche Verständnis unserer Tage maßgebend. Beides läßt sich — denke ich — bei historisch-methodischer Differenzierung gut auseinanderhalten und insofern auch durchaus in historischer Betrachtung miteinander vereinbaren.

In der bisherigen Diskussion ging es vor allem um das »Neuzeit«-Bewußtsein der Humanisten, das — wohl seit Lorenzo Valla — die eigene Gegenwart als Anbruch einer *aetas nova* und zugleich als Wiederherstellung begriff, was ja übrigens auch in den zeitgenössischen Bedeutungen von *R*enaissance, *R*eformation und Reichs*r*eform zum Ausdruck kommt. Das humanistische Zeitbewußtsein scheint mir jedoch nicht hinreichend gekennzeichnet, wollte man es hierbei bewenden lassen. Meines Erachtens gilt der von Herrn Kurze beschriebene Ambivalenzcharakter des Zeitalters nicht minder für das humanistische Zeitbewußtsein. Ich möchte es am Beispiel des Humanisten und Reformators Philipp Melanchthon (1497—1560) verdeutlichen, der auch — wie Lorenzo Valla — in humanistischem Selbstbewußtsein von »neuerer« und »neuester« Zeit spricht, der die Gegenwart aber nicht nur als humanistische »Neuzeit«, sondern auch als heilsgeschichtliche Endzeit deuten kann. Als Türken und Moskowiter die Reichsgrenze bedrohen, erscheint ihm die Kirche — zwischen *Mesech* und *Kedar* (Ps. 120, 5), zwischen *Gog* und *Magog* (Apk. 20, 8) — in endzeitlicher Heimsuchung unmittelbar vor der Wiederkunft Christi. Diese Ambivalenz von humanistischem »Neuzeit«- und christlich-heilsgeschichtlichem »Endzeit«-Bewußtsein darf meines Erachtens nicht außer acht gelassen werden, will man das Zeit- und Selbstverständnis der Humanisten nicht einseitig charakterisieren und beurteilen.

SCHLUSSWORT des Referenten (D. Wuttke)

Ich glaube, daß das Problem Identität *versus* Treue zur nationalen Vergangenheit nicht unbedingt etwas mit diesem Dürerschen Bild zu tun hat. Das ist praktisch eine Ergänzungsfrage. Ich würde die Sache so sehen, daß im Falle dieses Dürer-Bildes vom Jahre 1500 die unglaubliche Leistung oder das Ungeheure darin besteht, daß es die unverwechselbare Individualität zusammenbringt mit dem, was ich Idealität genannt habe, und diese ist auf den Typus der *vera ikon* hin entworfen. Man befindet sich ja immer in einem Argumentationsgeflecht, und es ist völlig klar, daß hier viel Interpretation im Spiel ist, denn es läßt sich kein lückenloser Nachweis führen. Man hat Quellen, die führen an bestimmte Fragen heran. Man muß jetzt — ich würde schon meinen, angesichts dieses Werkes sollte man es auch tun —, man muß jetzt Lücken, die durch die Quellen gelassen sind, durch Interpretation ausfüllen. Bei mir handelt es sich um einen solchen Versuch, Vorschläge gebündelt gleichsam zu diesem ganzen Komplex vorzulegen. Das I-Tüpfelchen ist, daß dieses Hündchen kam und dieses ideale Selbstbildnis, das gleichzeitig ein höchst individuelles ist, liebkost hat, und daß dieses Erlebnis einen Rückgriff auf einen antiken Schriftsteller darstellt. Das heißt, was sich in der Antike nachweisen läßt, was durch Plinius glaubhaft belegt ist, das ereignet sich jetzt wieder, hier und heute in dieser Zeit, aus Anlaß dieses Bildnisses. Ich neige dazu, und das ist an anderen Stellen meines Referates wahrscheinlich ebenfalls und vielleicht »bedenklich« deutlich geworden, solchen Dingen, die in der Forschung gern als kulturhistorische Arabesken genommen werden, eine ziemliche Relevanz zuzuweisen. Deswegen setzte ich auch bei der Schriftwahl ein. Bei allem bin ich mir jedoch bewußt, keinen lückenlosen Indizienbeweis geführt zu haben.

*

Ludwig Grote hat, wie ich meine, in einer Studie sehr schön gezeigt, wie dieser humanistische Lebensraum ausgesehen hat, als er die Schreyersche Vorderstube rekonstruierte mit ihrem 'Leben'. Man sollte dessen Ergebnisse mit als Folie nehmen, ich habe nur seinen Namen zitiert und die Studie als bekannt vorausgesetzt. Was darin steht, sollte man mit hinzunehmen, dann gewinnt das von mir Entworfene größere Anschauungskraft. Man kann auch die Ferne zu Pirckheimer um 1500 durch ein ganz einfaches Faktum noch belegen, das merkwürdigerweise nie zitiert wird. Pirckheimer hatte nämlich mit dem Schweizer Krieg zu tun 1499/1500. Er führte das Nürnbergische Kontingent an, und er war gar nicht anwesend zu dieser Jahrhundertwende. Auch von daher könnte man sagen, es muß irgendein anderer Pirckheimers Rolle übernommen haben. Dieser andere könnte Celtis gewesen sein, zumal eben im Jahre 1500; das kann man deutlich auch aus dem paläographischen Befund der Kasseler Handschrift sehen, in der das Epigramm eingetragen ist, in dem Celtis Dürer geradezu beschwört, ihm das Philosophia-Bild für die *Amores* zu machen.

*

Auf das, was Frau Andersson sagte, wollte ich hinaus: daß die Anbringung der Inschrift eine ganz wichtige kompositorische Funktion hat, indem durch sie die Augenpartie in einer ganz eigentümlichen Weise, für die ich sonst Parallelen so leicht nicht beibringen könnte, jedenfalls nicht aus der Portraitmalerei, herausgestellt wird. Im Hinblick auf die *vera icon*, wenn ich Winzinger richtig verstanden habe und andere, dann ist doch wohl das Proportionsschema der Vergleichspunkt, daß also Dürers Gesicht nach einem in einer bestimmten Tradition der *vera-icon*-Bilder vorkommenden Schema gestaltet wäre. Ich habe den Eindruck, daß das letzte Wort der Kunsthistoriker noch nicht gesprochen ist, die über dies kunsttheoretisch-mathematische Problem arbeiten. Ich muß abwarten. Die eingeschlagene Richtung scheint mir aber plausibel. Ich finde es eben auffällig, daß die Inschrift genau da sitzt und daß, wenn man so will, die Kreuzform angedeutet ist, obwohl, wenn man in dieser Richtung denkt, man auch sieht, wie Dürer sich von bestimmten ikonographischen Schemata freimacht und dieses Selbstbildnis als eines gestaltet, das ein Selbstbildnis ist und schließlich kein Christusbild. Niemand hat ihn in seiner Zeit deswegen angegriffen, und die allergrößte Crux für uns, für mich, für die Kunsthistoriker, besteht ja zum Beispiel darin, daß es kein einziges zeitgenössisches schriftliches Zeugnis dafür gibt, daß sich Dürer hier im Bilde Christi dargestellt hätte, sondern das Ganze ist, wenn Sie so wollen, moderne Interpretation, die seit dem 19. Jahrhundert *peu à peu* sich ausbildet, bis dann Winzinger gekommen ist und das Proportionsgesetz, dem das Ganze unterliegt, nachgewiesen hat.

Ich meine, daß dieses Dürer-Bild an den Anfang derjenigen Gruppe von Bildern gehört, in denen Dürer Christus mit seinen Zügen austattete. Insofern könnte es sein, daß er mit diesem Portrait diese Richtung seiner Kunst beginnt, sie aber in anderer Nuancierung fortsetzt. Wenn es hier der majestätische, der triumphierende Christus ist, ist es danach der leidende. Wie im Falle Luthers dürfen wir nun nicht den ganzen Dürer auf eine Formel bringen wollen oder etwa darangehen, von diesem einen Bild her Dürer bestimmen zu wollen. Das liegt mir auch völlig fern. Ich würde zum Beispiel sagen, daß wahrscheinlich mit dem Tode des Celtis 1508 diese Richtung abbricht. Ein Problem gibt auch die Identifizierung von Dürers Begleiter auf der Marter der Zehntausend Christen auf. Es gibt immer wieder Forscher, die neue Hypothesen aufstellen. Wir kommen aber, glaube ich, nicht darum herum, wenn wir überhaupt weiterkommen wollen, Interpretationen zu wagen, und dann mögen andere darauf aufbauen, sie zerpflücken und so neue Wege weisen.

Ich gehe davon aus, daß die Leute über das Alter spekuliert haben. Man kann vielleicht besser von der Celtis-Seite her kommen. Es ist ganz auffällig, daß Sie in den Celtis-Handschriften immer wieder den Hinweis darauf finden, an welchem Geburtstag der Celtis ein Werk vollendet hat. Ich kann Ihnen versichern, Celtis hat grundsätzlich an seinem Geburtstag Werke vollendet, und zwar seine Hauptwerke. Selbstversändlich hat er zum Beispiel auch diese Epigramme, diese 5 mal 100 Epigramme, an seinem Geburtstag, es war der 1. Februar des Jahres 1500, vollendet. Er schreibt dann noch hinzu, in meinem 42. Jahr. Warum? Weil offensichtlich das Lebensalter eine besondere Bedeutung hat für Männer wie ihn. Ich kann das nicht im einzelnen erklären, und zwar deshalb nicht, weil ich bisher keine Spekulationen darüber gefunden habe. Daß der Geburtstag eine besondere Rolle spielt, sehen Sie an der Ode des Celtis über sein Geburtshoroskop. Die *Amores* beginnt er mit einem Hinweis auf sein Geburtshoroskop. Das heißt, er beginnt eines seiner von ihm selbst für sehr wichtig gehaltenen Werke mit dem Allerpersönlichsten. Das ist eben das, was ich mit dem Zur-Deckung-Bringen-Wollen von Mikrokosmos und Makrokosmos ausdrücken wollte. Das Kleinste will man mit dem Größten zusammenbringen. Dies fasziniert mich so sehr an dem Dürer-Bild, daß in diesem künstlerischen Erzeugnis das ganz Individuelle mit dem ganz Gesetzhaften zusammengebracht werden soll und daß im Bilde Christi Makrokosmos und Mikrokosmos aufeinanderzu bewegt werden.

Frau Andersson muß ich zum Teil recht geben, denn man muß mir ja die ganz peinliche Frage stellen, warum es nur mit der Fertigstellung des Dürerbildes geklappt hat. Auf der Seite des Celtis finden wir nur die Reinschrift der Werke im Jahre 1500. Und an Gedrucktem sind nur kleine Opera im Jahre 1500 herausgekommen. Warum es denn eigentlich mit diesem großen Wurf nicht geklappt hat, kann man nur vermuten. Aber es gibt noch eine Merkwürdigkeit, die wir bei der Vorbereitung der Ausgabe gefunden haben. Wir besitzen das Fragment einer *vita* in der Abschrift von Schedel, in einer Münchner Handschrift, und da steht zu lesen: Celtis sei im Jahre 1500 gestorben. Was dann eben auf eigentümliche Weise mit den anderen Beobachtungen zusammenzustimmen scheint.

Wenn ich von Christus spreche, dann immer so, daß ich sage, es ist auch ein Abstand da, es wird immer wieder Abstand genommen. Es ist nicht einfach so, daß man behaupten könnte: Dürer erscheint als ein anderer Christus. Ich meine, man müßte sich ja auch nach alledem, was im Mittelalter vorausgegangen ist, fragen, wieso ist nicht schon vorher einmal ein Künstler auf diese Idee gekommen. Der Nachfolgegedanke gehört doch zur christlichen Lehre. Und immer, auch im Mittelalter, wenn vom schöpferischen Menschen die Rede ist, wenn über ihn reflektiert wird, wird gesehen, daß die Schöpferkraft, die er hat, vergleichbar ist der Schöpferkraft, die Gott besitzt. Und ich wundere mich, daß niemand vor Dürer diesen Schritt getan haben sollte, das, was Dürer — durchaus demütig — gewollt hat, in einem Bild so auszudrücken, wie Dürer es getan hat. Ich glaube nicht, daß es sich dabei im Grunde um einen ganz gefährlichen Hochmut bei Dürer gehandelt hat, sondern meine, daß wir das Ergebnis einer sehr tiefen Reflexion einer Persönlichkeit, die es unglaublich gut gemeint hat und die also das Äußerste gewollt hat, in dem Bildnis vor Augen haben. Und darum möchte ich Interpretationsgedanken, die in Richtung auf Blasphemie oder Ersetzung des Heiligenkultes gehen, abweisen.

*

Zum Beitrag von Herrn Kurze erlauben Sie mir nur die Zwischenbemerkung, daß ich den Titelholzschnitt der *De Origine*-Schrift so nicht im Gedächtnis habe. Da kommt eine Hand aus dem Himmel, also Gottes Hand, und gibt Maximilian den Palmenzweig und das Schwert in die Hand.

Ich glaube auch, daß derselbe Brant, und das entspräche doch Ihrer Blickweise, damit die Leute auf den richtigen Weg bringen will. Dementsprechend würde ich dann aber auch Dürer und Celtis so verstehen, daß in ihrem Bemühen der Wunsch zum Ausdruck gebracht wird, das Richtige, das moralisch Richtige durch vorbildhaftes Tun und Denken unumstöß-lich zu machen. Denn bekanntlich machen die Sterne ja nur geneigt, sie zwingen nicht. Und durch Tugend kann man sie besiegen; das ist die ein-zige Möglichkeit des Menschen, von sich aus etwas auszurichten. Das geht aber nur dann, wenn die Gnade Gottes es annimmt. Das aber ist genau die Stelle, an der der Mensch etwas erreichen kann. Wenn er sich tugendhaft verhält und alle Kräfte anspannt, dann kann es sein, daß Gott gnädig ist und dann auch die Sterne anders lenkt. Dann kann der vorausberechenbare Verlauf der Sterne mit seinen bösen Folgen ganz anders ablaufen. So würde ich das sehen; ich würde nicht sagen, nun ja, was für Celtis gilt, das gilt auch für Dürer; beide sind in gewisser Weise Leichtfüße gewesen und haben sich einfach über die dunkleren Töne des Zeitalters hinweggesetzt. Ich würde meinen, sie haben es gesehen, aber sie haben — und das ist die Frage einer politischen Entscheidung, die in diesem Falle eben auch eine ganz persönliche künstlerische ist — gesagt: Wir setzen dies dagegen!

*

Den Gedanken von Herrn Olivier, sich die Datierung nach Art der Hei-ligenfeste zu denken, finde ich sehr anregend, man sollte ihm nachgehen. Andererseits glaube ich nicht, Herr Oberman, daß das *»ficto ore«* eine Kri-tik meinen kann, denn es steht im Kontext so eindeutiger Lobepigramme, die Dürer dazu antreiben sollen, dem Celtis schneller das zu liefern, was er gerne von ihm haben möchte. Diese Epigramme belegen das harmonische Miteinander, die Freundschaft. Und was ferner die Tradition der Wertung des Sehens und Hörens betrifft, so würde ich meinen, daß die Gedanken, die Sie äußerten, in einen größeren Kontext gehörten und nicht so sehr in den Kontext der Abwägung der Rolle des Sehens und Hörens für den bil-denden Künstler. Zum Komplex Auge und bildende Kunst gibt es den schönen Aufsatz von Herbert von Einem, *Das Auge der edelste Sinn,* der das Thema von der Antike an verfolgt, aber interessanterweise Dürers Selbstbildnis nicht erwähnt als eine Vorwegnahme und Verbildlichung dieses Gedankens; und zum Gesamtthema Wertung des Auges im Mittel-alter wird nächstens ein zweibändiges Werk aus der Ohly-Schule erschei-nen.

Was nun die umfassendste Frage nach der Bedeutung solcher Reflexio-nen für die politische Geschichte oder nach der Bereitstellung von Argu-menten auch aus der politischen Geschichte betrifft, so würde ich in der Tat meinen, daß die politische Situation so aussichtslos nicht aussah. Es

gab einerseits den Schweizer Krieg mit der Folge der Loslösung der
Schweiz vom Reich, andererseits aber — und da sind dann die Humanisten
wieder gewaltig mit im Spiel — die berühmte Böhmenschlacht, also den
Bayerischen Erbfolgekrieg und den Sieg Maximilians. In diesem Ereignis
hat ja Maximilian selbst einen ungeheuren Erfolg gesehen, und die ganze
Schar der Humanisten pflichtet dem bei und sieht jetzt den Weg in eine
bessere Zeit geebnet. Aber diese hoffnungsvolle Stimmung setzt ja nicht
erst nach der Jahrhundertwende ein, sondern bereits vorher. Man studiere,
wie die Humanisten die Wormser Reichstage von 1495 und 1497 beurteil-
ten, auf denen es um die Reformgesetze ging. Da sieht man mit Erstaunen,
wie zum Beispiel Sebastian Brant die Ankunft der goldenen Zeit nunmehr
feiert, nachdem sich die Fürsten auf eine Reichssteuer geeinigt haben, und
Brant beteuert, er hätte sie bereits entrichtet. Es hat sich damals eine
Gruppe von noch relativ jungen, denkenden, fühlenden, dichtenden Män-
nern zusammengefunden, die in Übereinstimmung mit Maximilian eine
ganz bestimmte, für Maximilian günstige politische Auffassung vertreten
und propagiert hat. Dies jedoch nicht aus scheinheiligen Gründen, sondern weil diese Männer der Überzeugung waren, so sei das Abendland, sei
Europa zu retten. Von ihnen wird geradezu eine Heraufbeschwörung eines
goldenen Zeitalters betrieben, indem sie den Zeitgenossen sagen: »Wenn
ihr nur noch ein wenig tugendhafter seid, dann schaffen wir es doch.«
Diese Männer wollten also die große Politik auf diesem Wege unterstützen, und ich frage mich, ob man so etwas, was natürlich vom Realpolitiker
her gesehen etwas Utopisches an sich hat, ob man das nicht doch berück-
sichtigen darf, wenn es um die Charakteristik von Zeiten und das Ansetzen
von Epochenzäsuren geht. Meine Gesamttendenz geht in die Richtung,
das Jahr 1500 vom Odium Weltende und Mittelalterende zu befreien, um
damit dazu beizutragen, daß jene andere Gliederung, die mir viel plausibler
erscheint — eine starke Zäsur im 11./12. Jahrhundert und dann erst wieder im ausgehenden 18. Jahrhundert —, mehr zum Tragen kommt, und
um dann die Renaissance als Abschnitt in einer Geschichtsepoche, die man
Alt-Europa nennen könnte, zu werten — oder auch, wenn Sie so wollen, in
einer Epoche, die man Mittelalter nennen kann, zu werten. Aber man
sollte weg von der, wie ich finde, völlig falschen Vorstellung, mit dem
Jahre 1500 sei das Mittelalter zu Ende — mit der Konsequenz, daß man
eine Persönlichkeit wie die Maximilians, auf zwei Zeitalter verteilen
müßte.

*

Das Jahr 1500 ist bekanntlich zum Jubeljahr erklärt worden; das kommt also noch hinzu. Zum anderen ging es mir hier darum aufzuweisen, was sich in einem bestimmten Umkreis — also im Nürnberger Humanismus — getan hat, der ganz bestimmt seine eigene Färbung hat und sich vom Basler unterscheiden läßt, auch wenn man gemeinsame Züge aufzeigen kann. Ich meine aber, daß das Wichtigste ist, wie man die propagierte Apokalyptik und Endzeiterwartung einschätzen soll: ob man sie so einschätzen soll, daß man sagt, das Schwarze, das Schwärzeste, wird an die Wand gemalt, um die guten Kräfte zu mobilisieren, oder weil man wirklich glaubt, resignierend glaubt, jetzt ist das Weltende da. Wenn man eine Figur wie Brant, der ja wie kein anderer von den führenden Humanisten der Zeit mit dem Odium eines resignierenden Nörgelhumanisten belegt ist, herausgreift, dann würde ich sagen, daß dieses Brant-Bild falsch ist. Dieser Mann ist, was seinen Aktivismus betrifft, nach meinem Dafürhalten genauso *für* eine aktive Bewältigung der politischen und moralischen Gesellschaftsaufgaben, wie die andern, und er hat als ein viel erfahrenerer Praktiker viel besser als ein Celtis oder als ein Dürer gewußt, wie man es anzustellen hatte. Schließlich hat er sich über zwanzig Jahre lang bewährt als ein Stadtschreiber von Straßburg, das heißt als eine entscheidende politische Persönlichkeit dieser wichtigen Reichsstadt. Ich würde die eschatologischen Momente im Werke Brants nicht im Gegensatz zur Aufbruchstimmung um 1500 sehen, sondern die mit verschiedenen Mitteln auf Erneuerung drängenden Kräfte als Vorbereiter der Reformation werten. Ist nicht das Bewußtsein, daß man sich am Beginn einer neuen Zeit stehend fühlt, Grund genug, um auch die alte Kirche herauszufordern, an die Urchristenheit anzuknüpfen und zu versuchen, etwas Neues in diesem Sinne aufzubauen? Für einen Teil der Humanisten, die sich mit der Reformation verbünden, ist diese Aufbruchstimmung entscheidend gewesen. Wir müssen allerdings die weitere Frage stellen, inwiefern der Humanismus von seiner geistigen Anlage her den Weg der Reformation mitmachen konnte und wann sich später die Geister geschieden haben. Das ist ein entscheidendes Problem. Es klang in den ersten Einführungsworten gestern von Herrn Olivier an, und es ist bisher in der Diskussion untergegangen. Ich meine, für die geistige Elite im Umkreis Kaiser Maximilians ist diese Aufbruchstimmung von entscheidender Bedeutung gewesen, und sie hat die Anfangshochstimmung der Reformation, soweit sie den Humanismus in Deutschland betraf, mittragen helfen.

*

Herrn Hansen darf ich sagen, daß man umkehren kann, was er ausgeführt hat. Man kann in der Zeit zurückgehen. Sie finden im 13. Jahrhundert, wo es sich sehr gut greifen läßt, ebenfalls stark das Operieren mit dem Appell »Endzeit«. Man hat es also mit einem Phänomen zu tun, das Curtius Topos genannt hätte, und man muß bei jeder Erwähnung der Endzeit ganz genau prüfen, wie der Topos eingesetzt worden ist. Tatsächlich hat es ja von Zeit zu Zeit Berechnungen gegeben. Cusanus hat zum Beispiel eine Berechnung angestellt und diese lautete, daß die Endzeit im 17. oder erst im 18. Jahrhundert nach 1734 anbreche. Felix Hemmerlin, den Brant herausgegeben hat, berechnete sie auf 1492, eine Berechnung, die Brant aber keineswegs aufgriff. Die besonnenen Leute wie Brant haben stets zwar einerseits geschrieben, sie fürchteten, das Ende sei nahe, aber andererseits auch, es sei dem Menschen nicht gegeben, die Stunde zu wissen.

Alles in allem geht es mir darum, den gängigen Humanismusbegriff für die deutschen Verhältnisse zu erweitern. Ich meine, daß man das christliche Element, das Bestreben nach Erneuerung der Beziehungen Mensch-Gott, sehr ernsthaft reflektieren muß, und ich sehe dies auch als eine Vorbereitung, auf der nachher Reformatorisches aufbauen konnte. Ich kann dies gar nicht anders sehen und finde stets neue Zeugnisse, die dafür, und keine, die dagegen sprechen. Natürlich geht das eigentlich Reformatorische bei Luther in eine andere Richtung, insofern der naturwissenschaftliche Akzent wegfällt, der die Humanisten kennzeichnet. Von einem strengen philosophischen Standpunkt her sind die humanistischen Bemühungen, Gedankenströme zu vereinigen, möglicherweise als ziemlich stümperhaft zu bewerten, gleichwohl haben sie es sehr ernst genommen und strebten es an. Auf einer anderen Linie hat ihr Bemühen in der deutschen Geistesgeschichte doch beständig fortgewirkt. Denken Sie an Klopstock und Hölderlin oder auch an Goethe; da bricht diese Richtung immer wieder auf. Und immer wieder ist dann die Gefahr gegenwärtig, die von den Kirchen empfunden worden ist, daß das Abgleiten in ein Heidentum nicht mehr aufzuhalten ist, wenn man das Christentum mit der Naturwissenschaft und mit der antiken Mythologie noch in Einklang bringen will. Daher gibt es stets erneut von kirchlicher Seite heftige Reaktionen gegen humanistische 'Aufweichungen'.

VERÖFFENTLICHUNGEN DER HISTORISCHEN
KOMMISSION ZU BERLIN

Band 6

Die Brandenburgischen Kirchenvisitations-Abschiede und -Register des XVI. und XVII. Jahrhunderts

2. Band. Das Land Ruppin. Inspektionen Neuruppin,
Wusterhausen, Gransee und Zehdenick.
Aus dem Nachlaß von Victor Herold.
Herausgegeben von Gerhard Zimmermann.
Bearbeitet von Gerd Heinrich

Groß-Oktav. XII, 489 Seiten und 1 Karte in Rückentasche. 1963
Ganzleinen DM 98,—.
(Quellenwerke 2)

Band 44

KLAUS ERICH POLLMANN

Landesherrliches Kirchenregiment und soziale Frage

Der evangelische Oberkirchenrat der altpreußischen
Landeskirche und die sozialpolitische Bewegung der
Geistlichen nach 1890
Mit einem Vorwort von Walter Bussmann

Groß-Oktav. XII, 329 Seiten. 1973. Ganzleinen DM 112,—.

Band 45

Quellen zur Ketzergeschichte Brandenburgs und Pommerns

Gesammelt, herausgegeben und eingeleitet von
Dietrich Kurze

Groß-Oktav. XII, 390 Seiten, 1 Faltkarte und 1 Tafel. 1975.
Ganzleinen DM 98,—
(Quellenwerke 6).

Band 49

GERHARD BESIER

Preußische Kirchenpolitik in der Bismarckära

Die Diskussion in Staat und Evangelischer Kirche um eine
Neuordnung der kirchlichen Verhältnisse Preußens
zwischen 1866 und 1872

Mit einem Vorwort von Klaus Scholder

Groß-Oktav. XIV, 608 Seiten. 1980. Ganzleinen DM 176,—.

WALTER DE GRUYTER
BERLIN·NEW YORK